U0560938

纺织服装类"十四五"部委级规划教材

潮流品牌实录

Chronicles of Streetwear Brands

◎ 张少炯 许旭兵 张少俊 著

东华大学出版社·上海

参编人员

仲　甜　张雅菲　江润恬

闫　杰　张青夏　王嘉萱

杨宏博　苏璐莎　沙　莎

作者介绍

●

张少炯

人称潮叔，从事极限运动街头潮流行业近30年，毕业于国防科技大学核物理专业，是潮牌"蓝色极限"、生活方式品牌"蓝岛生活"主理人，东华大学潮流文化与经济研究中心的合作创始人。潮叔是中国极限运动、街头潮流文化代表性人物之一，1998年加入世界青年企业家俱乐部（EO）；2000年成为EO私董会培训师，是中国最早私董会的培训师之一；2006年毕业于麻省理工学院（MIT）斯隆总裁班。2020年潮叔创立了"潮叔讲潮流"社群，目前该社群已成为中国潮流圈、极限运动圈、户外运动圈、服饰圈、供应链圈以及运动品牌与国潮品牌中具有很大影响力的社群。2022年，潮叔被聘用为东华大学硕士生校外导师。

许旭兵

东华大学服装与艺术设计学院教授、博士生导师，日本文化服装学院客座教授，香港理工大学客座教授，曾任"三宅一生"设计师，中国服装设计师协会会员。曾经获得江苏省第四届"金剪奖"金奖及全国第四届"金剪奖"女装银奖；上海国际服装文化节服装设计大赛优秀奖等。多次在国内外举办个人发布会，设计的海派旗袍"金木水火土"—"金"系列连续三年代表上海于英国爱丁堡参展。

张少俊

品牌创意视觉艺术家，现为上海视觉艺术学院教授。1998年在上海创立PAOSNET中国企业形象设计公司，任艺术总监；2003年创立张少俊艺术工作室，2018年入驻泗泾古镇大师艺术工作室。长期致力于东方文化和艺术探索、研究与传播，作品被日本集英社、日本讲谈社等多家出版社出版，已在世界多国举办个展与联展数十次，作品被中国、美国、日本、法国、奥地利等国立美术馆、画廊及个人收藏。策划设计的企业形象有淘宝网、洽洽食品、佳能、三得利、大金空调、江苏卫视等。2019年1月被日本武藏野美术大学授予"FMAU"（高级研究员）的最高表彰。

图书在版编目（CIP）数据

潮流品牌实录 /（美）张少炯，许旭兵，张少俊著.

上海：东华大学出版社，2025. 1. — ISBN 978-7-5669-2336-3

Ⅰ. F760.5

中国国家版本馆CIP数据核字第20247AZ905号

策划编辑：徐建红

责任编辑：杜燕峰

封面设计：张少俊
　　　　　杨心悦

版式设计：上海三联读者服务合作公司

潮流品牌实录

CHAOLIU PINPAI SHILU

出　　版：东华大学出版社（上海市延安西路1882号，邮政编码：200051）

本社网址：dhupress.dhu.edu.cn

天猫旗舰店：dhdx.tmall.com

销售中心：021-62193056　62373056　62379558

印　　刷：上海颛辉印刷厂有限公司

开　　本：889mm×1194mm　　1/32

印　　张：9.25

字　　数：299千字

版　　次：2025年1月第1版

印　　次：2025年1月第1次印刷

书　　号：ISBN 978-7-5669-2336-3

定　　价：188.00元

序

亲爱的读者朋友们：

我和Michael相识于2016年，是在李宁公司与法国开云集团旗下品牌Volcom、世界级单板品牌Burton的合作意向讨论会上。尽管最终的合作未能实现，但这段经历却让我们成为了朋友。三年前，Michael创办了名为"潮叔讲潮流"的私域社群，群中汇聚了众多中国潮流行业的专业人士，成员不仅有来自服装、设计、影视、供应链领域的著名行业代表，还有来自投资、商业地产、电商平台、社交媒体的朋友。现在"潮叔讲潮流"已成为各界伙伴分享潮流信息、探讨跨界合作的小天地，大家畅所欲言，常常能碰撞出创意的火花。

很高兴了解到Michael在东华大学成立了"东华大学潮流文化与经济研究中心"，并正在撰写一本引领国内外潮流领域发展趋势的作品——《潮流品牌实录》(*Chronicles of Streetwear Brands*)。随着中国经济的发展和国民生活水平的提高，人们对时尚及潮流的追求变得越来越强烈，然而在潮流领域中我们依然缺乏系统性的知识梳理。刚好这本书的出现为读者提供了系统、全面的潮流知识框架，并带领读者穿越潮流的演变历史，探索潮流文化的精髓。我想这本书更是一份不可或缺的潮流文化指南，涵盖了潮流的起源、发展和未来趋势，通过深入研究和案例分析，为读者提供全面的视角和深度解析。无论是学生、潮流产业从业者，还是对潮流文化感兴趣的读者，都将受益匪浅。

图1-1 潮叔与李宁合照

　　我很高兴受邀为这本书做序，我相信，以Michael前瞻的视角及深厚的行业经验，一定可以带领我们探索潮流文化与经济的起源与发展轨迹。他的热情和独到见解也必将使该书成为一本深受读者欢迎的畅销读物。在这里，也为他与东华大学的深入合作送上最诚挚的祝福。

　　让我们一同期待《潮流品牌实录》的问世，相信它将为潮流产业的发展注入新的活力，激励更多人勇敢追逐自己的梦想，并在潮流文化的浪潮中创造出属于自己的辉煌，也期待中国潮流产业的发展能有更美好的未来。

李　宁

2023年8月8日于北京

前　言

●

一、为什么要写《潮流品牌实录》这本书

当前我国的极限运动行业与潮流行业均暂未形成一定规模，新兴的以"运动""国潮"为核心的品牌缺乏对行业整体文化发展脉络和未来趋势的认识，也缺乏对建立行业统一标准的意识与认同。虽然互联网＋时代信息海量扑面而来，但搜索引擎给出的答案良莠不齐，ChatGPT的很多内容也尚未及时更新，存在细节上的错误和漏洞。为全面了解国际前沿极限运动、潮流文化和潮流趋势，中国需要一本相关的普及性书籍，以响应广大极限运动与潮流爱好者的需求。

在撰写此书的过程中，作者进行了多方访谈，访谈对象包括行业KOL、著名三板运动员、三板俱乐部负责人、国家队教练、品牌主理人、零售商、渠道商、场地运营与培训方、社群主理人、媒体主理人、潮流产品消费群体等，并参照自身在极限运动、潮流圈30年的亲身经历，在书中将三板运动与潮流文化进行了跨界融合，探讨了有关潮流的发展脉络，并阐述了不同类别的极限运动品牌、潮流品牌、国际一线品牌、国内著名潮流品牌的发生、发展及现状。

首先，潮流并非一蹴而就，它具有源远流长的过程并受到时代变迁、社会环境和个人经验的影响。通过回顾潮流的历史，我们可以看到各种流派、风格的兴起与消逝以及不同文化间的交流与融合。这样的历史观察能够帮助我们认识到潮流不仅是一种流行趋势，更是社会和文化变革的反映。因此，了解潮流的历史可以帮助读者更好地理解当今潮流文化的形成与发展。

其次，潮流文化在当代社会中扮演着重要的角色，不仅在时尚界占据一席之地，更成为一种身份和个性的象征。潮牌不仅仅是商品，更是一种文化符号的载体。通过深入研究潮流文化，我们可以发现它们背后的设计理念、创意灵感以及与消费者之间的互动关系。这些细节的探索将有助于时尚从业者理解潮流文化的影响力以及它们如何通过与消费者的共鸣来引领时尚潮流。

最后，编写此书也是为了弘扬潮流文化的多样性和包容性。潮流并非仅仅局限于少数人的选择和追求，它还是一种适用于普罗大众的生活方式。从时尚到潮流，从品味到态度，潮流文化已经成为现代社会中不可忽视的一部分。它渗透进我们的衣着、音乐、艺术和生活方式，塑造着个人和集体的身份认同。作为一种独特的表达方式，潮流不仅反映了时代的变迁，也引领着未来的趋势。

二、为什么要出版这本书

中国作为一个拥有悠久历史和丰富文化的国家，正处于快速发展和变革的时期。潮流文化在中国迅速兴起，并成为年轻一代日常生活的重要组成部分，然而对于潮牌与潮流文化的全面了解和深入研究仍然相对匮乏。因此，作者团队决定撰写本书以探讨潮流文化与相关品牌的演进，有多方面的深层意义。

首先，中国年轻消费者对时尚和个性的追求不断增长，他们渴望表达自己独特的审美和特性群体的身份认同。然而，很多人对于潮流文化的历史、品牌背后的故事以及设计理念缺乏深入了解。通过深入探究潮流文化的演变和发展，能够为读者们提供一个全面而深入的视角，让他们更好地理解潮流文化的独特之处。

其次，中国是一个具有多元文化的国家，拥有众多地域文化和民族特色。潮流文化在中国的发展也呈现出多样性和丰富性。作者通过研究潮流文化的历史和演变，探索了不同地区、不同民族在潮流文化中的贡献和影响，以提升人们对中国文化多样性的认识，加深其对地域文化的理解和尊重。

第三，本书旨在为中国的年轻创业者和设计师提供启迪和灵感。中国潮流产业正在崛起，越来越多的本土品牌崭露头角，吸引了国内外的关注。通过对潮流文化及潮牌的研究和案例分析，阐述创业者和设计师在潮流文化中的创新和突破，探讨他们如何将中国传统文化与现代时尚相结合，提供他们在潮流行业中持续良性的发展的助力。

第四，由于相关潮流参考资料的缺乏，为确保内容的真实性和完整性，在编写思路上，并未以年代作为潮流的划分，而以冲浪、滑板、滑雪、球鞋、户外、骑行等品类和以欧美、日韩、中国等大的区域进行分类，以此确保了逻辑的清晰和内容的直观。此外，本书坚持致敬传奇的原则，有些品牌现在已经消失，但他们曾在潮流史上留下浓墨重彩的一笔，书中依旧保留了关于这些品牌的关键内容，以向他们的创意表示感谢及致敬，这即是潮流文化五个基因中所说的"尊重"。

另外，这本书的诞生源于笔者对这个主题的热爱和探索。撰写这本书的本意是希望为读者提供一个全面的、客观的潮流文化视角，让他们了解潮流的本质和意义。希望本书既可作为高等院校时尚专业师生的教学用书，亦可供时尚从业者、潮流文化研究者、潮流品牌建设者和对潮流文化感兴趣的相关读者阅读。

最后，感谢所有支持并参与写作《潮流品牌实录》的时尚工作者。本书由博导许旭兵教授、张少俊教授、陆蓉之老师、陈大鹏会长、仲甜博士、张雅菲、江润恬、张青夏、杨宏博、王嘉萱、俞国林、闫杰、李娜、牛牛、杨心悦、王闻、刘泰、孙笑彦、林敛宇、洪元元、李文金、王飞、田军、管牧、沈一凡、苏璐莎、沙莎以及家人、朋友、潮叔群群员等合力完成。感谢乐于分享个人潮流故事和见解的朋友们；感谢一直以来致力于推动潮流文化发展的人们，你们的努力和创造力不断塑造着我们的时代，让潮流成为一种真正的文化现象。

写作这本书对于我们来说是一次充满挑战和成长的旅程。我相信，潮流文化会继续演进和改变，而这本书也将不断更新和完善，以跟上时代的步伐，我们计划将定期更新此书的内容，并以《潮流品牌实录》为媒介，与读者们一同分享这段旅程，感受潮流文化的魅力和无限可能。

张少炯（潮叔）

2023 年 8 月 8 日于上海

目 录

●

第六章　世界著名运动鞋品牌

第七章　世界著名滑雪、户外及骑行品牌

第十章　中国著名运动名牌

第十一章　中国著名潮牌

第十二章　世界与中国的潮流展及潮流媒体

扫码阅读更多内容

第一章

潮流、潮牌、街头文化和极限运动

CHRONICLES
OF STREETWEAR
BRANDS

什么是潮流？

●

潮流（Tide）本义指由潮汐引起的水流运动，引申为流行趋势的动向，比喻社会变动或发展的趋势。在国内，首批潮流爱好者（潮人）大约出现在2000年左右，大多数是从球鞋、滑板鞋收藏爱好者转变而来的。他们由最初对鞋的热爱逐渐演变为对新锐潮流品牌、新锐设计师和国潮的热爱。

潮流是一种生活态度和方式，每个人对潮流有不同的理解。当某个时刻人们都向往并追随某种事物时，就形成了一股热潮，即所谓的潮流。然而，这股热潮会随着时间慢慢消逝，社会逐渐发展又形成另一股热潮。例如，现在是国潮热、街头文化热、户外热、骑行热和戈壁越野热，下一波可能是运动复古热、环保热和极简热。潮流通常代表了年轻人对时尚和个性表达的追求，它不断变化和演进，反映了社会变革和文化多样性。

在这个充满变革和创新的时代，潮流已经成为了一个被广泛关注的话题。从时装、音乐、艺术到生活方式，潮流如潮水般涌现，影响着无数人的审美观和身份认同。本文所探讨的潮流是一种基于极限运动、街头文化并以潮牌为载体的文化现象。随着以冲浪、滑板为代表的极限运动陆续被纳入奥运会并成为正式项目，世界极限运动热潮被推向了新的高度。在我国，国家体育总局已经在全国18个省市成立了省级冲浪队，三板奥运选拔队拥有上千名选手。

近年来，街头潮流文化，尤其是嘻哈与街舞，在国内备受关注，《中国有嘻哈》《热血街舞团》《这就是街舞》等线上节目在社会上引起了巨大反响。由此可见，潮流文化已在中国扎根并受到社会大众的广泛认可。

什么是潮牌？

●

概念与特点

潮牌（Streetwear 或 Street fashion）最初的服装形态源自极限运动中的板类运动。1980年，南加州的冲浪板制板师 Shawn Stussy（肖恩·斯图西）把自己的签名 Stussy 随意涂鸦在削制的冲浪板上，然而这个简单、随意的举动却开创了世界潮流史的篇章，影响了好几代人。1984年，Stussy 与会计师 Frank Sinatra（弗兰克·辛纳屈）一起创立了以自己名字命名的品牌。因此，世界主流媒体认为 Shawn Stussy 是潮牌的开山祖师，他的涂鸦签名创作奠定了潮流文化的基础。

在潮牌的发展中，它逐渐融入了街头文化中的涂鸦、说唱、街舞、跑酷、街头篮球等元素，使其不断丰富和变化。潮牌一直受到一批年轻人的追捧，这些年轻人带有"破、酷、潮、新"的标签，善于尝试和接受新鲜事物，他们能够引领其他年轻人追求新的生活方式，最初的潮流品牌就是这些年轻人将滑板和墙壁上的涂鸦字体图案应用在传统服装上创造出来的。目前，潮牌被认为是来源于街头文化和极限运动基因的、具有个人独特风格和叛逆生活态度的原创品牌，它源自潮流但又不拘于潮流。

不同年代、地区和种族的人们选择穿着潮牌，原因是他们追求对传统文化的叛逆、对美好和自由的追求以及强烈的自我表达等。潮牌的着装理念和风格形成了其独特的特点，主要表现在多元化、原创性、个性化、符号化和随意化五个方面。

潮牌的内涵逐渐从亚文化转变为一种内在精神的体现，它表达了和平、叛逆、博爱、平等和自由的内涵。发展至今，潮牌已经成为一种抽象化的符号代表。身着潮牌的年轻人通过服饰来表达价值观、展现个性化想法和生活方式。无论是在卫衣、T恤、牛仔裤、工装裤、迷你裙、夹克还是鸭舌帽、棒球帽等服饰的版型、色彩和图案中，都能感受到极限运动和街头文化精神的存在。例如，牛仔裤的流行代表了20世纪60

年代街头运动的激进和叛逆思想；色彩绚丽的服饰搭配受到了迷幻文化的影响，代表了人们对美好世界的向往。男性和女性在服装选择中不再受特定标准的限制，他们拥有了新的着装意识，因此，潮牌在不同地域和品牌风格的引领下逐渐壮大，形成了欧美系和日系两大派别。

发展进程

20世纪60年代至80年代是潮牌的起步期，其兴起于爱好冲浪和滑板的美国平面设计师。他们创造了独树一帜的服装形态，旨在彰显个性和自由。60年代，嬉皮士以长发、长须和奇装异服的形象闯入潮牌文化；70年代，朋克们则身着皮革装、铆钉、马丁靴，并梳着鸡冠头；80年代，受到痞子文化的影响，文化T恤衫和光头成为潮牌的标志。

1980年到2000年是潮牌的黄金发展期。二战后日本经济衰退，而日本原宿区又恰好位于美军基地附近，因此街头文化传入日本并被广泛接受。早期的日本潮牌，如Evisu（东京大阪，别名福神）和Bape（安逸猿）等应运而生。潮牌文化之所以能在日本范围内兴起，一方面是因为日本对产品品质的执着追求，另一方面则源于日本人对美式文化的向往。因此，潮牌所倡导的象征自由和自我态度的精神在日本得到了人们的认同。

2000年到2010年是潮牌的全球化扩展期。在以中国为代表的亚洲国家经济崛起的背景下，潮牌逐渐进入了广泛大众的视野。例如，香港的Izzue（伊苏）、Clot（凝结集团）以及日本的Y-3等品牌在这一时期崭露头角。

自2010年至今，潮牌逐步摆脱了小众品类的限制。潮牌服饰的造型趋向简洁，色彩鲜艳，富有玩味和卡通元素。一些品牌，如余文乐的Madness（愚蠢的行为）、主持人李晨和歌手潘玮柏的NPC（非玩家角色）、洪扬的RANDOMEVENT（随机事件）、陈以溪的C_2H_4（乙烯）以及蒙秉安等创立的ROARINGWILD（咆哮野兽），通过与设计师合作、品牌联名、跨界合作、限量销售和明星效应等形式，打破了与高级时尚品牌之间的界限。

潮牌服饰作为个人态度和追求，外观是其最直接的表达形式，影响着不同时代、不同世代和不同地区的人们。它已经形成了全球化的趋势，并在美国、日本和中国等地区发展得更加强劲。

潮牌的基因来源

20世纪末期的潮流行业还未发展完善，大部分如今广为人知的品牌还在起步阶段。当时冲浪一线品牌只有Quiksilver、Billabong、Vans、Volcom、Hurley等，Agenda Show最大、最中间的展位永远是Quiksilver、Billabong、Vans，周围才是其他一线品牌。尽管1984年Stussy在南加州以冲浪起家，但与前面品牌相比还是受众较少，展位面积只有Volcom的四分之一。而HUF、The Hundreds、Diamond等更是初创品牌。

当时在大众眼中，潮牌与奢侈品品牌似乎是两条永不相交的平行线。然而，潮叔曾在25年前美国的Agenda Show中结识了一位LV在北美的设计总监——他戴着Stussy棒球帽，穿Quiksilver冲浪沙滩短裤、Reef人字拖、Volcom T恤衫，完全打破了潮叔对奢侈品品牌设计师的固有印象。他极度尊敬街头艺术家、并称之为创作灵感来源（That's what we came from）的行为，更是令人震撼和钦佩。

由此，潮叔询问了众多街头艺术家和潮流设计师：What is your ideal day？所得到的回答惊人地相似：早晨睡到自然醒，起来喝杯鲜榨果汁，然后去冲浪，一两个小时后直接去公司洗澡，然后开始工作；中午没有午睡的习惯，一般会在公司周围一起滑板；下午会根据实际情况参与一些艺术展览或是冲浪、滑板店的活动，吸收一些新的灵感，然后晚上回到公司继续创作直到凌晨。值得注意的是，大部分冲浪公司都在南加州的Costa Mesa，他们的设计师住所、公司位置一般离海边都很近，所有公司都设有洗澡的空间，方便公司职员享受冲浪运动、萌发新的灵感。公司职员大部分会冲浪和滑板，是三板运动的践行者和爱好者。至于什么时候上班、什么时候下班、什么时候工作，其实并没有清晰的界限，只要按时完成工作任务即可，因而也塑造了一种总有人在工作、总有人在冲浪滑板的极具特色的多样性的企业文化。有一次潮叔的好友Volcom设计总监带朋友们去公司参观，结果走路时一不小心踩了什么东西，低头一看是一个睡着的人。总监说这是经常的事，因为有些员工晚上派对结束之后就睡在公司，第二天早上在公司洗个澡就开始工作了。所以整个设计公司的氛围是自由的、松弛的。

潮叔曾访问RVCA主理人Pat Tenore，"你的创作来源是什么？"他说："我的创作来源，一是当我冲浪时，我会注意那些冲浪手身上的特殊纹身图案；二是我会留意有些冲浪板上的创意涂鸦艺术，因为冲浪板上很多涂鸦都是这些冲浪手自己涂的；三是我到城市各个滑板场去看涂鸦，一般美国滑板场地全是各种涂鸦，我就看他们的涂鸦怎么样啊，有什么新的创意；四是我到城市有些地方去看涂鸦墙有没有新的涂鸦。涂鸦与纹身，就是我们这些人的创作来源。"因为部分冲浪手与滑手实际上就是艺术家本身，他们会把他们的创意作品表现在冲浪板以及滑板上。他们会在他们所到之处，比如滑板场、城市某些空墙涂上他们的创意作品，几乎美国所有的滑板场都有滑手们涂的各种创意作品。当 Pat 根据以上四种灵感设计出一个作品时，它并不代表个人行为，而是公司行为。RVCA 公司会根据 Pat 的设计图去注册图案商标，而这个图案可能来源于上述四种灵感中的某一个或者是几个的组合。这些艺术品、服装设计图案有时就来源一个纹身、一个涂鸦，甚至不知道谁涂的，因而很难界定侵权与否，也很难使原创艺术家获得应有的收益。音乐作曲领域有句术语叫采风，就象"茉莉花小调"的作者根本不知道谁是最原始的作曲者一样，所以在潮流行业第一个潮流基因就是尊重（respect），respect the original artist（尊重所有原创艺术家所做的一切努力）；潮流基因的第二点就是感恩（appreciation），感恩所有艺术家所做的原创，被品牌吸收后变成了潮牌商品，然后奢侈品设计师看到这些图型稍微改变一下就变成奢侈品的创意。所以中国潮流设计师、潮流艺术家一定要了解这些文化，知道如何对待原创作品，如何致敬原创街头艺术家。潮流圈的层次链图如图1-1所示：

图1-1　潮牌层次链

25年前，LV的设计总监最尊敬的是街头原创潮流艺术家。25年后的今天，出现了一个巨大的趋势——奢侈品品牌用潮牌的主理人来做创意总监。Kim jones原来是Dior的创意总监，他跟Shawn Stussy和Virgil Abloh都熟识，对极限运动、潮流文化非常了解。Kim jones推荐Virgil Abloh成为LV历史上第一个黑人设计师，第一个从潮牌主理人（Off White）成为奢侈品创意总监的设计师，后来有八个奢侈品品牌都请潮牌主理人成为他们的主理人，因为他们都具有潮流设计师背景，而且懂得年轻人想要什么，这也为奢侈品潮流化与年轻化开拓了新的思路，真正实现了潮流和时尚的融合。Supreme是滑板起家的，VF集团用21亿美金收购了它，现在Supreme就发展成最为成功的一个联名潮牌：不断地与奢侈品联名，不断地与户外大牌联名，不断地与耐克、阿迪达斯联名，还不断地与各种欧美、日韩的小众品牌联名，但目前还没跟中国任何品牌合作过。奢侈品时尚和潮流的结合带来了奢侈品与时尚品牌的年轻化，潮流开始从地下亚文化走向主流要归功于Supreme。一些潮流评论家把Supreme排除在潮流圈外，说Supreme是叛徒，因为他已经违背潮流的本质，向主流社会投降。但笔者认为Supreme是一个跨界的潮牌，他仍然具有潮流品牌的文化属性，与一些老牌潮流品牌相比已经破圈，即不只是在已有的潮流文化圈层中绕圈，而是拥有了更为丰富的内涵。

　　在潮流艺术家的心目当中，甚至奢侈品设计师中，真正尊重的仍然是原创的纹身师、涂鸦艺术家以及冲浪手、滑板手。他们认为这些人才是真正的艺术家。因为这些街头艺术家无拘无束，不愿意正常上下班，不愿穿着西装、带着领带，不愿意去像LV这样大公司上班，不习惯公司的那些条条框框。潮牌设计师正处于艺术家与商业集团职员的平衡点上，因而在美的职场文化中，Stussy、Volcom、Hurley的设计师往往比Nike、Addidas、开云集团甚至比LV的设计师更受人尊重，因为在那些公司，不可能光着膀子上班，不能想去冲浪就去、时间由自己掌控。所以以RVCA为代表的公司会发很多免费产品给原创艺术家，以表达对二次创作原创艺术家作品的致敬。像Pat Tenore这样的大艺术家想到的是怎么能够更好地帮助这些街头艺术家，他组织了"POW！WOW！"涂鸦艺术节，每年2月从世界各地赶来的涂鸦艺术家用半个月的时间在夏威夷Kaka'aka 6个街道几十幢楼涂上自己的原始作品，然后从中评选出优秀作品，就像一场涂鸦界的奥斯卡盛会。艺术家们白天创作，晚上举行派对活动，艺术思想高频交流碰撞，擦出新的火花，创作出更好的作品。2020年，创始人Pat、John Wong基于与潮叔的私交，询问潮叔是否有兴趣把"POW!WOW!"引入国内。先是"北京798"场地不太合适，后虽有广西北海、福建厦门政府支持，但是Pat希望第一次举办最好在国内一线城市进行。再后来潮叔将此活动介绍给李宁，因为当时李宁北京总部园区的所有楼栋外墙都做涂鸦，还专门制作了活动墙。所以，李宁团队计划请4~6位世界知名涂鸦艺术家配合中国本土艺术家共同创作，但是此后由于疫情此事暂停。此外，Pat组织的全球性艺术家平台——artist network，通过网络把全世界上万名艺术家组成艺术家联盟，艺术家把自己的原创作品放在平台上，任何私人或企业使用艺术作品都可以通过平台支付版权费用，这就解决了以往获取艺术灵感的渠道中原创艺术家得不到任何报酬的问题。北京依文集团在保护原创方面也卓有成效，依文致力于保护中国民间绣娘作品的原创性，组织了数百位少数民族绣娘，将她们的绣品全部注册商标，放在依文绣娘图库。如果其他品牌要采用某个绣娘作品，只需要在平台支付版权费即可，平台与绣娘进行分成，由此可以保护绣娘的著作权与收益。

纯粹（authentic）是潮流文化的第三个基因。Authentic是来源于骨子里的一种精神，设计师应该清楚地知道自己是怎样从原创艺术家的作品中获得灵感的，直面并且承认自己的作品来源于街头文化、潮流文化，以此为基础进行个人的表达与设计，而不是一切行为基于商业化路径。潮流文化第四个基因是热忱，第五个基因是自由（freedom）。

Off White的主理人、原LV创意总监Virgil Abloh在2021年6月18日接受媒体采访时曾说"潮流已死（Streetwear is dead）"。对此，笔者经过长期的思考，作出以下解读：

1）当Virgil Abloh说"潮流已死"时，他是在表达一种对传统潮流观念的质疑。传统上，潮流被认为是短暂的、经常改变的趋势，人们在其中追逐时尚，然而，这种观念可能被视为是浮华、表面和消费主义的象征。Virgil Abloh主张时尚应该超越潮流，注重创新和独特性。他认为，真正的时尚不应仅仅追随潮流，而是通过创新和自我表达来塑造个人的风格和身份。这种观点强调了对潮流背后的创新和创造力的重视。在这种理解下，潮流不再被认为是单纯的改变和追逐，而是一种源源不断的创新和探索过程。潮流的本质在于不断变化和演进，而不仅仅是按照预定的模式行动。因此，尽管Virgil Abloh说"潮流已死"可能听起来很激进，但他的观点实际上在强调时尚应该超越潮流，鼓励人们通过创新和个性表达来塑造自己的风格。这种观点提醒人们，时尚是一个不断变化和发展的领域，需要持续的创新和创造力。

2）反对潮流的盲从。传统的潮流观念强调人们跟随流行趋势，追求特定品牌或设计师的产品。然而，这种盲从可能削弱了个人的独立性和自我表达。时尚的真正力量来自于创新和个性的表达，人们追求独特的设计和想法以推动时尚界的进步和变革。时尚应该是一个创新的领域，通过不断突破界限和尝试新颖的理念来创造出令人惊艳的作品。

3）强调产品的可持续性。Virgil Abloh说"潮流已死"是对当今时尚产业过度消费和浪费的批评。他希望人们更加关注可持续性，避免过度追求潮流而导致资源浪费和环境破坏。他认为时尚应该与环境责任和可持续发展相结合，推动行业的变革。

4）20世纪80、90年代与千禧年代潮流圈出了一大批有创意的品牌，如80年代潮牌开山祖师Stussy；90年代是潮牌的黄金时代，涌现出Volcom、Bape、Supreme、Undercover、Neighborhood、Sacai、Hurley等众多潮牌；千禧年代则有Fragment Design、Visvim、The Hundreds、HUF、Diamond、RVCA；10年之后有HUMAN MADE、Off White、Feel of God、C_2H_4……但是近五年却没有出现一个如Stussy一般有影响力的品牌。笔者认为一个很大的原因是资本的介入，例如Quiksilver、Billabong、Volcom、Hurley、Oakley、Supreme等一线品牌陆续被收购，进入商业财团的发展路径之中。以商业路径来看，衡量的标准转化为财务报表、季度表现。原品牌先文化、后商业的长期经营模式受到限制，没有充分的时间进行创意的开发与表达，因而潮牌发展进入停滞期。但是在中国情况又不一样，本土潮流潮牌还处在学习探索阶段，相信在5~10年之后，中国一定能出一批世界级的潮流设计师、有影响力的潮牌主理人以及一大批走向世界的潮牌。

什么是街头文化？

●

起源与发展

街头文化（Street Culture）起源于20世纪50年代的美国，是具有叛逆精神的文化形式，它源自于大众的原始创造力和内心真实感受，具有鲜明的时代特征，展现出特定地区和时代的社会风貌。街头文化强调了欧美社会的多元文化主义和自由主义精神，表现在音乐、舞蹈、服饰和生活方式等方面。例如摇滚乐、街舞、涂鸦、嬉皮士文化、滑板运动等，它们反映了当时年轻人的叛逆精神，并且跨越了不同种族、年龄和身份地位的群体，开始在全球范围内传播。

时尚圈一直被视为精英阶层主流文化的象征，而当时的街头文化则是一种非主流的"草根"文化。然而，随着街头文化的日益丰富、表现形式的多样化及其广泛的影响力，它逐渐接近了主流文化的层级，并吸引了更多的狂热追随者，形成了一定的群体风格。街头文化与时尚圈的关系也从对抗逐渐转变为相互融合，甚至实现了互相促进的紧密联系。

2017年，在巴黎男装周上，LV男装总监Kim Jones（基姆·琼斯）宣布与Supreme合作。根据时尚网站Lyst（力思）的数据显示，LV与Supreme联名系列推出一个月后，其网络搜索量分别增长了75%和89%。同年，LVMH集团的年报显示，集团实现了13%的收入增长，总收入达到426亿欧元，并特别提到LV品牌全线取得了"出色增长"。

这个合作案例充分展示了街头文化和高级时尚品牌之间的相互影响和合作的成功。它突破了传统的界限，将街头文化的个性与高级时尚品牌的奢华相结合，创造出引人注目的联名系列。这种融合不仅满足了年轻消费者对于个性化和独特性的追求，同时也为高级时尚品牌注入了新的活力和市场关注度。

街头文化与高级时尚品牌的相互合作和影响已经成为时尚界的一种趋势。这种合作不仅带来商业上的成功，还促进了文化的交流和多元化的发展。它展示了时尚的包容性和开放性，打破了传统的束缚，为时尚圈带来了新的创意和灵感。这种互相成就的关系在当代的时尚圈中具有重要的意义，并持续影响着时尚文化的发展。

2018年，Off White主理人Virgil Abloh（维吉尔·阿布罗）被任命为LV男装的创意总监。LVMH集团董事长Bernard Arnault（贝尔纳·阿尔诺）谈及此次合作称："Vrigil不仅是一位天才设计师，一位有远见的人，还是一个拥有美丽灵魂和大智慧的人。"

2020年，DIOR（迪奥）和Stussy联名，以标志性涂鸦字体重塑了DIOR的Logo，以色彩和线条为服饰设计的一大特色并将此风格延伸至DIOR男装和家居产品线的全新餐具系列中。

除此之外，还有KAWS（考斯）与DIOR MEN的联名、潮牌Alyx（埃里克斯）创意总监Matthew Williams（马修·威廉姆斯）入职GIVENCHY（纪梵希）、美国说唱歌手Kanye West（坎耶·韦斯特）设计Yeezy（椰子）系列潮鞋，它们皆展现了街头文化与主流文化的合作与共生，体现出街头文化对主流文化的反哺与共赢，体现出街头文化更多的包容性。

表现形式

街头文化并不仅限于嘻哈文化（Hip-Hop）。嘻哈文化起源于美国黑人社区的即兴舞蹈动作，因此它注定具有自由、叛逆、抗争和愤怒的基因，而街头文化则是从最初的嘻哈文化、街舞、涂鸦、饶舌、街球，乃至后来衍生的街式滑板、碗池滑板、轮滑、跑酷、小轮车等极限运动发展而来。这些元素都成为了街头文化的组成部分，并一直受到跑酷的年轻人追捧。这些年轻人善于尝试新鲜事物，乐于追求新的生活方式。最初的潮流品牌正是这些年轻人将滑板上、身上的纹身以及墙上的涂鸦字体图案应用在传统服装上，形成了潮流品牌文化。这些表现形式是街头文化不可或缺的组成部分，也是街头文化的核心。正是由于它们的存在和发展，我们才能深切感受不同年代的魅力，感慨人类的创造力，并领悟灵魂对自由的渴望。

1. 20世纪50年代——街头篮球（Street-ball）

街头篮球起源于美国，在黑人社区中兴起。最初，他们在自家后院或贫民区的空地上搭建简陋的篮球架，用各种材料制成篮球，将其作为一种消遣和发泄的爱好。到了20世纪70年代，黑人因生活窘迫和对政府不满的情绪，结合天生的音乐天赋，嘻哈文化逐渐形成并迅速传播至整个美国，这一时期成为美国嘻哈和街头篮球兴盛发展的时期。

在传播过程中，街头篮球的运动风格、对战技巧和玩法发生了许多变化。街头篮球脱离了许多传统规则的限制，更具有自由、创意、观赏和娱乐性，成为一种艺术的表现形式。打街头篮球的目的不仅是为了赢得比赛胜利，更是为了赢得观众的赞同和欢呼声，让观众能够融入比赛中，这才是真正的胜利，真正的街头篮球精神。

2. 20世纪50年代末60年代初——滑板运动（Skateboard）

滑板运动诞生于美国加利福尼亚，是冲浪运动在陆地上的延伸。由于滑板受地理和气候条件的限制较小，同时能够进行各种复杂的跳跃、旋转、腾空等高难度动作，具有较高的自由性，因此与冲浪一起被认为是极限运动的先驱。

滑板运动在20世纪80年代末至90年代初进入中国，为人们带来了自由、惊险、刺激和挑战，成百上千的中国年轻人为之疯狂。被誉为"中国滑板第一人"的车霖对滑板的初步了解来自于1989年在美国发行的滑板电影《危险之至》（Gleaming the Cube）。他表示滑板运动不仅能带给人们成功的喜悦，还能让人永远保持年轻、充满激情，并对生活充满希望。

滑板运动之所以能够脱离于传统体育运动，成为街头文化的一部分，其原因在于它并不拘泥于单一形式，在运动过程中，穿着厚重宽大服装和怀旧式网球鞋的滑手可以尽情发挥灵感、潜力，探索身心的自由，从而体验创造带来的喜悦、激情和解脱。

3. 20世纪70年代中后期——小轮车，特技单车（BMX）

特技单车的全称为Bicycle motocross，是从美国的加利福尼亚兴起的一项极限运动。在20世纪70年代，美国成立了最早的特技单车组织，是特技单车作为正式运动项目的标志。特技单车的车身一般采用合金制成，可以承受从几米高的地方摔下的冲力，在设计上也有许多的特殊之处，如不受车闸线的限制，可以做360度转动的车把等。

在1982年，史蒂文·斯皮尔伯格执导的电影《E.T.外星人》中，艾略特和E.T.骑着单车一起划过月亮，真实、华丽且富有童话般梦幻色彩的单车飞天场面，意味着孩子们飞跃了大人们的重重围堵，象征着纯真超越了世俗的力量，也说明了人们在参与带有危险性的街头运动时的娱乐和勇敢精神，倡导人们直面危险和对未知的恐惧。由此，特技单车成为一种流行文化的代表。

在80年代中期，人们开始把特技单车带到平地玩，而且玩的花式比滑板更多，也跳得更高、更刺激。特技单车的动作不断扩充，如后轮点地跳、前轮点地跳、擦轮、定车、飘、过桥等动作。更多人因特技单车爱上了街头文化，街头文化带有的快乐、自由与激情，也让更多的人喜欢去体验、接受更多街头运动。

4. 20世纪70年代——街头服饰（Over-size）

当年的街头服饰尚未形成品牌化和体系化的特征，但从穿衣风格上来看已经有了非常明显的典型性，超大尺码的服饰（Over-size）便是在街头文化影响下的经典风格，这种穿法的来源和街头文化的起源有着非常密切的关系。

经济条件一般的家庭为了让孩子们不至于太快地淘汰衣服，会经常购买尺码较大的T恤，再加上孩子们对滑板、街球、特技单车等街头运动的狂热，宽松的服饰便显得格外得心应手且也比较耐磨、舒适和自在。久而久之，充满个性、休闲随意的美式街头服饰便诞生了。

5. 20世纪70年代末期——嘻哈（Hip-Hop）

嘻哈文化从美国的亚文化发展成为主流文化，如今已彻底全球化。虽然嘻哈文化大受欢迎，但很少有人谈及它的起源，其丰富的历史渊源似乎已经被人遗忘了。

嘻哈是美国贫民区街头运动的文化形式，起源于1970年代后期的纽约市南布朗克斯区（The Bronx）。它是一种挑战强势正统文化的运动，发展于当时的非裔和拉丁裔青年中，广受欢迎的时间在20世纪80年代至90年代。嘻哈音乐的诞生应归功于来自牙买加的移民Kool Herc（库尔·赫克），他在1973年8月11日的布朗克斯聚会上，介绍了在两个唱盘上播放同一张专辑的技巧，后来被称为"霹雳"，许多人认为这即是嘻哈音乐的诞生。

关于嘻哈名称的解释有很多，但最广为接受的是由嘻哈团体 Grandmaster Flash & the Furious Five（闪耀大师与狂暴五人组）成员 Keith Wiggins（基夫牛仔）提出的说法。他使用"hip/hop/hip/hop"这个词，模仿士兵行军时的声音。从字面上看，"hip"指臀部，"hop"指单脚跳跃，"hip-hop"则表示轻扭摆臀的意思。Keith Wiggins 在与他人的合作中创作了"Hip-Hop"这个短语，并随后在歌曲中流行起来。

面对各种社会问题，嘻哈文化在社会上形成了丰富的、地域性的、叛逆的艺术表达形式。受到歧视和隔离的困扰，社区中的受难者渴望平等和自由，通过街头文化来释放自我，它成为了当时美国黑人表达愤怒和抗争的媒介。嘻哈文化作为一种源于街头的文化现象、文化运动和生活方式，包含着四大标志性要素：

（1）说唱歌手（MC）

"MC"的全称是 Master of Ceremonies（司仪、活跃气氛的人）或 Micphone Controller（控制麦克风）的人。MC不只是表演者，也兼具了 Hip-Hop 文化的讯息传达者的作用，其表演内容和形式按不同领域及派别区分，具有鲜明个人色彩的MC，能更进一步带动口头禅、音乐以及服装的流行。提到MC，我们不得不联想到 Rapper（说唱歌手）。首先，两者在词语解释方面是有区别的，Rap是黑人俚语中的词语，相当于"谈话"（Talking），是美国黑人音乐中的重要组成部分，街头文化的主要基调，也是世界流行音乐中的一块"黑色巧克力"。Rap的节奏非常重要，没有固定音高，只有相对音色上的控制与把握，Rapper需要具备朗朗上口的歌词以及演唱的连贯、吐字的气息、情绪等的配合，在表演中，可以单纯炫技，可以走心，也可以炸场，以产出优秀的作品为目标；其次，两者的作用和表现的重点不同，MC偏向于即兴创作，Rapper 则更偏向于打造作品。

说唱的主导潮流以 Trap（一字一词的唱）、硬核、东岸为主，目前在中国的说唱界也存在一些高知名度、高水准的MC和Rapper，例如美籍华人欧阳靖，他曾力压黑人说唱歌手连续七周获得"Freestyle Friday"（即兴周五）的冠军；台湾嘻哈教父MC Hotdog，他对中文嘻哈音乐的开拓发展起到了奠基人的作用，是华语说唱音乐的标志性人物之一；GAI（周延）为当下的说唱音乐赋予具有时代感和积极意义的新解，将蕴含传统精神的正能量以说唱的形式传递给新一代青年人。

（2）唱片骑士（DJ）

DJ（Disc Jockey）起源于1935年，美国广播评论员Walter Winchell杜撰了一个术语"唱片骑师"，那个时候的DJ仅指幕后的主持人，就像现在的广播主持人一样。真正意义上的DJ是随Hip-Hop文化和DISCO发展而来的，是一个负责打碟的职业名词。DJ Kool Herc被尊称为Hip-Hop之父，同时他也是一位伟大的DJ，他的打碟手法独树一帜，同时使用两台唱机，重复播放歌曲中适合跳舞的节奏，让现场氛围一直维持在高潮。

从20世纪70年代的"周末夜狂热"开始，到20世纪80年代的摇滚乐、灵魂蓝调，以及80年代末期的House（浩室）旋风和美国的Hip-Hop黑潮，20世纪90年代初期的Rave（怒吼）文化，一直到20世纪末各式各样的电子舞曲层出不穷的转变，DJ的工作和技巧也不断地推陈出新。21世纪是DISCO和DJ的全盛时期，各种新风格的音乐层出不穷，DJ的打碟手法也越来越不可思议。如今，DJ不仅仅是一种职业，更是一种文化。他们通过创造节奏、旋律和风格，传达音乐给人们带来的自由、激情、释放和愉悦的感受。

（3）街头涂鸦（Graffiti）

街头涂鸦起源于20世纪60年代，源自意大利语单词Graffio（划痕），指用喷漆和其他材料在建筑物和地铁列车的表面涂鸦，以文字、符号或图形为元素，乱涂乱写的图像或画作，通常是非法的，涉及个人或团体未经授权标记公共空间。涂鸦是一种视觉交流形式，也是一种反艺术体制的公共艺术形式。

起初，街头涂鸦在纽约最贫穷的街区纽约布朗克斯区兴起，居住在这个区域的年轻人喜欢在墙面上随意绘画自己帮派的符号以宣示地盘。另外一些非帮派的画家则将在墙上创作画作视为一种有趣的创意，逐渐形成了城市涂鸦这门艺术。由此，涂鸦作为街头文化的一种艺术形式传遍了世界各地。

尽管涂鸦的艺术风格在画廊和博物馆中很少出现，但它的美学已经融入了许多艺术家的作品中。早期代表包括法国艺术家Jean Dubuffet（让·杜布菲），他将字母组合和图形图案融入到画作中；纽约艺术家Jean-Michel Basquiat（让-米歇尔·巴斯奎特）和Keith Haring（基思·哈林）等，他们被认为是街头艺术的先驱。

此外，在以涂鸦艺术为主的街头艺术背后还蕴藏着一种信念，艺术应与法律、财产和所有权的绝对规则相对立，甚至超越它们的限制。它们应该面向公众开放，而不是隐藏在画廊、博物馆和私人收藏中；它们应该是民主和赋予人力量的，因为无论种族、年龄、性别、经济地位等原因，每个人都应该有自由创造艺术并被人知晓的途径。

（4）街舞（Street dance）

街舞起源于20世纪60年代末美国东海岸的纽约市和西海岸的加利福尼亚州，它是一种结合体育和街头表演的舞蹈形式，以身体动作舞蹈为基本内容，搭配街舞风格的音乐，单人或团体配合，既具有娱乐健身作用，又具有表演性的体育运动，也是美国城市贫民区黑人的舞蹈。

在20世纪70年代，它被归入嘻哈文化的一部分。随着Funk音乐（放克音乐）的出现，街舞的表现形式也变得更加丰富，催生了两种新的舞蹈形式，一种是由洛杉矶的黑人青年Don Campbell（唐·康佩尔）发明的Locking（锁舞），另一种是加州小镇弗雷斯诺的少年Sam Solomon（萨姆·所罗门）创造的Popping（爆舞）。20世纪80年代初期，对嘻哈文化极度热衷的爱好者（被称为B-boy）利用节奏和肢体动作不断表达自己的想法和感受，创造了大量高难度、技巧性的力量动作，形成了具有独特风格的舞蹈，被称为Breaking（霹雳舞）。纽约的黑人舞蹈也因嘻哈音乐的兴起而发生了变革，不断涌现出天才舞者，使街舞的形式更加多样化。

街舞在20世纪80年代传入中国，深受年轻人的欢迎和喜爱。从2018年开始，一系列以《热血街舞团》《这！就是街舞》为代表的网综节目迅速引爆了热爱街舞的群体，并将街头文化的自由、积极向上的文化理念逐渐传递给大众，使街舞迅速进入了公众视野，掀起了一波又一波的潮流。街舞文化没有门槛和歧视，以强大的包容性欢迎所有热爱者的加入，让大家一同快乐、进步，享受音乐带来的愉悦与自由。

6. 20世纪80年代——人声节拍（Beatbox）

Beatbox，全称为Human Beatbox，起源于美国，是一种出现于1980年代的新兴Hip Hop元素。Beatbox是音乐的一种表达方式，主要通过嘴唇、舌头、牙齿、口腔和喉咙等多种技巧声音来模仿鼓声、电子音效等特殊声效的一种新型艺术，也是Acappella（阿卡贝拉）表演中最重要的元素。

1998年，韦斯·卡罗尔发明了"Mouth Drumming"（口击鼓），发布了第一个Beatbox教学视频，许多Beatboxer都是通过观看这个视频接触和学习到Beatbox的。2001年，Gavin Tyte在互联网上发布了个人的文字和音频教学，随后在2002年发布了自己的第一个Beatbox教学视频。2002年，成立了Human Beatbox网站，成为世界各国Beatboxer交流的集中地。

在中国也涌现了一些知名的Beatboxer，例如张泽、郑向东、何浩谦、范元成等。自2014年起，中国的张泽连续获得了舌战中国Beatbox冠军，三次夺得中国Beatbox冠军的头衔，他还代表中国参加了2015年柏林世界Beatbox锦标赛，并获得了2017年瑞士世界Beatbox大赛的亚军。除了音乐上的成就，张泽还受邀在TED（演讲平台）上以Beatbox为主题进行演讲。在演讲中，他分享了许多对Beatbox的见解，他认为Beatboxer在进行Beatbox时是即兴创作音乐的过程，而传统意义上的口技无法完全表达Beatbox的音乐内涵。在演讲中，他即兴模仿了Hip-hop、Dubstep、Trap等音乐类型，使用Loop Station（音轨循环工作站）表演了完整的作品，展示了Beatbox作为一种音乐形式，一张嘴加上一个Loop Station就能够代替整个乐队的角色。这段真实的演绎扩展了人们对Beatbox的认知，充分展示了Beatbox作为一种音乐艺术的无限可能性。张泽还将继续在国内推广和普及Beatbox的知识，他希望Beatbox能够像R&B和Rock一样被越来越多的中国人所喜爱和认可。

街头文化的基因

随着全球化进程的不断推进，文化交流和互联网的普及，街头文化自身的包容性更加丰富了它的基因。笔者基于街头文化所产生的社会文化背景，综合其表现形式，把握街头文化五个方面的基因特征。

1. 尊重（Respect）

20世纪90年代是一个非常神奇的年代，它吸收了70年代的朋克、摇滚精神，享受着80年代留下的潮流底蕴。音乐、电影、艺术的潮流在90年代开始碰撞，90年代人们对于不同文化的极具包容力让以青年亚文化为主的街头文化热潮发展达到顶峰，被誉为街头潮流的"黄金时代"，影响至今。

街头文化发展的多元化的原因在于它体现了对人类思想精神、价值观的尊重与包容，从而衍生出自由、随性和富有创意的表现形式，传播至亚洲、欧洲等的多个地区。

街头文化的尊重也体现在每一位热爱街头的人们身上。凯斯·哈林也是一位富有同情心、尊重他人的涂鸦艺术家，他的一生创作了近百张海报，23张关于社会政治议题，26张关于文化项目，只有19张是关于自己的展览海报。他借由画笔唤醒公众对同性恋、艾滋病、核问题等社会议题的认知，尝试以艺术的方式，唤起大众对于社会问题的尊重与理解。在1988年为此建立了相应的个人基金，用来为艾滋病组织和儿童项目提供资助，直至今日他的基金会还在运行中。

2. 感恩（Appreciation）

感恩是积极向上的思考和谦卑的态度，它是自发性的行为，也是一种处世哲学、生活智慧以及学会做人、成就阳光人生的支点。当一个人懂得感恩时，便会将感恩化为一种充满爱意的行动，实践于生活中，从而追求责任、自立、自尊的精神境界。

中国拥有美丽、悠久的传奇与文化，无论是音乐人、运动员、艺术家还是设计师们，都凭借个人和团队的力量去努力向世界宣传中国文化，让中国的文化走向世界，展现国人自信，表达对祖国的感恩与热爱。

说唱歌手周延（GAI）的《天干物燥》这首歌将Hip-Hop文化与中华文化相契合，通过古筝、笛子、琵琶三种传统乐器，增强了歌词内涵的江湖气息。GAI的《苦行僧》副歌部分致敬"中国摇滚之父"崔健的《假行僧》，通过独特的川渝唱腔表达僧人看破世事，无拘无束，行走天地自由豪放、洒脱快意之感。另外还有《重庆魂》，GAI为自己生活的城市而作，字里行间表达对家乡的热爱和感恩，同时抒发了自己无畏的人生态度与个性。

GAI为世界带来了一个崭新的东西——中国的说唱，以西方人易于接受的方式，展现了我们独特的文化内涵。这是GAI的魅力，他就像一位侠客，吸取西方文化，找寻输出传统文化的契机，传承中华文明，表达对祖国最真诚的爱。

3. 纯粹（Authentic）

街头文化的畅游者在经历了很多事情后，依然拥有一颗真诚、柔软的内心和清澈、明亮的眼睛，保留着对美丽事物和感情的感怀与向往，这是他们内心深处的纯真。

就如同街头涂鸦诞生之初，虽然很多人持两极化的看法视它为一种污损、疯狂、恐吓的图形，但是艺术评论家 Suzi Gablik（苏勒·加布立克）则认为街头涂鸦是真正美学性的产物，是街头少年渴求新鲜艺术被市场所发觉的现象。John Cage（卡吉）也认为人们应该珍惜每一个涂鸦标记。街头涂鸦没有那么复杂，它只不过是人们发自内心的最纯真的艺术表达而已。

街头涂鸦之父 Keith Haring（凯斯·哈林）的绘画、壁画和版画主题涉及爱、死亡、性和他亲身经历的当代问题。这些严肃的主题和跳舞的人物、婴儿、吠犬、心形和有节奏的线条等充满快乐、活力的象形语言形成强烈对比，带有鲜明个人风格的粗线条的空心小人占据了画面主要位置，无论大人还是小朋友都能明确理解。凯斯·哈林通过天真无邪的艺术语言描绘出他的愿景和讽刺。

4. 热忱（Passion，Enthusiastic）

热忱来源于希腊字源的"神在其中（God Within）"。热忱是一切成功的底蕴，也是人们追求幸福必备的核心精神。街头文化从 20 世纪 50 年代发展至今已有 70 多年的历史，不同年代的街头文化在不同领域又表现各异，随着时间的推演，街头文化愈加丰富，街头音乐、街头绘画、街头运动、街头服饰等，多元化的表现形式无不展现人们对于幸福、自由生活的探索与热爱，他们善于创造和发现日常的乐事并结合个人精神、价值观，热情包容地呼朋唤友，"街头"群体也因此不断扩容，文化飘洋过海，传播到世界各地，志同道合的人们相拥、相聚，也使得街头文化生生不息，日渐繁荣。

5. 自由（Freedom）

街头涂鸦的构图是随意的，画者们选择建筑体、物体表面这类最便宜、实用的物体为画布，无论在哪里，他们都会即兴而发、随心所欲地表达思想；街舞者的动作和穿着也是自由而随性的，他们不会遵循一系列舞蹈规范、动作套路，只要掌握了基本动作，便发挥想象，自由编排甚至创新风格与动作。舞者们跳跃、旋转、倒立的动作，不在意他人目光的穿着松松垮垮的T恤、短裤的行为，无一不体现街头文化的自由、随意、畅快的基因，久而久之，这个基因特色也成为年轻人酷爱的特点，也展现了人类对自由的无止境追求。因此，街头文化一经问世便流传开来，影响了世界各国的时尚潮流。

什么是极限运动？

●

极限运动（Extreme sports or Action sports）是将一些难度高、挑战性大的组合运动项目结合在一起的统称，例如冲浪、滑板、单板滑雪、极限单车、攀岩、双板滑雪、越野、自行车越野（BMX)、轮滑、漂流、翼装飞行等。

在极限运动中，板类运动（Board Sports）的影响力和商业价值最大，包括冲浪、滑板和单板滑雪。冲浪是三板运动的鼻祖，滑板是冲浪在陆地上的延伸，单板滑雪是冲浪在雪地上的延伸。潮牌来源于街头文化，而街头文化最核心的要素就是滑板和嘻哈文化，因此，可以说极限运动，尤其板类运动是街头文化的基础。

极限运动是人类与自然融合的过程中，借助现代高科技手段，最大限度地发挥个体身心潜能的娱乐体育运动。它具有冒险性和刺激性，不仅追求超越自身生理极限的竞技体育精神，更强调参与、娱乐和勇敢精神，追求在克服心理障碍时获得的愉悦感和成就感。同时，极限运动也体现了人类返璞归真、回归自然、保护环境的美好愿望，因此被世界各国誉为"未来体育运动"。

CX（中国的极限运动）：全称为"CHINA X-GAME"，由中国极限运动协会于1999年首次举办，是中国极限运动的权威赛事，也是极限运动专业人才和广大爱好者的嘉年华盛会。

运动由来

极限运动可分为广义和狭义两种。广义上的极限运动包括一些挑战性高的非奥运、非世界运动会项目，如蹦极、悬崖跳水和翼装飞行等。而狭义的极限运动指的是各大型极限运动会中包含的成型项目，如冲浪、滑板、单板滑雪、攀岩、BMX、极限摩托车、极限轮滑等，这些狭义的极限运动项目经过长时间的系统发展，已具备规模化、组织严密、规则完善、比赛合理的特点，因此许多项目逐渐被大型综合性运动会吸收，比如冲浪、滑板、小轮车竞速和徒手攀岩已成为奥运项目。单板滑雪的高山大回转和"U"池也在1998年的日本长野冬奥会上正式列为冬奥项目，并通过这个项目的引入提升了冬奥会的收视率，使观众年龄变得年轻化。此外，冲浪和滑板也在2021年的东京夏奥会中首次亮相，为进一步推广这些项目打下了坚实基础。

国际上有许多知名的极限运动比赛，其中著名的是每年夏季和冬季举办一次的ESPN的X-Game极限大赛，2020年已经进入中国。在滑板界，最重要的比赛之一是SLS（Street League Skateboarding，街头联盟滑板运动），它创办于2010年，是全球水平和知名度很高、商业化运营成功的街式滑板比赛，奖金高达100万美元。多年前，潮叔曾与SLS创办人Rob Dyrdek（罗勃·迪尔德克）商讨如何将比赛引入中国，但当时中国还不具备滑板商业化的条件，而且高额的奖金和场地建设费需要数百万美元的赞助，现在中国仍未具备类似的商业环境。

另外，Tampa Pro（坦帕联业赛）和Tampa Am（坦帕业余赛）也是滑板界重要的比赛。坦帕市位于佛罗里达州，是一些著名的滑板比赛的举办地。Tampa Am展示了世界上高水平的业余滑板选手，许多冠军后来成为职业选手，该比赛被认为是业余世界滑板锦标赛，赢得这项比赛对滑板事业的发展有非常大的帮助。

此外，Vans Park（万斯公园）系列职业世界巡回赛也具有极大的影响力。这个系列比赛在世界各地巡回，旨在寻找最优秀的滑板运动员，其奖金的金额每年都不同，最近一次的总奖金高达80万美元。

流行原因

在与自然融合的过程中，人类创造了文明，但这些文明也使人类远离了自然。也许是人类在离开自然的文明世界中生活了太久，在都市文明所带来的便利中逐渐陷入了身心的懒散。因此，人们渴望回归自然，不能压抑心情的都市新潮一族，首选的是希望冲出都市文明的封锁，与自然对话，恢复人类作为自然的一员的本性，展示人类最本质的能力。极限运动的兴起正好满足了人类的这一需求。此外，与传统体育项目（包括奥运会项目）相比，极限运动更具有超越身心极限的自我挑战性、观赏刺激性、高科技渗透性和商业运作性。

极限运动的兴起使人们逐步离开传统的体育场馆，走向荒野，在山水之间尽情释放自己，寻求人类生存的本质意义。以冒险形式展现的极限运动成为人们超越自我、挑战极限的空间：水上摩托和冲浪可以让人在蓝天碧水间飞驰、搏击海浪；白浪蛮牛、激流皮划艇和白水漂流可以让人在奔腾的河流中体验一泻千里、惊涛骇浪的激情；蹦极和攀岩可以让人体验到跃向重力、扶摇直上的惊险刺激；而山地自然作为一个博大精深、美丽而危险的训练场，让人们抛弃现代文明所带来的舒适和懒散，拥有与自然共存的能力，充分体验人类的本性和初衷、感受人类智慧和力量的乐趣。

潮流、潮牌、街头文化、极限运动以及互相之间的关系

潮流、潮牌、街头文化和极限运动相互交织和相互影响，共同塑造了当代青年文化和时尚的面貌。潮流是一定时期内流行的时尚趋势和风格。它可以通过时尚设计、流行音乐、媒体传播等途径传达给大众。潮牌是潮流的现实载体，以潮流为核心，具有独特品牌形象和文化内涵。因而，潮牌的兴起和发展往往与当时的潮流发展紧密相关。

街头文化是一种源于城市街头的年轻人文化，强调个体的自由表达和创意思维。街头文化与潮流密切相关，它不仅是潮流的源泉，也是潮流的推动者和引领者。潮流中的一些元素和趋势往往源自于街头文化的影响。

极限运动是指那些具有高风险和高技术含量的极限挑战运动，强调个人的勇气、创新和极限突破。本质上，潮流源于街头文化，街头文化的核心是滑板与嘻哈，滑板来源于冲浪，而冲浪与滑板是极限运动的核心、是具有重要影响力和商业价值的运动。因此，许多极限运动爱好者本身也是潮流文化的追随者和参与者。

总的来说，潮流、潮牌、街头文化和极限运动相互交织，共同构成了当代青年文化的主要组成部分，他们通过时尚、创意、个性和挑战精神的表达，塑造了年轻人的身份认同和生活方式。这种关系的互动和融合为年轻人提供了更多的选择和自我表达的机会，也推动了时尚文化的不断发展。

第二章　　　　　　潮流文化与潮流经济

CHRONICLES
OF STREETWEAR
BRANDS

潮流文化的主要载体与发展困境

●

潮流文化的主要载体

1. 潮流社群

社群最早的研究始于20世纪消费社群的研究，之后 Miniz 在 2001 年提出品牌社群这一概念，将"建立在某一品牌崇拜者间的社会关系之上、非因地理连接的专门化社群"定义为品牌社群。Baozz 等提出品牌社群是一群对品牌有着共同热情和良好社会认同感的消费者组成的友好群体，其成员共同参与集体行动，以实现集体目标或表达相互的情感和承诺。张品良认为，网络社群是由一定的社会关系联结起来进行网络互动的集合体，它有稳定的群体结构和较一致的群体意识和持续的人际互动关系。在当前共享经济背景下，因兴趣、个人追求、共识达成、价值认同、情感交流及信任等而聚集在一起的相对固定的群组及社会关系的总称为新型社群。

潮流社群是兴趣社群、品牌社群与网络社群的集合体，本文所述的潮流社群指20世纪下半叶至今的因对潮流文化、街头文化、极限运动的相同兴趣而集合的，由潮流品牌作为外化表现的，存在共同的价值认同及情感交流的相对固定的群组及社会关系。潮流社群发端于街区文化，由于共同的兴趣（大部分为三板运动）在同一固定场所进行，在日积月累的接触与磨合中形成初步的兴趣社群；由此，个别街区内的著名人物，或有商业意识的爱好者开始创建品牌，在社群内获得初步的文化认同，形成初级的品牌社群；品牌实现稳定增长后，开始签约滑手、运动员，组建自己的俱乐部或运动队，通过队内选手对品牌产品的测试不断升级换代、设计创新，同时通过选手在专业比赛及微电影一类视频露面扩大品牌知名度与品牌效益，由此形成受大众追捧的、爱好者熟知的、专业选手认可的具有清晰层次的完整品牌社群；此后，进入互联网时代，网络媒体蓬勃发展，逐步以IP取代原有的以个别知名选手为核心的文化圈层逻辑，由对人的认同转化为对IP的认同，潮流社群获得更广大的受众空间，潮流文化得以广泛传播。然而，在潮流被IP化、扁平化的今天，也有部分潮流评论家发出"潮流已死"的质疑，直指文化认同在网络时代的缺失。鉴于此，部分品牌在近年逐步推出了线上与线下结合的社群模式。例如，2023年小红书外人节，在各个品牌及专业俱乐部的支持下，线下户外体验活动于全国各地的20余座城市开展，参与者通过线上参与抽奖获得线下优惠或免费参与户外活动的资格，再在线下户外活动体验结束后线上分享活动，扩大品牌影响力。这种由网络社群发起的、线下兴趣社群与品牌社群集合的新型社群关系正逐步成为潮流文化新的传播载体。由潮叔2020年亲自创办的"潮叔讲潮流"社群几乎涵盖了中国极限运动圈、户外圈、潮流圈、服饰圈、涂鸦圈、纹身圈、插画圈、潮流艺术家圈、设计圈、IP圈、影视圈、投潮流板块的VC & PE圈、著名OEM/ODM生产厂、各种著名面料及辅料供应链、头部商业地产开发商、各类电商与社交平台等。群中有很多服装及运动类上市公司老板、各大平台高管、上市企业高管、中小企业老板、商业地产高管、著名艺术家、设计师、媒体人、户外和极限运动达人，三年多来，"潮叔讲潮流"社群在潮流行业中引起了强烈的反响。

2. 视频

从潮流文化兴起之时，视频（或称为微电影）即为潮流文化的重要载体。最初的视频仅作为滑手与滑手之间的交流材料与技巧动作的记录。而后在潮牌发展的过程中，逐渐延伸出知名选手的个人微电影、品牌运动队或俱乐部的队员介绍视频、三板运动发展纪录片、比赛纪录片等多种形式。进入网络媒体时代，视频更成为各个潮流网站的一手资源，激发了媒体与品牌的创作热情。

由潮叔亲自担任制片人的微电影 *Be Yourself* 由"蓝色极限"自主拍摄，得到夏威夷旅游局、夏威夷航空公司、王子酒店、檀岛旅游、PacRim Market、Ala Moana购物中心、易途国际等赞助。这是中国首部以滑板为题材、深入美国拍摄的微电影。微电影核心小组共6人：张然导演、蓝色极限与匡威签约滑手李文金（第一人称解说）、摄像师田伟、滑板摄影师谢石与负责联系拍摄事宜的Peter Zhang，蓝色极限总经理Rod在美国参与指导。这个团队极具专业性，除了本身电影拍摄与制作的能力外，大家还有一个共同身份——滑手，因而拍摄过程事半功倍。电影片名为蓝色极限口号 "Be Yourself"，在六天紧锣密鼓的拍摄中，团队先后采访了夏威夷马拉松俱乐部创始人 Dr. Scaff、蓝色极限总裁潮叔（Michael Zhang）与总经理 Rod、冲浪界传奇人物 Toni Moniz（托尼·莫尼兹）、著名设计师 Keola、滑板传奇人物 Jef Hartsel（杰夫·哈特塞尔）等人，访问了 Volcom Beach House、苏荷艺术区、被喻为 "天堂之岛" 的 Sand Bar、Wakiki 海滩等地，获取了充分的一手资料。

夏威夷马拉松俱乐部创始人 Dr. Scaff 当时已 80 岁高龄，3 年前还患有癌症。他是著名心外科专家，耐克跑步部门终身顾问。该俱乐部创立于 1974 年，至今已免费训练 3 万多马拉松爱好者。Dr.Scaff 四十年如一日，每周日 7 点来俱乐部帮助训练初学者。潮叔 2002 年加入俱乐部并首次跑完全马，至今已连续 21 年跑；2005 年参加教练组，至今已免费训练近百名学员。

蓝色极限滑板队队长 Dyson 以流畅的动作和优雅的滑姿闻名，坚实的基本功是国内滑手所欠缺的。他认为目前中国滑手就像 20 世纪 90 年代初刚起步的日本滑手一样，滑板技术仍显青涩。值得一提的是，二十年后的日本滑手水平已完全与欧美选手在同一层次，相信中国选手只要多交流学习，技术水平一定会突飞猛进。

拍摄的第四天，摄制组受 Volcom 邀请来到久负盛名的 Volcom Beach House。它是由世界长板冠军选手 Jerry Lope 亲手建造的。不难发现 Beach House 聚集着一群热血青年，他们是 Volcom 冲浪队的，为了参加 Triple Crown 竞标赛而暂时小住在这里。Pipeline 前面的海滩上，聚集着几百名冲浪手，乍眼一看至少有 10 多个是世界知名选手，不乏 Bruce Iron、Dustin Pan 这些世界著名选手，这个海滩冲浪的人比中国全部冲浪人数还多，更别提国内外冲浪水平的差距。冲浪在亚洲是从 20 世纪 80 年代的日本率先发展，随后 90 年代慢慢普及到中国台湾、中国香港等地，而中国内地则是十年前才开始引入冲浪这项极限运动。蓝色极限摄制组几乎是 Volcom Beach House 里唯一的亚洲面孔。极限运动不分国界和种族，只要热爱生活，大家就能找到共同语言。蓝色极限的梦想就是建立自己的极限运动文化，与极限运动爱好者一起追求运动与生活的意义！在一周时间里，摄制组得到了许多宝贵的摄影资料，记录下了无数动人场景。摄制组的敬业态度令人敬佩，给当地滑手与华侨留下了非常深刻的印象，所有的素材都将以画面的形式首次展现给国内的朋友。

潮流文化的发展困境

1. 从Hurley卖给耐克谈品牌文化整合

Hurley是由创始人鲍勃·赫尔利（Bob Hurley）于1998年在美国南加州创立的以冲浪为核心基因的品牌，涉及冲浪、滑板、艺术、音乐等多个领域，曾经是世界上最好的冲浪公司，拥有约翰·约翰·弗洛伦斯（John John Florence）等世界冲浪冠军。2002年，Nike公司买下Hurley品牌，Hurley成为Nike旗下的子公司独立发展。2019年10月30日，耐克宣布已经和Bluestar Alliance LLC达成协议，将旗下品牌Hurley的业务转让给后者。十七年间，Hurley与Nike取长补短、携手共进，最终却在时代的洪流下分道扬镳，Hurley被变卖肢解。总结其发展经验对现代潮流品牌的建设有不少借鉴意义。

Hurley与Nike公司的爱恨情仇，可以大致分为以下几个阶段。

首先是Hurley成立的契机。Bob Hurley之前是世界知名澳大利亚冲浪品牌Billabong的总经销，在Bob Hurley的经营之下Billabong由年销售额几千万跃升为年销售额3亿美元的著名冲浪品牌。Billabong作为一个澳洲冲浪品牌能在美国家喻户晓，Bob Hurley是第一功臣。1998年，Bob Hurley创立了以自己的姓命名的品牌Hurley。

第二阶段是Hurley独立经营阶段。Bob Hurley赞助了世界著名冲浪联赛之一的美国冲浪公开赛（The Hurley US Open of Surfing），该赛事成功扩大了品牌的知名度与影响力。2002年Hurley年销售额达到3亿美元，成为了红极一时的冲浪品牌。但光鲜背后别有隐情，由于当时的公司内部管理人员缺乏品牌长期规划能力，缺乏操作执行能力，缺乏财务风控能力，所以Hurley的实际利润可以说是聊胜于无。因此Bob Hurley开始寻找新的商机，想找投资人或将Hurley品牌出售。Nike正是在这个时期与Hurley开始联系。Nike要求Hurley提供一份商业计划书（BP），但当时Bob对商业条款一窍不通，只能靠自己在行业积累的巨大影响力及优秀的销售业绩来打动对方。Nike创始人菲尔·奈特（Phil Knight）问Bob理想的成交额，Bob说自己并无预期。于是，菲尔·奈特（Phil Knight）参考Hurley的年销售额提出以3亿美金收购，双方达成一致。整个过程没有讨价还价，没有勾心斗角，只有互相之间的惺惺相惜。

第三阶段是 Nike 收购 Hurley 之后的发展。Nike 宣布任命 Roger Wyett 为 Hurley 新任首席执行官，创始人 Bob Hurley 作为公司主席参与公司事务。Nike 长期以来一直是一个主打功能性的品牌，拥有众多科技材料、创新应用手段以及强大的供应链。在完成收购后，Nike 在技术层面上与供应链上提供全方位支持，拓展 Hurley 的材料应用，为 Hurley 提供了更系统化、产业化的供应链，保证 Hurley 能够良好的运行。Hurley 对 Nike 的贡献在于让一个大众体育品牌进入细分市场，并且把细分市场的优势转化到主品牌。在这个阶段 Hurley 与 Nike 公司取长补短、携手共进，Nike 为 Hurley 提供产业支持，Hurley 丰富 Nike 的潮流文化内涵，使 Nike 产品成为街头潮流化、时尚化的极限运动爱好者等新兴消费者认同的世界知名品牌。双方十年蜜月期的发展使耐克品牌在时尚度与潮流化等方面极大地缩小了与长期竞争对手 Adidas 的差距，大家都发现，自从 2002 年以来，耐克的产品更加时尚化、潮流化，这与 Hurley 的加入密不可分。

第四阶段是出现分歧的阶段。2012 年以后，随着时任 Hurley CEO 的 Michael Egeck 的离职，Hurley 的经营进入了一个过分强调 KPI 的时期。Nike 公司品类及产品总裁迈克尔·斯皮兰（Michael Spillane，后曾成为耐克中国区总裁）表示很感谢 Bob Hurley 及其团队把 Hurley 打造成世界上最具创新精神的冲浪品牌，但是 Nike 公司更想把重点放在满足消费者及投资者的需求、提升投资的针对性上。2018 年，Bob Hurley 及其团队在多方限制下最终选择离开 Hurley。2019 年，由于行业整体的下滑与 Bob Hurley 离开后的诸多影响，Hurley 缺乏了灵魂人物，耐克最终决定将旗下的 Hurley 业务转让给 Bluestar Alliance LLC。

纵观 Hurley 与 Nike 公司的恩怨情仇，两者走向分道扬镳的原因可归结为两点：一是 Hurley 创始人自身的局限性。与大部分基于极限运动、诞生于 20 世纪下半叶的品牌一样，品牌创始人本身是极受尊重的运动选手，完全出于文化认同创立了品牌，而自身几乎没有商业背景——即在品牌运营的过程中重视品牌的文化属性而忽视商业效益，没有长期的品牌发展规划，缺乏可持续性发展，导致经营不善，这是非常让人惋惜的。值得注意的是几乎所有的世界著名三板公司都在成立之初存在类似的问题，如 Quiksilver、Billabong、Volcom、Rip Curl、RVCA 等。

其次是 Nike 纵然有成熟的商业体系也未能改变 Hurley，反映出的是背后商业集团的运行逻辑与潮流品牌基于文化的发展方式未能达成共识，目前还是彼此割裂的状态。与此类似的还有法国开云集团与Volcom之间的商业模式。Volcom是美国知名的滑板、冲浪、滑雪三板运动品牌，由Richard Woolcott和Tucker Hall于1991年创立，2005年在美国上市。2011年，开云集团以6.08亿美元收购Volcom。2017年，在潮叔的引见下，李宁集团、法国开云集团、蓝色极限曾想在中国成立合资公司，把Volcom品牌引入中国，三方商谈了近两年时间，后因开云集团想出售Volcom品牌，李宁集团决定终止与开云集团的合作，而Volcom也于2019年由开云集团出售给品牌管理公司Authentic Brands Group（ABG）。

这两件事都清晰地告诉现在的潮流品牌，如何达成商业集团的运行逻辑与潮牌基于文化的发展方式的平衡，是所有潮牌共同面临的挑战。至今为止极少有一个商业集团公司能够成功整合极限运动与潮流品牌，耐克、开云都失败了，而威富与Supreme、安踏与Amer的并购还正在路上，目前还不能说完全整合成功。固然细分市场运动与潮流品牌要打造自己的独特文化符号与文化基因，但以单一的商业品牌运作或使单一的依托于极限运动与潮流文化都是没办法做大做强的，必须走与商业集团共同探索共赢以及与文化内涵的有机融合的商业模式。

2. 明星穿用潮牌带来的喜与忧

2017年仲夏时节，一档名为《中国有嘻哈》的线上节目横空出世，节目一经播出就迅速引起热潮，作为街头文化两大元素之一的嘻哈文化就此进入我国普罗大众的视线。此后，以《这就是街舞》《说唱新世代》《潮流合伙人》《潮流主理人》为代表的一类宣传潮流文化的节目在各个平台上线，虽不及诸如Next in Fashion Project Runway等老牌欧美时尚综艺具有全球性的影响力，亦或是《高中带货王》《麻浦帅小伙》等韩流节目对穿搭本身进行的诸多探讨，但在节目中对国潮品牌大量的曝光、对设计想法的细心解读都对发展国潮文化、引领潮流趋势有推动作用。

首先必须肯定的是，通过明星效应，很多原本大众不了解的品牌开始进入视野，比如陈冠希使Stussy在国内大量曝光，GAI在节目中多次穿用李宁BADFIVE等。明星穿用潮牌，对提升大众对潮牌的认知度和促进整个潮流文化的发展大有好处。

然而目前在潮牌穿搭上确实也存在一些乱象。明星艺人或造型团队大多基于图案设计、色彩搭配等视觉呈现的考量选择服装，而对于潮牌背后的文化不够了解。但是潮牌的产品往往是一种个人兴趣爱好、社会形象乃至价值观或是文化认同的外化表现，穿着一件潮牌产品的同时，也是在对拥有对此潮牌相同认知的人发出同类的信号，这是当前的潮流时尚穿着和宣传时需要注意的。Thrasher火一般的图案是硬核滑板圈的滑手专属，以致歌手Justin Bieber（贾斯汀·比伯）和Rihanna（蕾哈娜）被品牌方要求不要穿Thrasher品牌服饰，因为他们与品牌的风格不符。又如FOX品牌强调的是一种"纵情不羁"的、活力激情的机车文化，是摩托车爱好者的共同梦想，FOX赞助了非常多知名摩托越野选手，但有些明星只认同狐狸的图案，却不了解摩托越野的机车文化，知其然而不知其所以然，不仅会给自己的社交圈一个错误的信号"我是一个摩托车爱好者"，而且对于机车爱好者来说也会造成穿着者是否是机车同好的困惑。最后，在公众媒体上的曝光更会对社会大众造成某些误导，大众认识到一个图案但并未认识到图案背后的文化，在之后的日常穿着和社交活动中也会产生知其然而不知其所以然的窘迫场景。

无论是潮流时尚节目还是公众人物的穿搭，首先要了解其文化背景和具备正确引领的责任意识。在穿用之前可以先了解服装风格乃至品牌的文化背景及背后的故事，避免一些"Fashion，but not styling"的情况出现。蓝色极限与万斯（Vans）联名限量款设计者著名夏威夷设计师凯欧拉（Koala）在参加明星晚宴时说过，"Chinese Star is very fashionable but not stylish，you don't feel they have personality and character（中国明星非常时尚，但没有自己风格，你不会觉得他们的穿搭体现自己的个性及特点）"。

其次，要穿出自己的特点和风格，充分发挥服装在个人形象塑造上的优势，选择适合自己的、发扬文化的服装，打造贴合个人特征的、表达个人爱好的、发挥性格魅力的IP形象，避免通过大logo或者是品牌标识性的图案塑造所谓的"时尚Icon""穿搭模板"的人设。

最后，要注重对国潮文化内涵的深层挖掘，将国潮所兼具的"潮流"与"传统"两种基因统合起来，将潮流单品扎根于中国文化，讲中国人的故事，寻找社会大众对中国传统文化的认同感与获得感，增强文化认同与文化自信。

文化认同是品牌发展的立身之本，同时也是作为公众媒体、公众人物应该认识到和积极塑造的自信之源，只有认识到品牌背后的极限运动文化与追求自由超越的积极人生观，充分发挥文化的深层驱动力，我国的潮牌服装文化和服装设计能力才能取得巨大的进步。

3. 国际品牌在中国遇到的困境

我国作为世界第二大消费市场，是所有商业集团必争的阵地之一。寒来暑往，无数国际品牌试图在中国站稳脚跟，无论是诸如LV、Chanel、Prada、Gucci一类的老牌时装屋，还是以Stussy、Supreme、Volcom等为代表的潮流时尚品牌，都对中国市场心驰神往。然而，在如今国潮文化发展、新中式风格盛行、传统大牌认可度下降的大趋势下，国际品牌在中国发展屡屡遇冷。如何借鉴国际品牌的发展经验，如何更快更好地发展国潮文化，如何将国际大牌与国潮品牌形成良性竞争、共同向好发展的新形势成为当下潮流发展的重要话题。

过去几十年来国际品牌在中国发展最重要的问题仍然是文化差异的问题。其一是本身时尚集团尤其是奢侈品集团与潮流品牌的发展就是两条独立的路线。以开云（Kering）集团、酷悦·轩尼诗—路易·威登（LVMH）集团、历峰（Richemont）集团为代表的众多时尚品牌强调身为百年老品牌的传承性、高级定制工艺的精湛技艺与VIP客户群体的独特性，是一种基于传统宫廷文化延伸而来的定制文化，以独特、奢华、时尚为特征。而以Stussy、Supreme、A Cold Wall等为代表的潮牌则是基于极限运动的流行、由街头文化孕育而生的品牌，强调的是对个人喜好的表达、对社会的叛逆，以及由生活方式与个人爱好共同组成的社群内的文化认同感。两条路径相互独立，难以找到共同的价值认同因而无法群策群力，共同协作在中国取得良好的发展。其二是无论是时尚集团还是潮流品牌与中国的本土文化都存在文化壁垒。我国的国潮文化具有起步晚但发展迅速的特点。2018年中国李宁系列在纽约时装周大放异彩，从此打开了国潮的大门。李宁集团、开云集团引入Volcom品牌到中国所遇到的困境体现了国潮与时尚集团、潮流品牌之间的文化差异暂时难以协调。

外国品牌在进入中国市场时往往会试图保证"原汁原味"，一方面是希望保持自己品牌文化的独特调性，另一方面又希望在世界舞台尤其是中国市场获得长足的利益。他们在入驻中国时过分强调我是"欧洲品牌""美国品牌""日式品牌"的文化发源性、纯正性，反而难以被国内的消费者所接受。本土化是国际品牌进入新地区的必经之路。

其三是基于我们国内时尚业起步晚但发展迅速的特点，有些工厂及企业存在知识产权保护意识缺失的问题。部分仿冒工厂或是企业在品牌未进入中国市场时就根据品牌产品"复刻"、仿冒，在国内进行售卖，使我国民众长期处于无意识地购买和使用山寨产品的状况之中，即使有产品质量问题也难以追本溯源获得相应的保障。尤其是进入网络时代以后，网上亦真亦假的旗舰店、专卖店层出不穷，加大了知识产权保护的难度。长此以往，在品牌真正入驻中国时，反而是一种消费者已经对其丧失足够的信任的情形，导致品牌难以发展。以Supreme为例，2022年，Supreme正式入驻我国，在北京王府中环Dover Street Market Beijing发售相关商品。但Supreme Italia早在2017年便在广州设有门店，姣奢公司也长期仿制Supreme门店与产品。Supreme虽然通过法律途径解决了这类问题，但仍然产生了较大社会影响，真假产品的阴影始终留在消费者心中。

最后是在2020年开始的新冠肺炎大流行期间，疫情肆虐使得全球消费行为数据大幅度下滑，这些国际品牌同样也在中国遭遇寒冬，遇到了现实的维系困难。比如最近A Cold Wall在北京首店关闭，DC、Dr.Martin、HERSCHEL、Off White等著名欧美潮牌纷纷关店。

如今，时尚潮流品牌呈现出一种本土化的发展趋势，这确实是有效进入中国市场、获得中国消费者认同的方式，不少国际品牌在近两年开始发起与中国设计师、中国品牌乃至中国潮流节目的合作，体现了国际品牌对中国地区文化的适应性改变。后疫情时代经济逐渐上行复苏，国际往来与合作进入新的局面，有利于潮流品牌、潮流文化的发展，也振奋了国际品牌打破困局的信心。

潮流经济的增长空间与途径

●

Paul Frank 在中国成功转型的故事

Paul Frank作为美国女装配饰品牌，最开始出名的是一个印有大嘴猴图案的皮夹子与大嘴猴文化衫，此外并未有其他良好表现。大嘴猴进入中国市场是红纺文化通过长达半年的考察与调研才达成协议，在董事长郑波及其团队十多年的经营之下，Paul Frank目前已成为中国赫赫有名的家庭品牌，男女老少皆成为其受众，大嘴猴形象也一跃成为炙手可热的IP形象。高峰时，大嘴猴在中国拥有超过700家线下店，代言人是周杰伦的太太昆凌。这种华丽转身本身是基于Paul Frank的本土化适应，符合中国国情。2015年，红纺文化关联公司宏联国际与大嘴猴品牌当时的权利人保罗·弗兰克实业有限公司签署独家授权协议，获得15年Paul Frank "大嘴猴"品牌在中国大陆、香港及澳门地区所有商品品类商标权和著作权的独家使用权及转授权，并且支付了协议项下高额的全部许可使用费。这个行动让业界大为震动，也对红纺文化刮目相看，绝对是中国IP行业历史上非常值得记录的一笔，也是一种中国知识产权保护的进步和标志。随后红纺文化通过一系列的营销操作让这个品牌在中国大放异彩，并进行IP化，不断扩充品类，除了原有的非常成功的鞋服配饰外，产品延展至生活家居、食品饮料、3C数码、美妆、快消、箱包等，光杯壶这一个品类就有超过2 000个SKU，已经触达到了消费者生

图2-1　潮叔与红纺文化董事长郑波合影

活的方方面面，整个IP商品在线上线下销售的年产值近百亿，也让大嘴猴这个形象深深印刻在消费者的心头，让它成为了名副其实的IP品牌。放眼全球，Paul Frank只有在中国才有这样的发展，其他地区已经难见踪迹。这也是"国际品牌"本土化做得非常成功的案例。

红纺文化的前身是一家做"内衣"出口加工的企业，在2005年成为了"奥运"福娃保密生产商，打开了红纺对"IP"和"品牌"认知的新世界。众所周知"奥运会"是个极大的"IP"，奥组委对"奥运"这个IP的授权和管理是相当严格的，每一个字母，每一种颜色都不可以有丝毫偏差。通过奥运保密生产商这个角色的学习和历练，红纺也意识到，生厂商是这个行业最底端的，赚的是一分一厘的利润，所以"做品牌"成为了郑波的目标。后来红纺文化把Paul Frank品牌引入中国，经营得有声有色，2003年又把当时韩国的第一潮牌"PANCOAT"带入中国。这个品牌是当时在韩国家喻户晓的品牌，经常出现在各大韩国影视综艺里，许多追星族专门前往韩国购买明星同款的品牌服装。红纺把PANCOAT引入中国后，通过一系列市场推广，迅速占领市场，用郑波的话来说他们是国内最早开始大规模与综艺、影视剧、明星同款进行品牌合作的公司。当时中国的《奔跑吧兄弟》《爸爸去哪儿》等头牌综艺都能看到PANCOAT的服装，他们的第一位全球代言人是从韩国归国发

图2-2　潮叔团队考察PANCOAT乐园

展的张艺兴，风头很足。2005 年红纺对 PANCOAT 进行了全球收购，并开始对对 PANCOAT 进行品牌 IP 化的打造。

2022 年 9 月，PANCOAT 的第一座潮酷亲子乐园亮相上海，惊艳了整个行业，并且快速开设盐城的 PANCOAT 乐园，据悉青岛、湖州等地的 PANCOAT 乐园都在快速筹建中。郑波说，IP 界商业化做的最好的就是迪士尼，红纺也要打造自己的迪士尼。PANCOAT 这次涉及的是亲子无动力乐园，未来还将融入红纺旗下其他 IP，如"守护九天"航天主题元宇宙公园等，将文旅、商品、餐饮等融合一体，打造属于自己的梦幻乐园。

中国潮牌的未来趋向

目前我们国内的品牌发展，大多是以设计师品牌的形式见长，相对于文化更强调设计的新颖程度，与传统文化的结合程度，版型款式的合体性，面料以及工艺等因素，由此产生了众多设计新颖的服装。百家争鸣、百花齐放的市场环境更符合我国消费者的消费习惯和我国市场与政府两只手共同作用的市场机制。这是我们发展的一个优势。一些如李宁、安踏等头部国潮品牌已经做到了设计新颖的同时具有文化属性，此外价格亲民，具有极强的竞争优势。在青年消费者的支持下蓬勃发展是可预见的。

随着 90 后、00 后甚至 10 后消费者的成长，文化自信已然成为中国消费者的群体特点。对中国文化的认同感增加与对国际品牌的认可度下降给予了国潮品牌充分的发展空间。同时，Z 时代青年的个性化、差异化服装需求与百家争鸣、百花齐放的中国设计师品牌发展路径高度契合，使设计师品牌成为当前国潮发展的主要特征。

在诸多优势之下，中国潮流品牌还应结合极限运动与街头潮流文化，参考国外的文化社群模式。一方面，积极培养儿童、青少年的极限运动热情，营造良好的运动环境，明确运动需求；另一方面，品牌主理人、设计师应实现由局外人到局内人的身份变换，参与到三板运动以及潮流潮牌的核心社群之中，热爱文化，创造真正有文化底蕴的原创作品，以此吸引更稳定的品牌爱好者社群的建立。

最后，除了吸取极限运动的基本元素，国潮品牌应该积极探索如何将历史悠久的传统文化用世界通行的"语言"传播好。将中国传统文化的元素与世界街头文化的元素相结合，是具有前瞻性、世界性、包容性的。本书认为即使是民族的元素也需要用世界的语言进行翻译，用世界的方式予以表达，才能获得世界的共感。

总的来说，中国潮流品牌的发展本身就具有设计能力、市场机制、文化认同等诸多优势，但需要在文化社群的打造以及传统元素的世界性表达层面做更多的探索，相信中国品牌会在设计与文化双线并存的发展路线上，走中国特色社会主义道路，发展国潮文化内涵，打造新时代中国服饰文化。

第三章　　极限运动介绍

CHRONICLES
OF STREETWEAR
BRANDS

极限运动

项目分类

  大部分极限运动项目是近几十年诞生的，目前仍在不断发展之中。根据季节差异，极限运动可以分为夏季和冬季两大类，涵盖了水、陆、空等多个空间领域。

  夏季极限运动的表演项目包括：自行车越野、滑板、难度攀岩、速度攀岩、空中滑板、高山滑翔、滑水、激流皮划艇、摩托艇、冲浪、水上摩托、轮滑等。极限运动融入自然、挑战自我的特性在欧美各国受到大众的狂热追捧，其流行程度可以用疯狂和魔力来形容。以滑水和滑板为例，滑水已经成为许多美国城市重要的都市文化活动。滑水爱好者多达110万人，职业滑水队和表演队更是星罗棋布。而滑板运动的发烧友更是多达450万人。在20世纪60年代，滑板运动曾因政府的禁止而成为地下项目，直到80年代中期才重新兴起，成为许多厂商眼中的赚钱机会。滑板运动巨星Tony Hawk（托尼·霍克）和Andy McDonald（安迪·麦克唐纳）在年轻人眼中无疑是超级偶像。

极限场地

  极限运动的比赛可分为Street（街区障碍赛）和Vert（U台跳跃赛）两种类型，包含100米和200米等项目。街区障碍赛是在一定大小范围的场地内，设置跳跃台或其他各式各样形状的设备以供选手进行表演竞技；而U台跳跃赛则是以U型的半管式设备供选手进行表演竞技。国际极限运动场地标准规范将运动场地分为符合国际竞技标准、可举办国际比赛的A级场地；标准型、可举办一般性比赛的B级场地；以及设施简易、适合初学者使用的C级场地。

极限运动的内在逻辑

1. 尊重文化与规则

极限运动热潮爆发于 20 世纪 60 年代，最典型的是"三板"运动，即冲浪、滑板、单板滑雪。三板运动商业化程度很高，并在很大程度上促进了极限运动向潮流文化的发展。斗转星移，大众对于极限的追求愈加"极端"，一些更危险、更刺激的项目应时而生，比如翼装飞行。

进入 20 世纪 90 年代，极限运动被引入中国。如同大多数舶来品的发展脉络一般，极限运动最初在我国的发展经历曲折。很多早期的爱好者浅尝辄止，仅以拿到认证证书、受到大众认可为目标，缺乏对极限运动真正的激情与热爱，极限运动更多的成为一种吸引眼球、炫耀胆量，乃至于增加粉丝关注的工具。根据国内冲浪俱乐部内部数据，平均每年有上万名冲浪爱好者前来学习，但绝大多数群众仅仅完成在冲浪板上站立这一动作，拍照纪念，发朋友圈，缺乏对运动的真诚热爱与坚持。至于近些年大热的滑雪运动，每年都有 2 000 万左右滑雪人次，然而走进国内很多雪场就会发现，滑雪场很大程度上已经变成旅游景点，上雪拍照即算 1 人次，真正享受滑雪乐趣的人并不多。

诚然，社会大众越来越关注三板运动乃至其他极限运动，乐于走进场馆体验，享受潮流文化、打造积极健康的生活方式，必然是一种好的倾向。但将体验心理引导至对运动本身的尊重、理解乃至热爱是每一个极限运动爱好者、相关从业者的共同追求。真正的极限运动，很大程度上是靠天吃饭。以登山运动为例，每一次攀登前都需要分析天气预报，再决定是否出发、能走多远。尤其是攀登 5 000 米以上的高峰时，事先有没有做好功课、能否尊重理解登山的基本规则，决定了这趟登山之旅是否能安全结束。所有对大自然和规则的尊重与敬畏，归根结底，也是对自己和他人生命的尊重和敬畏。冲浪这项运动很能体现出人与人之间相互尊重的必要性，它有很多不成文的规定，比如离浪头最近的人有优先下浪权；不抢浪，如果不小心抢了浪，要马上安全离开那道浪；尊重职业冲浪手等。另外，在夏威夷冲浪还有一条不成文的规定——尊重本地冲浪手。尊重文化、理解规则并做好充分准备是参与极限运动的必要前提，而不能仅仅是出于好奇心与探索欲去参与。

2.基于理性

极限运动看起来天马行空，其实非常需要理性的计划与安排支撑。因为即使参与者遵从规则并作足一切准备，且已经累积了多年的经验，偶尔还是会出现突发状况。在极限运动中，1%的突发情况落到你头上，很可能就构成100%的死亡概率。

2020年5月，极限运动爱好者安安在张家界天门山的一次翼装飞行中遇难。在安安遇难后，有部分圈内人士认为，她年轻的生命结束得如此仓促让人感到惋惜，但从专业角度来看，她称不上是一个严肃的极限运动玩家。我们看到她在极限运动领域丰富的经历：18岁学单板滑雪；19岁在巴厘岛学习水肺潜水，考出AOW潜水证；20岁学习自由潜和冲浪，通过AIDA自由潜四星考核；21岁玩室内跳伞；22岁开始学习翼装飞行。这样的经历在外人看来非常丰富，令人羡慕，但在专业的极限运动玩家看来，她缺乏对某一个项目真正的热爱和激情。"你学任何一项运动，没有五年根本没法入门。真正钻的人，几十年如一日练习一个项目。"我们可以看到，她独立跳伞500多次，其中高空翼装飞行次数超过300多次。看起来次数已经足够，但这些飞行基本集中在迪拜，这是世界上跳伞最安全的地方，因此，她其实极为缺乏实操经验。在这个前提下，她却选择了张家界天门山，这里被公认是翼装飞行最具挑战的地方。此前，此地已经发生过两起翼装飞行者坠亡事件，且两人在这一领域都积累了多年的丰富经验。如果不是为了配合拍摄纪录片，她应该不会作出这个贸然的选择。

潮叔也曾在美国举办死亡训练营，当时的内容之一是组织训练营成员跳伞，体验生与死。跳伞一般有三项安全保障以防止在空中发生意外——每个人都有三顶伞。主伞打不开时，副伞可以由教练员手动开启，主伞与副伞都无法开启的情况下，由于跳伞教练员的体重与他带跳的学员相配，体重配重达标，到一定高度后第三项伞会自动打开，以保障跳伞者与教练员的安全，以此保障极限运动的安全性。训练营顺利结营，但一个星期以后悲剧突然发生。一个美国士兵带自己的妹妹来跳伞作为生日纪念。但是在女生实际跳伞的过程中，主伞没打开、副伞没打开、最后一个伞还是没能成功开启，最终与教练员双双陨落。这位教练员正是与潮叔共同配合跳伞的教练员。在此前，这位教练员除了训练营项目外已经安全跳伞上千次了，经验十分丰富，这样的惨祸是大家都未能预料到的。一般来说，教练员在上面，学员在下面。但最后尸体呈现出来的状况是教练员在下面，学员在上面。这是因为教练员试图救援，想用自己的身体去托住学员，可惜未能成功。

这就是以极限运动为生的人必须承受的职业中的风险性，长期从事极限运动的人往往都有这份自觉，他们每一次向新的极限发出挑战时，都会和家人郑重告别，有些甚至留下了遗书。这一道程序，其实也是一个从事极限运动的人职业性的体现。此外还发生过美国著名徒手攀岩选手在比赛中失手跌落最终身亡的事，很多人都目睹了这一幕，电视里还实况转播了。这位职业选手的每一步都是按事先规划来的，前期走了无数遍，到最后都可以闭着眼睛去走。就是这样的万全准备下，最后还是发生了意外。他太太后来哭着说，"他选择走的这条路，是用最喜欢的方式结束生命。"

极限运动总是和死亡联系在一起，在极限运动中，有两种死亡。一种是死得其所，像上述几位极限运动爱好者一般，基于绝对的理性与热爱做出选择，获得家人的理解、接受死亡的风险，进行周密准备后参与极限运动挑战，不幸殒命。一种则是无知者无畏，初学者只学到外在的疯狂，是非常致命的。有些初级玩家会把死亡这件事和浪漫联系在一起，有些甚至专为感受一种所谓"濒死的美感"而涉足极限运动的领域，但命运不会因为一个人的无知而给予特殊照顾。极限运动的精神内核在于挑战那些看似不可能的事物，不断激发出自己内在的潜力，把自己的极限一寸寸往前推进。但是，在这个过程中，一个人首先一定要明确自己的边界在哪里，然后再去在尊重文化与规则的前提下，做好一切准备，沉着冷静地投入到极限运动的浪潮中去。

主要极限项目介绍

●

Surfing（冲浪）

起源时间	20 世纪 20 年代	代表人物	Kelly Slater（凯利·斯雷特）、Mike Fanny（米克·范宁）、黄玮、杨雪等
起源地	Hawaii（夏威夷）		
重要赛事	世界冲浪竞标赛、亚洲暨全国冲浪锦标赛、全国冲浪冠军赛		
组织机构	国际冲浪协会、世界冲浪联盟、中国极限运动协会		

冲浪运动是运动员站立在冲浪板上，或利用腹板、跪板、充气的橡皮垫、划艇、皮艇等驾驭海浪的一项水上运动。冲浪有竞速与曲道玩法之分。两者都讲求速度及过弯的技巧，不同的是前者是直线竞速，大都在极强风况下进行，世界上的直线疾速为 94km/h，而一般冲浪运动的玩家平常的速度大概有 40~50km/h。

冲浪运动起源于夏威夷。1915 年，冲浪运动首次传到南美洲大陆。1962 年，第一届世界冲浪锦标赛在澳大利亚的曼利（Manly）举行。2010 年，首届中国海南万宁国际冲浪节举办。2020 年 12 月 7 日，国际奥委会同意将冲浪列为 2020 东京奥运会及 2024 年巴黎奥运会比赛项目。

种 类	详 情
长 板	长度 2.7 米以上，适合初学者
短 板	长度 2.1 米以下，属于技术性浪板
枪 板	窄而长，适合类似夏威夷地区的大浪
软 板	动感机动性强，不受浪头大小限制，适合初学者
浮筏板	板面宽大，速度转变较慢，适合初学者练习时趴在浪板上使用
人体冲浪	不利用任何工具，以游泳方式在较浅的海滩上浮于水面，随波浪起伏而推进

代表人物

（1）Kelly Slater（凯利·斯雷特），美国冲浪运动员，是世界上最有影响力的冲浪手之一，曾夺得2011、2012年劳伦斯世界体育奖"最佳极限运动员奖"。他在20多年职业生涯里共夺11个ASP世界冠军，被喻为冲浪界的乔丹、冲浪界的不老松。他在43岁时击败了年龄是他一半的曾夺取四次世界冠军的夏威夷冲浪运动员Andy Iron（安迪·艾恩），完全改变了现代冲浪运动的面貌。

（2）Mike Fanny（米克·范宁），澳大利亚冲浪运动员，曾分别在2007、2009和2013年ASP职业冲浪协会（2015年更名为世界冲浪联盟）世界巡回赛中赢得冠军。2015年7月19日，Mike Fanny在南非Jeffrey Bay（杰弗里斯贝）参加世界冲浪联盟决赛时遭到鲨鱼袭击后成功脱险的事迹广为人知。当时他奋力出拳、踢腿，不断猛击鲨鱼，甚至把冲浪板当作盾牌防御鲨鱼攻击，在同场运动员Julian Wilson（威尔逊）的协助下最终顺利脱困，比赛也因此延迟至鲨鱼远离该海岸后继续进行。尽管Mike Fanny并未受到严重的外伤，但这场绝地求生却成为他的恶梦。范宁曾在媒体访问中表示，因"鲨口脱险"导致罹患创伤后应激障碍（PTSD），于2018年宣布退休。3年后，39岁的范宁克服了伤痛与恐惧，重返世界巡回赛，再度于大海与众好手们对战。

（3）黄玮，中国冲浪运动员。2019年11月21日，黄玮夺得2019年亚洲冲浪锦标赛男子长板公开组冠军。

（4）杨雪，中国冲浪运动员。在亚洲杯冲浪冠军赛中，荣获女子短板第一名。

Skateboarding（滑板）

起源时间	20世纪50年代末60年代初	代表人物	车霖、曾文蕙等
起 源 地	California, USA（美国，加利福利亚）		
重要赛事	世界滑板锦标赛、亚运会、全国滑板锦标赛		
组织机构	世界轮滑联合会、中国极限运动协会		

滑板是一种由冲浪运动演变而成的板类运动项目。运动员脚踩滑动的器材，在不同地形、地面及特定设施上，完成各种复杂的滑行、跳跃、旋转、翻转等高难度动作，以展示其技巧。20世纪60年代，美国加利福尼亚的居民发明了第一块滑板。20世纪七八十年代，美国率先成

立了滑板运动协会，即全美滑板协会（NSA）。1981年，美国滑板运动协会和欧洲滑板运动协会在前西德联合举办了第一届世界杯滑板运动比赛。2016年8月，国际奥委会全会通过表决，将滑板列入2020年东京奥运会正式比赛项目，使滑板项目首次亮相奥运会。

代表人物

（1）车霖，中国第一位职业滑手，Nike SB签约职业滑手，郑州FLY滑板俱乐部创始人。他频繁参加国内外各类滑板赛事，多次捧得冠军奖杯，因参加第一届亚洲室内运动会并代表中国夺得滑板项目首枚洲际赛事金牌，被称为中国滑板第一人。

（2）曾文蕙，中国滑板运动员。16岁滑板少女曾文蕙在新项目滑板预赛中，总成绩排名第六，进入东京奥运会决赛。曾文蕙不仅是中国历史上亮相奥运滑板项目的第一人，也是中国历史上进入奥运滑板决赛的第一人。

Snowboarding（单板滑雪）

起源时间	20世纪60年代中期	代表人物	Shawn White（肖恩·怀特），刘佳宇、蔡雪桐，苏翊鸣
起源地	Michigan，USA（美国密歇根州）		
重要赛事	（1）国际性赛事：世界滑雪锦标赛、世界杯滑雪赛、冬季奥运会滑雪比赛、亚洲冬季运动会、世界大学生运动会（2）国内赛事：中华人民共和国冬季运动会、中华人民共和国大学生运动会		
组织机构	国际滑雪联合会、国际大学生联合会、亚洲奥林匹克理事会、中华人民共和国滑雪协会		

1965年，一位叫Sherman Poppen（谢尔曼·波彭）的滑雪爱好者仿照海上冲浪板为自己的孩子制作了一块滑雪板，取名为"Snurfer"，即雪上冲浪的意思。当时所谓的雪上冲浪，实际上只是让孩子踏在滑雪板上手拉绳索在雪地上滑行。而被喻为世界单板之父的Jake Burton（杰克·伯顿）才是这个运动的真正灵魂人物。1977年，Jake Burton在Vermont（佛蒙特州）的一个谷仓里创立了Burton品牌。Jake在单板运动的发展历程中通过创新性将玻璃缸材料用于单板产品，将单板运动

从一个后院娱乐活动发展成为世界级别体育运动。经过30多年的发展，Burton已经成为世界第一单板滑雪品牌。

从1998年日本长野冬奥会开始，单板滑雪的高山大回转和"U"形场地雪上单板技巧成为冬奥正式比赛项目。2003年，中国的单板滑雪正式立项，主要开展U型场地雪上技巧项目。

代表人物

（1）刘佳宇，在2007年3月加拿大卡尔加里进行的单板滑雪世界杯U形场地技巧赛中勇夺银牌。2008年3月1日，她在单板滑雪世界杯赛加拿大卡尔加里站上夺得了U形场地技巧赛的冠军。2009年1月23日，韩国横城单板滑雪世锦赛，她获得女子U形场地技巧赛金牌。2010年温哥华冬奥会上，她夺得第四名，这是中国单板滑雪运动在当时冬奥会上的最好成绩。

（2）蔡雪桐，1993年9月26日出生于中国黑龙江省哈尔滨市，中国单板滑雪运动员。2015年1月17日在奥地利的克瑞斯彻伯格，蔡雪桐以94.25分获得2015年世界单板滑雪锦标赛女子U型池比赛冠军。2017年世界单板滑雪锦标赛女子U形场地冠军。2018-19赛季国际雪联单板滑雪U型场地世界杯中国站在崇礼云顶滑雪场，女子组决赛蔡雪桐以88.75分夺得冠军，拿到个人第九个世界杯分站赛冠军，这是中国单板滑雪队本赛季的首个冠军。2018—2019赛季国际雪联单板滑雪U型场地世界杯，蔡雪桐凭借首轮拿到的89.25分摘金。2020年3月1日，在第38届美国公开赛（US OPEN）单板滑雪U型场地比赛中，蔡雪桐以88.16分夺得冠军，这是中国运动员首次获得美国公开赛金牌。2022年，在瑞士莱克斯站U型场地技巧决赛，蔡雪桐以总分216分获得本赛季单板滑雪世界杯女子U型场地总冠军。2022年北京冬奥会蔡雪桐排名第四，创造了个人冬奥会最高排名。

（3）苏翊鸣，2004年2月18日出生于吉林，师从中国单板滑雪第一人、首位职业赞助单板滑雪选手王磊。2018年入选中国国家单板滑雪坡面障碍与大跳台集训队。2021年苏翊鸣在单板滑雪世界杯美国斯廷博特站上夺得个人首个国际比赛冠军和中国男子单板滑雪第一个世界冠军。2022年苏翊鸣在北京冬奥会上夺得单板滑雪男子坡面障碍技巧银牌以及大跳台金牌，成为中国首个单板滑雪冬奥冠军。

...

3

（4）Terje Haakonsen（特耶·哈克森），挪威单板滑雪运动员。哈克森获得两次奥地利因斯布鲁克空中花样滑雪冠军，五次山地障碍滑雪冠军，三次美国公开半管赛冠军，三次世界半管赛冠军，五次欧洲半管赛冠军。

（5）Shaun White（肖恩·怀特），世界上最好的单板滑雪运动员之一。曾获2003年北极斜坡挑战赛第一名（挪威）；2003年美国菲利浦斜坡公开赛第一名（美国佛蒙特州）；2003年半管三重冠前卫赛第一名（美国加州）；2003年斜坡三重冠前卫赛第一名（美国加州）；2003年8本半管公开赛第一名（日本）；2003年半管游戏赛第一名（美国哥伦比亚）；2003年斜坡游戏赛第一名（美国哥伦比亚）。

Bicycle Motocross（自行车越野）

起源时间	20世纪60年代中期	代表人物	Maris Strombergs（斯特罗姆博格斯）、Anne-Caroline Chausson（安娜·卡罗林娜·肖松）、王史提芬等
起源地	California, USA（美国，加利福利亚）		
重要赛事	奥林匹克运动会、亚洲运动会、中华人民共和国全国运动会		
组织机构	国际自行车联盟、亚洲自行车联合会、中国自行车运动协会		

自行车越野又名小轮车，因其轮胎比较粗而且比赛的赛道也和越野摩托车所用的赛道十分相似而得名，它是20世纪60年代中期在美国兴起的一种自行车越野运动。20世纪70年代，美国建立了最早的BMX组织，这也被认为是BMX成为正式运动项目的标志。2003年6月，国际奥委会将小轮车确定为2008年北京奥运会正式比赛项目。

小轮车可分为竞速小轮车与自由式小轮车两个类别。竞速小轮车是以速度为唯一衡量标准进行的小轮车比赛。在比赛过程中没有花式的表演，也没有炫目的腾空、旋转，一切只为超越。竞速小轮车与自由式小轮车主要区别在于车头装headset的位置。自由式小轮车有一个特殊的零件——gyro，它能使车头360度转动而竞速小轮车却不能。火箭筒也是竞速小轮车所没有的。

代表人物

（1）Maris Strombergs（斯特罗姆博格斯），拉脱维亚男子小轮车运动员。在2008年北京奥运会上，斯特罗姆博格斯获得了金牌，这是奥运会上男子小轮车的第一枚金牌。

（2）Anne-Caroline Chausson（安娜·卡罗林娜·肖松，国内媒体一般称肖松），法国女子小轮车运动员。1999年世界最佳自行车运动员，她获得过"车神"兰斯·阿姆斯特朗的赞誉。在北京奥运会上获得金牌，这是奥运会上女子小轮车第一枚金牌。

（3）王史提芬，中国籍小轮车运动员。曾获得2005年中华人民共和国第十届运动会上第一枚金牌，也是全运会史上第一枚小轮车金牌。

Rollerskating（轮滑）

起源时间	公元1700年	代表人物	Eddy（艾迪）、苏菲浅、Sungjin Kim（金成镇）、师义龙等
起源地	英国		

Rollerskating在我国有许多种叫法，如旱冰、溜冰、滑冰、滚轴溜冰等，目前最广为人知的、受大众认可的名称为轮滑。轮滑是很棒的代步工具，双排轮滑（quad rollerskating）和单排轮滑（inline roller-skating）都是街头随处可见的轮滑类型。

最早的轮滑发源于公元1100年，是一种利用骨头装在长皮靴脚掌上，帮助猎人在冬天进行打猎的游戏。公元1700年，苏格兰人Dutchman首创第一双溜冰鞋。他希望在夏天能模拟冬天的滑冰，于是将敲钉的线轴长条木附在他的鞋子上。同年，在爱丁堡组成了第一个溜冰俱乐部。1760年，伦敦乐器制造商约瑟夫·梅林制造了第一款直排轮滑鞋，决定制造有金属轮子的长靴。他是第一位真正发明单排轮滑的人。

代表人物

（1）艾迪（Eddy），世界10公里单道纪录保持者、1992—2005年34.8公里单道纪录保持者、2005年北美极限马拉松轮滑赛冠军。

（2）苏菲浅，获得2007年学生轮滑大赛冠军，2008年四川省轮滑赛平地花式女子少儿组冠军，在新加坡举行的世界轮滑锦标赛中获得了季军并因此入选了中国轮滑国家队。

（3）韩国轮滑运动员KSJ，原名Sungjin Kim，国内媒体一般译为金成镇。他是韩国最著名的自由式轮滑运动员，从2000年开始接触轮滑，2002年开始接触平地花式轮滑，曾多次获得世界冠军。他引导着以力量与高难度为特征的自由式轮滑向同时兼顾难度和悦目度的方向发展。

（4）师义龙，2008年北京体博会师义龙带伤上阵，并获得了slide项目（花式刹停项目）的亚军，实现了在slide的项目上没有国人登上领奖台的时代，带动了国内一大批slide选手，2009年上海自由式轮滑世界锦标赛第5名，2010年上海自由式轮滑大奖赛slide项目亚军。

Rock Climbing（攀岩）

起源时间	20世纪中叶	代表人物	Alex Honnold（亚历克斯·霍诺尔德）、钟齐鑫等
起源地	欧洲		
重要赛事	（1）国际：攀岩世界杯分站赛、世界攀岩锦标赛、世界青年攀岩锦标赛、亚洲攀岩锦标赛、亚洲杯攀岩比赛、亚洲青年攀岩锦标赛 （2）国内：全国攀岩锦标赛、全国青年攀岩锦标赛、全国大学生攀岩锦标组织机构		
组织机构	国际攀岩联合会、欧洲运动攀岩委员会、中国登山协会		

攀岩是一项在天然岩壁或人工岩壁上进行的向上攀爬的运动项目，通常被归类为极限运动。攀岩运动要求人们在各种高度和不同角度的岩壁上，连续完成转身、引体向上、腾挪甚至跳跃等惊险动作，集健身、娱乐和竞技于一身，被称为"峭壁上的芭蕾"。

攀岩技术的兴起最早可以追溯到18世纪的欧洲。当时的登山者为了克服类似阿尔卑斯山等终年积雪的冰岩地形，发展出一套有系统的攀登技术，只是那时无论在技术或器材上都还相对比较简陋。直到第二次世界大战前后，由于战争的需要，攀岩运动才逐渐形成。

在20世纪中叶，攀岩真正成为一项独立的运动项目，当时的攀岩运动以自然的岩壁为主。1983年，法国人发明了人工岩壁，使攀岩运动得以完成从萌芽到发展的过程。2016年，国际奥委会确认攀岩成为2020东京奥运会的正式比赛项目。

代表人物

（1）Alex Honnold（亚历克斯·霍诺尔德），美国攀岩运动员。Alex Honnold曾在无安全措施条件下攀上Yosemite（约塞米蒂国家公园）中2000英尺高的垂直岩壁"半圆顶"的西北面。

（2）钟齐鑫，中国攀岩运动员。2015年，钟齐鑫获得速度攀岩世界杯的年终总冠军，成为世界上第一个速度攀岩大满贯得主。

Parkour（跑酷）

起源时间	20世纪末21世纪初	代表人物	David Belle（大卫·贝尔）等
起源地	欧洲		

Parkour或Le Parkour，有时简写为PK，目前有多种中文译法，除"跑酷"外，还有"暴酷""城市疾走""位移的艺术（l'art du déplacement）"。在香港被翻译为"飞跃道"。PK常被归类为一种极限运动，以日常生活的环境（多为城市）为运动的场所。它并没有既定规则，做这项运动的人只是将各种日常设施当作障碍物或辅助，在其中跑跳穿行。一个专业的跑酷训练者可以正确地控制危险，并将其减到最小。当陷入火灾、地震、遭遇袭击、车祸、紧急突发事件等危险中时，他的逃生几率将比普通人高出20倍以上。

跑酷最初由越战中的法国士兵们发起，2002年在英国开始盛行，后来法国的David Belle（大卫·贝尔）将其发扬光大。法国电影Banlieue 13（暴力街区13区）展示了Parkour街头文化，主演David Belle是Parkour运动的创始人之一。David Belle小时候常喜欢在学校的屋顶上跑跳。他的父亲是一位军人，他受到父亲的启发，从而开创了Parkour这种运动。

Wingsuit Flying（翼装飞行）

起源时间	20世纪90年代	代表人物	Jeb Corliss（杰布·科里斯）
经典赛事	飞越天门洞、红牛翼装飞行世锦赛、翼装飞毯		
组织机构	国内翼装飞行目前被国家体育总局禁止。		

翼装飞行分为有动力翼装飞行和无动力翼装飞行两大类。其中，无动力翼装飞行国际称之为飞鼠装滑翔运动。指的是运动员穿着拥有双翼的飞行服装和降落伞设备，从飞机、热气球、悬崖绝壁、高楼大厦等高处一跃而下。飞行者通过肢体动作来掌控滑翔方向，进行无动力空中飞行运动。当到达安全极限的高度时，运动员会打开降落伞以平稳着陆。无动力翼装飞行进入理想飞行状态后，飞行时速通常可达到约200公里/小时，翼装飞行的滑降比约为3:1，即在每下降1米的同时前进约3米。

2014年10月19日，第三届翼装飞行世锦赛决赛在湖南张家界天门山景区举行。最终，首届翼装飞行世锦赛冠军、来自南非的Julian Boulla（朱利安·布勒）夺得本届红牛翼装飞行世锦赛的冠军。来自哥伦比亚的Jonathan Frakes（乔纳森·弗洛雷斯）与挪威的Espen Fadnes（艾斯朋·费德尼斯）分获亚军和季军。2021年6月2日，国家体育总局办公厅发布通知，暂停翼装飞行这种管理责任不清、规则不完善、安全防护标准不明确的新兴高危体育赛事活动。

代表人物

（1）Jeb Corliss（杰布·科里斯），曾是美国"Discovery"的知名主持人，被欧美媒体称为当代最强悍的冒险运动家。Jeb Corliss在全球16个国家完成了包括金门大桥、埃菲尔铁塔、金茂大厦、皮塔纳斯双子塔、美国皇家峡谷大桥和安赫尔瀑布在内的近千次极限跳伞。Jeb Corliss曾应邀参加中国上海金茂大厦及长江三峡奉节天坑国际低空跳伞节。2011年9月24日，Jeb Corliss只身挑战穿越天门，成为全球首个翼装飞行穿越世界上海拔最高的天然溶洞的"天门第一飞侠"。

（2）Roberta Mancino（罗伯塔·曼奇诺），意大利最优秀的花样跳伞运动员之一。目前她已拥有了超过6 000次的单人跳伞以及3项世界纪录，在意大利国家花样跳伞锦标赛自由式跳伞项目上两次夺冠。2010年，

Roberta Mancino进行了一次近地滑翔，穿着滑翔衣从山顶跳下，在打开降落伞之前在山谷间滑翔。

（3）Barry William Holubeck（巴利·和卢贝克），优秀、成熟的职业低空跳伞和翼装飞行运动员，至今已成功完成10,000次以上的升空。Barry身为低空跳伞和极限跳伞教练非常受运动员们的欢迎。

（4）Jeff Nebokopf（杰夫·尼贝尔卡普夫），翼装飞行界的前辈级人物，曾跻身2008年"岩之翼"翼装飞行大赛榜首，各项大奖不计其数，已是美国最畅销的翼装品牌Tonysuit的御用设计主管兼首席测试飞行员。杰夫还通过自己的艺术摄影工作室Foghead摄制翼装飞行录像。

第四章　　　　　世界著名冲浪品牌

冲浪服饰简史

●

石器时代，有人刻制了一块木板以供冲浪之用，由此形成了人类历史进程初期的冲浪运动。大约在1500年前，随着第一批波利尼西亚人的到来，这项活动首次传到了夏威夷。美国作家杰克·伦敦和马克·吐温也是冲浪运动的早期爱好者。

冲浪运动之所以得到广泛推崇，得益于夏威夷冲浪运动员Duke Kahanamoku（杜克·卡哈纳莫库）的努力。Duke是1912年奥运会的游泳明星，他周游世界，热衷于推广夏威夷的文化。在此过程中，他向澳大利亚、美国东海岸以及许多好莱坞的名流介绍了冲浪运动。在夏威夷火努鲁鲁的韦基基海滩，可以看到韦基基海滩的雕像以及冲浪板竖立在那里。

最初，冲浪者们一丝不挂。在20世纪初，全球约有300名冲浪爱好者，冲浪者开始尝试把现有的浴衣裁剪成具有个性的冲浪服，他们使用毛纺材料制成了有肩带的浴衣，以便在落水时自动浮起。1930年，早期冲浪拥护者们如巴洛维德冲浪俱乐部的创始人Doc Ball（多克·鲍尔）为游泳裤引入了时尚元素，以发明一种实用的服装。然而，传统服装制造商保留了旧款式的绝大部分设计，新服装只是普通游泳裤的翻版而已。

第二次世界大战的爆发阻碍了冲浪业蓬勃发展的势头。战后不久，各种新材料如聚苯乙烯泡沫塑料、聚酯树脂和玻璃纤维布被用于制作冲浪板，具有商业头脑的制板专家们如Dale Velzy（戴尔·维尔基）、Malibu（马利布）和Joe Quigg（乔·克维格）开始制造与战前完全不同的新型冲浪板，这些新型板易于骑乘，使得原本参与者稀少的运动向大批爱好者敞开了大门。

好莱坞发现了夏威夷的这项时尚运动，由此引发了一股冲浪热潮。1959年，电影 *Gidget*（《怀春玉女》）开拓了这项运动的商机，冲浪的热情呈现爆发性增长，堪萨斯的孩子们开始在汽车顶部绑上冲浪板来展示自己的酷劲。

1960年，夏威夷冲浪本土品牌进入市场，如Hang Ten（欢腾）、

Birdwell Beach Britches（伯德维尔海滩小甜甜）、Golden Breed（黄金品种）、Kanvas（坎瓦斯）、Reed（瑞得）以及Roy's Beach Cabana（罗伊海滩小屋），这些品牌的产品大体上模仿了备受冲浪者青睐的夏威夷小型服装店裁缝所制作的服装，例如M. Nii（M. 尼）、Taki（塔基）、H. Muira（穆伊拉）和Reyn Spooner（雷恩·斯普纳），但他们生产的泳裤用僵硬厚重的帆布材料制成，完全限制了运动。在20世纪60年代末，澳大利亚冲浪手Alan Green（艾伦·格林）和John Law（约翰·劳）实现了他们的梦想——在Torquay（托基）生活并冲浪。1969年，Alan Green向父亲借了2 500澳元，设计研发出了Rip Curl（里普柯尔）泳装和UGG（Ugly Boots，丑陋的靴子）羊皮靴。1970年，他和John Law成立了Quiksilver（闪银）公司。Green和Law把一些旧泳裤撕开，去掉了他们认为不必要或不合适的部分，比如沉重的帆布、缀花边的前部、长烟囱似的腿部，还有划水时会把人弄痛的两条厚接缝和钮扣，这些累赘统统予以抛弃。他们重新开始设计了基于解剖学原理的穿着样式，为冲浪服饰开启了具有跨时代意义的、功能性、人性化的设计新篇章。

世界著名冲浪服饰品牌

Quiksilver（闪银）

	创 始 人	Alan Green（艾伦·格林）和 John Law（约翰·劳）	成立时间	1969年
	发 源 地	澳大利亚托尔坎		
	品牌官网	https://www.quiksilver.com/		

  Quiksilver品牌的总公司位于美国加州亨廷顿比奇，是商业化成功的冲浪装备公司之一，也是冲浪行业"三巨头"之一。1969年，两位创办人Alan Green与John Law在澳大利亚维多利亚省的托尔坎设计出品牌Logo，其创作灵感源自于日本画家葛饰北斋的木雕版画神奈川冲浪里，主要描绘山峦旁的巨大海浪样貌。

  Quiksilver坚守高山与浪潮的核心思想，成为极限运动市场公认的最优质青年生活方式的文化服饰品牌。该品牌设计师听取著名冲浪手、滑雪手和滑冰手们的意见，把功能、版型、艺术与时尚结合，使用一系列不断变化的材料、印刷品和技术，为全球山地和海洋爱好者开发游泳装、沙滩裤、潜水服、雪地外套等时尚运动服饰。

  2005年，Quiksilver以5.6亿美金并购欧洲滑雪品牌Rossignol（卢西诺），但在2008年11月12日以3 750万美金与1 250万债券转手卖出，之后经营高尔夫球具品牌Cleveland Golf（克里夫兰高尔夫），并于2007年10月31日转卖给日本运动用品公司Srixon（史力胜）。2012年进入中国，但发展并不理想。2013年，由于美国青少年服饰通路营运状况不佳，导致Quiksilver在财务上出现问题。因此，公司高层启动一连串计划，希望重振营运状况。Quiksilver共同创办人与品牌首席执行官Bob McKnight（鲍勃·麦克奈特）于2013年1月11日退休，并于2014年10月间转任执行董事。2015年9月，美国部分仍列入破产财务重整。2016年初，Quiksilver转由私募基金橡树资本为主要股东与经营者，以换取1.75亿美元资金作债务重组，但欧洲及亚太区业务完全不受影响。Quiksilver Inc. 在2015年9月申请破产重组后于2016年2月脱离破产。经过一年的沉淀，现在该集团宣布更名为 Boardriders Inc.，开启了新的篇章。在此期间，Quiksilver Inc. 清理了超过9 000万美元的剩余库存，精简了分销渠道，削减了成本，虽未能扭亏为盈，但已经接近收支平衡的状态。随着"Boardriders"名字的起用，该集团推出名为"Boardriders"的新品牌，美洲区首店于2017年秋季登陆加州的马里布。目前，Quiksilver同时经营知名滑板鞋品牌DC SHOES和世界知名全方位女性运动品牌Roxy（罗克西），且Quiksilver和Roxy与Accor SA（ACCP.PA）雅高酒店集团旗下以千禧一代为目标消费群的新品牌JO&JOE（琼与乔）达成合作协议，借机进军酒店业。

2023年4月，美国品牌管理公司Authentic Brands Group（正宗品牌集团）宣布与Boardriders签署决定性协议，收购Boardriders，交易预计在同年第三季度正式完成。虽然具体交易条款尚未披露，但彭博社推测此宗交易价值约13亿美元。

Roxy（Quiksilver 子品牌）

	创始人	Alan Green 和 John Law	成立时间	1990年
	发源地	澳大利亚托尔坎		
	品牌官网	https://www.roxy.com /		

Roxy是Quiksilver为年轻女性创立的冲浪服饰品牌。Roxy是年轻女性最大户外用品与服饰零售品牌之一，约占Quiksilver整体营收的30%。Roxy主要消费者为热爱海洋或登山等户外运动的年轻女性族群，视觉呈现大多采用穿着比基尼的年轻女孩，而非如一般运动品牌以实际运动中的女性为主，力求与主品牌Quiksilver做出区隔。

1990年，冲浪越来越受到女性的青睐，女性冲浪用品的需求也与日俱增，为了回应市场上女性对于年轻、生活和冲浪的需求，便有了Roxy品牌。Roxy以售卖泳衣为主，于1990年夏末公开亮相。品牌名称源自于朋克乐团或朋克俱乐部，同时也是 Bob McKnight 与 Alan Green 女儿的名字。该品牌Logo的创意是以两个Quiksilver Logo对影合并而成的爱心形状，它代表着独一无二、迷人、自信、自然美、嬉戏热闹和真实生活的Roxy精神。

由于Roxy主营女性产品，又是地道的冲浪品牌，使得该品牌成功激起了零售商与女孩们的兴趣。在接下来的十年中，Roxy除保留了Roxy原本的流行精神，还成功渗透至其他板类运动市场，如滑雪、滑板等。目前，Roxy除了服饰以外，还同步生产居家装饰、冲浪、滑雪用品、泳装、潜水衣、海滩服、鞋子、书籍与香水，并另成立青少年品牌Roxy Girl（罗克西）与儿童品牌Teenie Wahine（青年瓦欣）。

Billabong（仅在雨季流淌的小溪）

	创 始 人	Gordon Merchant（戈登·莫森）和 Rena Merchant（瑞娜·莫森）	成立时间	1973年
	发 源 地	澳大利亚昆士兰黄金海岸		
	品牌官网	https://www.billabong.com/		

Billabong是全球排名在第20位的澳大利亚极限冲浪休闲品牌，主营沙滩裤、潜水服、T恤、衬衫、背包以及其他品牌的滑板和滑雪板产品。"Billabong"源自Wiradjuri（维拉朱里）词，澳大利亚人的传统语音"bibaη"，指的是"仅在雨季流淌的小溪"。

起初，Gordon Merchant在家里设计和制作冲浪短裤，将它们卖给当地的冲浪店。购买过该短裤的冲浪者很快意识到Merchant短裤具有极高的耐用性。Merchant也明白他的公司需要扩张才能取得成功，因此Billabong开始赞助来自不同亚文化的数百个冲浪团队，他们在品牌和相应的生活方式上扮演着形象大使的角色，这提高了公众对Merchant产品的认识，公司也随之扩张。到1980年，Billabong沙滩裤风靡整个澳大利亚。由于Merchant在澳大利亚的成功，他决定出口产品，到20世纪80年代后期，Merchant的沙滩裤销售至其他国家，包括新西兰、日本和南非。在20世纪90年代，冲浪行业整体显著增长，Billabong便是这一增长的一部分。

图4-1 潮叔与Billabong原CEO Paul Naude（左三）的合影

  Billabong于2000年首次在澳大利亚证券交易所上市交易，这为其提供了进一步扩张和收购其他公司的资金。截至2013年9月，眼镜品牌Von Zipper和滑板服品牌Element（元素）是Billabong拥有的两个著名品牌。该公司还拥有Honolua Surf Company（火奴鲁阿冲浪公司）、Kustom、Palmers Surf（帕默斯冲浪）、Xcel（艾克赛尔）、Tigerlily（虎尾兰）、Sector 9（第9区）和RVCA（服饰）等其他品牌。

  自2008年公司业绩下滑以来，Billabong International一直作为竞标和收购过程的对象。有一段时间，Billabong使用企业扭亏为盈战略使公司在2014年实现盈利。但在2016年12月，前首席执行官Matthew Perrin（马修·佩林）在布里斯班地区法院被陪审团裁定犯有欺诈和伪造罪，并于2017年1月被判入狱。2018年，Billabong被竞争对手品牌Quiksilver的所有者Boardriders Inc.收购。

Hurley（赫利）

	创 始 人	Bob Hurley（鲍勃·赫利）	成立时间	1998年
Hurley)(	发 源 地	加利福尼亚州科斯塔梅萨		
	品牌官网	https://www.hurley.com/		

  Bob Hurley在美国加州创立了自己的同名品牌，产品涉及滑板、滑

雪、艺术、音乐等多种领域，很快成为运动类服饰的热门品牌。Hurley
认为音乐和艺术是将所有人聚集在一起的共同线索，该品牌的内核是基
于对海洋的热爱，它深深地扎根于海滩文化，追求包容和积极的心态，
告诉年轻人要以梦想为出发点，热衷于表达自由和个人的声音。

图4-2　潮叔与Bob Hurley（中）的合照

2002年，Nike公司买下Hurley品牌，Hurley成为Nike旗下的子公
司独立发展，公司业务遍布全球，成为与Quiksilver、Billabong等品牌
同级别的重要运动品牌。2012年6月4日，耐克宣布Bob Hurley将担
任Hurley International LLC的临时首席执行官，接替已决定离开公司的
Michael Egeck（迈克尔·埃格克）。2019年6月，耐克公司任命John
Schweitzer（约翰·史怀哲）为Hurley品牌的首席执行官和首席财务官。
2019年Nike以未公开的价格将Hurley品牌出售给Bluestar Alliance LLC
（蓝星联盟有限责任公司）。

Volcom（钻石）

	创 始 人	Richard Woolcott（理查德·伍尔科特）和Tucker Hall（塔克·霍尔）	成立时间	1991年
	发 源 地	加利福尼亚州奥兰治县		
	中国代理集团	华鼎集团		
	品牌官网	https://www.volcom.com/		

Volcom是美国殿堂级滑板、冲浪极限服饰等用品牌，主要经营Surfing（冲浪）、Skateboarding（滑板）、Snowboording（单板滑雪）三大系列。因其品牌Logo形状就像一颗钻石，常被人称为"钻石"。该品牌的创立源于Richard Woolcott和Tucker Hall的一次滑雪旅行，途中两人一直在商量建立服装公司的想法，在旅行结束后，两人辞去了原有的工作，创立了Volcom品牌并把总部设立在美国加利福尼亚州的科斯塔梅萨。Volcom是现代生活方式的品牌，它将滑板、冲浪、单板滑雪，与音乐和艺术的文化无缝结合，体现了青年文化的创造精神，公司的宗旨为解放、创新和试验，致力颠覆传统。Volcom创业时的口号是"年轻人颠覆所建立的一切"（Youth again established），这种能量一直贯穿品牌发展的始终。

2005年4月，公司采用了现在的名称"Volcom Inc."。Volcom于2005年6月29日成为公开交易实体，Wachovia Securities（瓦乔维亚证券）、D.A. Davidson（戴维森公司）和Piper Jaffray（美国投资银行派杰）在纳斯达克首次公开募股。他们以每股19美元的价格发行了469万股，共筹集了8 900万美元。2008年初，Volcom进行了第一次收购，以2 530万美元的价格获得了Electric Visual Evolution LLC（电子视觉进化有限责任公司）的所有权。

2011年5月2日，法国开云集团发起友好收购要约，以每股24.50美元的价格，估值为6.08亿美元收购了Volcom Inc.。自收购以来，开云集团一直致力于扩大Volcom品牌并使其多样化。在开云集团的支持下，Volcom于2013年7月推出了其首个封闭式鞋履系列。2019年4月3日，Authentic Brands Group宣布从开云集团手中收购了Volcom。

图4-3 潮叔和Volcom CEO Richard Wooly（右二）

图4-4 李宁拜访Volcom亚太总部

2015—2017 年，在潮叔的引见下，李宁集团、法国开云集团、蓝色极限曾想在中国成立合资公司，把 Volcom 品牌引入中国，三方商谈了近两年时间几乎成功，后因开云集团想出售 Volcom 品牌，李宁集团决定终止与开云的合作。2020 年 Volcom 的母公司正宗品牌集团与华鼎集团签署了一项中国代理总经销协议，以扩大在华业务并在 2020 年开设12 家独立门店。

O'Neill（奥尼尔）

	创 始 人	Jack O'Neill（杰克·奥尼尔）	成立时间	1952 年
O'NEILL	发 源 地	美国加利福尼亚州圣克鲁斯		
	中国代理集团	宝胜集团		
	品牌官网	http://www.oneill.com		

O'Neill 的创始人是一位热爱冲浪运动的传奇人物——Jack O'Neil，他对极限运动有着赤诚的热爱，该品牌抽象、极简、具有辨识度的后翘浪花 Logo 便说明了他的这一特点。Jack O'Neil 不断创造着数不胜数的专利和奇迹，从一个冲浪少年成长为美国极富盛名的极限运动用品品牌所有者，全面革新的户外用品设备，从冲浪运动扩展到滑水、滑雪、帆船等运动领域，让极限运动进入了一个新的纪元。目前，O'Neill 品牌已遍布众多欧美国家，产品所涉及的运动类别不仅有冲浪，还涵盖滑雪、帆船、滑翔伞等，同时也生产休闲风格产品。

O'Neill 赞助年轻有前途以及高知名度的冲浪者和滑雪者，作为大使计划的一部分。另外 O'Neill 还成立了 O'Neil 海洋奥德赛，一个免费的、以倡导海洋环保为基础的计划，旨在教育年轻人了解海洋环境，超过 100,000 名儿童参加了这个计划。

2007 年 5 月，该品牌的所有权被出售给一家总部位于卢森堡的私营公司。该公司为年轻人生产潜水服、高性能水上和雪地运动服装，以及生活方式服装。这些产品销往全球 86 个国家或地区，其中一些由特许经销商销售。2014 年 11 月，O'Neill 中国首家旗舰店正式登陆上海。开幕当天，各路嘉宾纷纷登场，宝胜副总裁 Velinda Cheng 和 O'Neill 亚太区总经理 Michael Neill 一起为旗舰店开幕破冰。

Rip Curl（里普柯尔）

创 始 人	Doug Warbrick（道格·沃布里克）和 Brian Singer（布莱恩·辛格）	成立时间	1969年
发 源 地	澳大利亚托基		
中国代理集团	铜牛集团		
品牌官网	http:// www.ripcurl.com		

　　Rip Cure是世界领先的时尚户外用品制造商，自1969年创立已有五十多年的历史，产品广布世界各地。它的发源地是冲浪爱好者的天堂，维多利亚海岸最受欢迎的夏季度假胜地，同时也是澳洲冲浪风帆运动的中心，品牌创始人 Doug Warbrick 和 Brian Singer 是一对冲浪好搭档，他们以"探索无止境、挑战无极限"为品牌精神。

　　1970年，Rip Curl 品牌开始生产潜水服，重点是将潜水技术转化为适合冲浪的潜水服。Alan Green（Quiksilver 的联合创始人）于1969年成为 Rip Curl 的员工，并于1970年4月在 Rip Curl 工厂开发了第一条 Quiksilver 沙滩裤。2013年由北京铜牛集团旗下全资子公司北京铜牛户外用品有限公司正式引入中国市场，为中国消费者服务。2019年，Tim Baker（蒂姆·贝克）撰写了 *The Rip Curl Story*（里普柯尔的故事），这本书记录了公司的历史，记录了品牌创始人庆祝50年的冲浪生涯和旅行嗜好，这本书既是商业入门书，又是一本冒险故事。2019年10月，Rip Curl 宣布计划与户外专家 Kathmandu Holdings（加德满都控股公司）合并公司，该公司后改名为 KMD（康美林），包含 Kathmandu（加德满都）、Rip Curl、Oboz（奥博兹）三大品牌。2021年8月16日，Brooke Farris（布鲁克·法里斯）成为 Rip Curl 品牌的首席执行官。

　　在全球范围内，Rip Curl 被认为是冲浪行业"三巨头"的成功成员，与 Quiksilver 和 Billabong 齐名。The Search（搜索）的概念是 Rip Curl 的创作源泉，也是其行动背后的驱动力。Rip Curl 一直通过产品、活动、运动员、客户服务和最佳船员引领冲浪行业，The Search 概念使 Rip Curl 通过产品和活动支持寻求者不断探寻，这就是 Rip Curl 仍然是终极冲浪公司的原因。

RVCA（服饰）

RVCA	创始人	Pat Tenore（帕特·特诺雷）和 Conan Hayes（柯南·海斯）	成立时间	1999年
	发源地	美国加利福尼亚州科斯塔梅萨		
	品牌官网	http:// www.rvca.com		

RVCA是美国潮流服饰品牌，创始人兼设计师Tenore曾说过，"无论现今或是未来，希望RVCA能成为把多功能性与流行性等完美结合的代表。"RVCA旗下赞助了众多知名的冲浪手、滑板手、设计师、街头艺术家以及音乐人，而最为特别的是，他们同时也是RVCA服饰（主要为T恤）的设计者。我们可以在设计上看到他们在专业以外的艺术创作，他们通过T恤这个简单的媒介，把内心的意念无拘束地表达出来，摒弃一贯设计的条框与严肃感，将艺术的自由度最大化，这也成为RVCA在现世代值得被注目的原因。

RVCA的标识描绘了没有横线的字母A，类似于大写的lambda(Λ)。"V"字符实际上是一个"U"。有时，"RVCA"会以不同的文字书写或出现在艺术作品中，而真正的名字很明显是"Ruca"。这个名字类似于希腊语ρούχα（大写：ΡΟΥΧΑ），发音['ru xa]，在英文中是"衣服"的意思。RVCA标志基于两个人字形V和A，代表了RVCA创始人Tenore所说的品牌精神"对立面的平衡"。

图4-5　RVCA创始人Pat Tenore、潮叔及二儿子Leo

RVCA于1999年由来自夏威夷的专业冲浪运动员Pat Tenore和Conan Hayes创立。Billabong International Limited于2010年7月收购了RVCA。RVCA与滑板、冲浪文化、巴西柔术和综合格斗密切相关，公司赞助了一支滑板和冲浪队，著名的巴西柔术选手和著名的综合格斗选手。此外，RVCA还与街头涂鸦亚文化相关联，RVCA参与了各种当代艺术画廊，例如KNOWN Gallery。

Fox Racing（福克斯赛车）

创 始 人	Bob Fox（鲍勃·福克斯）	成立时间	1974年
发源地	美国加利福尼亚州欧文市		
品牌官网	https://www.foxracing.com/		

　　Fox Racing是一个美国极限运动（主要是摩托车越野赛和山地自行车）、防护装备和生活方式服装品牌。Fox Racing和Fox Racing Shox（福克斯赛车鞋）的早期历史交织在一起。Fox Racing Shox是一个越野赛车悬架组件品牌，最初由Moto-X Fox所有。

　　2006年7月，Fox Racing决定将公司名称更改为Fox Head（狐狸头）。Fox认为这样的改变将有助于该品牌进一步渗透到越野摩托车以外的运动场所，例如山地自行车、滑水、冲浪以及扩展到其他产品。

　　Peter Fox（彼得·福克斯）于2008年被任命为首席执行官，而Greg Fox（格雷格·福克斯）则继续留在董事会。Peter Fox随后离开了公司，但在Fox Head于2014年被Altamont Capital Partners（阿尔塔蒙特资本合伙公司）收购后重新加入公司。2022年7月，宣布Fox Racing被Vista Outdoor（维斯塔户外）以5.4亿美元的价格收购。Fox Racing于2022年初进入制鞋业务，推出了专为自行车手设计的Union鞋系列。2023年，Vista Outdoor开始将Bell（贝尔）、Giro（吉罗）、Camelbak（焦尔巴克）等品牌整合到Fox Racing。

Blue Hawaii Surf（蓝色极限）

创 始 人	Glenn Minami（格伦·南）	成立时间	1984年
发源地	夏威夷		
品牌官网	https://www.bluehawaiisurf.com.cn/		

　　"蓝色极限"品牌由世界著名冲浪板削板手Glenn Minami于1984年在夏威夷创建，是当时世界知名的冲浪板生产商之一。该品牌曾赞助世界冲浪系列赛总冠军（ASP）选手Sonny Garcia（桑尼·加西亚）、

Martin Potte（马丁·波特）、传奇大浪冲浪手 Mark Foo（马克·傅）、著名冲浪选手 Dane Kealoha（达恩·卡勒哈）、Shaun Tomson（肖恩·汤姆森）、Johnny Boy Games（强尼·波伊游戏）以及 Russ Williams（拉斯·威廉姆斯）。

1996年，被誉为华人世界极限运动传奇人物的潮叔 Michael Zhang 在美国收购了"蓝色极限"，之后 Michael 和富有热诚且经验丰富的团队将公司从专门制造冲浪板的品牌转型为冲浪、滑板、街头、艺术、音乐、时尚连锁式买手店及品牌运营商。

蓝色极限是中国首个将极限运动与时尚潮流相结合的运动时尚和生活方式品牌，主要以冲浪、滑板和单板滑雪三板运动的硬件、配件和服饰销售服务为切入点，同时与传统的健康运动生活方式如跑步、登山、游泳、自行车和瑜伽等有广泛的联系。"蓝色极限"创造性地将生活方式与冲浪、滑板、单板滑雪、街头文化、艺术、音乐和时尚元素相融合。

在2012年底，"蓝色极限"（BH）进入中国，创建了中国首家极限运动连锁零售买手店，并成为中国范围内首家获得世界著名冲浪、滑板、单板滑雪、街头文化等多个品牌正式授权的品牌运营商。

"蓝色极限"进入中国，便成为了运动时尚著名品牌，带来不少变化：

1. 第一次将世界著名鞋类和潮牌服饰品牌集合成一体，门店开设在著名购物中心如北京三里屯、西单大悦城等；

2. 通过正式品牌官方授权，进行海关正规报关进口；

3. 作为中国零售店，首次与世界著名品牌商合作生产限量版产品，如 Vans、The Hundreds、LRG 等；

4. 首次跨界将极限运动圈（Burton、SPY、The Hundreds）、影视圈（DMG、黄晓明）、传统体育圈（李宁、卡帕、特步）、时尚圈（七匹狼、九牧王）以及媒体（主流媒体、潮流媒体、传统与网络媒体）相结合，将极限运动文化引入主流社会。

自2018年起，"蓝色极限"从开潮牌集成店模式转变为轻资产运营，聚焦于品牌运作、品牌授权、品牌嫁接、品牌反向收购、品牌并购、超级 IP 打造、引入著名体育赛事、著名体育会展、体育影视制作等文化传播。这种跨界整合极限运动与各领域资源的能力是当今中国很少有人具备的，也是创始人潮叔在美国30多年来与行业内大佬们积累的广泛人脉

图4-6 何润东参观蓝色极限

图4-7 谢贤参观蓝色极限

图4-8 林依轮参观蓝色极限

图4-9 李宁参观蓝色极限

和丰富经验。未来，在合适的时间找到匹配的渠道和有经验的运营方，蓝色极限将以授权的方式重新进入市场。蓝色极限的最终目标是成为中国著名运动时尚和年轻人心目中的最佳生活方式品牌，真正体现"运动、时尚、健康、环保"的核心理念。

世界著名冲浪板品牌

●

Lost（丧失）

创 始 人	Matt Biolos（马特·比洛斯）	成立时间	1985年
发 源 地	澳大利亚		
品牌官网	https://lostsurfboards.net/		

在学生时代的Matt加入的足球队常常因为比赛输球，所以他想出了Lost作为他的冲浪板品牌名称。1985年，Matt生产的手绘"lost"图案冲浪板吸引了大批冲浪者，Lost冲浪板品牌也随即成名。Lost冲浪板吸引人的独特地方是冲浪板的色彩和视觉设计，丰富的视角艺术性通过Sean Spoto、Drew Brophy等知名冲浪板艺术家的努力而实现。

1997年，Lost品牌推出了一款5'5"的经典冲浪板叫做RNF，现在来看这尺寸并不特别，但那是当代最短的量产尺寸，也对Lost品牌起到了一定的宣传作用。目前，Lost品牌以其创新的冲浪板设计而著称，他们不断尝试新材料和形状，以提供更好的性能和操控性。他们的冲浪板通常具有独特的轮廓、凹槽和尾翼设计，制造了各种类型的冲浪板，包括短板、长板、鱼板、高性能板等。无论是初学者还是专业冲浪者，Lost都能提供适合各种技能水平和浪况的冲浪板。

Channel Islands（海峡岛）

创 始 人	Al Merrick（埃尔·梅里克）和 Terry Merrick（特里·梅里克）	成立时间	1969年
发 源 地	美国		
品牌官网	https://cisurfboards.com/		

Al Merrick出生于新泽西州，随父母搬到佛罗里达州，最终搬到加利福尼亚。他从十岁开始冲浪，并利用他多年的经验建造了Channel Island的冲浪板。在他的高中时代得到了夏威夷冲浪板的赞助，帮助他创造了

Noserider（凫）冲浪板。毕业后不久，他意识到制作冲浪板就是他想做的事情。同时他也是另一位冲浪板塑形师John Pryce（约翰·普莱斯）的忠实粉丝，这促使AI投入自己所有的精力全职塑造冲浪板。随着时间的推移，他创建了Channel Island冲浪板，并为世界各地的冲浪者带来了极具创新的产品。

一开始，品牌并不出名，即使Shaun Tomson（肖恩·汤姆森）使用Al Merrick（阿尔·梅里克）冲浪板赢得了1977年的世界冲浪冠军，该品牌仍未能流行起来。直到1982年，AI与冲浪者Tom Curren（汤姆·柯伦）合作一切就开始改变了。同年，Channel Island冲浪板推出。此后不久，Curren成为有史以来最大的冲浪偶像之一。这也为AI和他的品牌冲浪板带来了巨大的人气。每个人都想复制Curren的风格，其中包括购买他使用的相同类型的冲浪板。大约45年后，Channel Island的冲浪板仍然很强大。尽管AI本人并没有亲自做所有事情，但他的儿子接管了公司的管理权，借助了计算机技术设计冲浪板，这便注定了Channel Island冲浪板会一直流行下去。

JC HAWII（JC 夏威夷）

	创 始 人	John Carper（约翰·卡珀）	成立时间	1966年
	发 源 地	美国夏威夷瓦胡岛		
	品牌官网	https://www.jchawaii.com.br/home/default.aspx		

多年来，John Carper一直以生产著名的夏威夷冲浪运动员Shane Dorian（肖恩·多里安）的冲浪板而闻名于世，他在2012年底再次凭借他的冲浪板在大白鲨比赛中获得了赛季最佳冲浪选手的称号。John Carper拥有超过40年的工作经验，几乎所有"活着"的专业运动人士都使用过他所制作的板子。

作为一名冲浪板塑造者，John喜欢以他希望冲浪的方式塑造他的板子——快速而激进。他的灵感和塑造技巧来自过去的伟大塑造者，包括Dick Brewer（迪克·布鲁尔），Greg Noll（格雷格·诺尔）和Bob McTavish（鲍勃·麦克塔维什）。他努力绘制挑战冲浪者的板，充分利用他的技术和技能，无论对方是初学者、专业人士还是年轻人、经验丰富还是年长者都可以轻松使用。除了为JC Hawaii塑造冲浪板外，John还为其他著名的冲浪板公司做了设计，包括夏威夷冲浪板、Island Fusion

（岛屿融合）和 Lightning Bolt（闪电）。

RUSTY（锈色）

	创 始 人	Rusty Preisendorfer（拉斯蒂·普赖森多尔夫）	成立时间	1985 年
	发 源 地	美国		
	品牌官网	https://rustysurfboards.com/		

在加州大学圣地亚哥分校就读期间，Rusty 为 Gordon（戈登）和 Smith（史密斯）塑造了冲浪板。1974 年，在他在澳大利亚期间，Bartholomew（巴塞洛缪）购买了他的一把 8 英尺长的冲浪板时，Rusty 获得了第一次的认可与曝光。此后他开始在行业中一直拥有着良好的声誉，同年成立了自己的公司——音乐冲浪板。1970 年代末是一个关键时期，因为 Rusty 为一家名为 Canyon Surfboards（峡谷冲浪板）的制造商塑造了冲浪板的形状并结识了一批优秀的冲浪者。

到 80 年代中期，在 Dave Parmenter（戴夫·帕门特）的加入下，Rusty 拥有了自己的生命。1984 年，他开始与传奇职业冲浪冠军 Mark Occhilupo（马克·奥奇鲁波）合作，并且为 Occy 特别制作了一块经典的冲浪板"84"，Occy 当年仅用"84"这一张板型征战了当年 WCT 所有单站，这也再次证明了 Rusty 对于冲浪板设计制造的深厚功力。

1985 年，Rusty 离开峡谷，创办了 Rusty 品牌。在当时世界排名前 16 位的冲浪者中有半数以上都使用了该品牌的冲浪板，Rusty 成为最受欢迎的冲浪板创造者。品牌于 1987 年推出了全系列服装。从那时起，该公司就已发展成为冲浪领域收入最高的企业之一。

职业冲浪运动员 CJ Hobgood（CJ 霍布德）于 2001 年成为世界冠军，也成为 Rusty 品牌赞助的第一位成为世界冠军的运动员。2015 年 Rusty 发行了冲浪电影 *TUFF*（2015）。Surfer（冲浪）杂志在 2018 年发布了 Rusty 的 Chupacabra（卓柏卡布拉），SD 和 Blackbird（黑鸟）冲浪板型号的专题。2020 年，加利福尼亚州拉霍亚的 Rusty 冲浪店关闭。在 2020 年澳大利亚丛林大火季节，Rusty 还制作了一件丛林大火救援 T 恤设计，其收益用于澳大利亚红十字会和 WIRES 野生动物救援组织的救援工作。

第五章　世界著名滑板品牌

世界著名滑板品牌

●

HUF

	创 始 人	Keith Hufnage（基思·赫夫纳奇）	成立时间	2002 年
HUF	发 源 地	San Francisco，USA（美国旧金山）		
	品牌官网	https://www.hufworldwide.jp/		

　　20世纪80年代末，HUF的创始人Keith Hufnagel（基思·赫夫纳奇）大部分时间都在纽约的崎岖街道上滑板。Keith是早期街头滑板一代的一员，在反主流文化的熔炉中长大——受嘻哈、朋克、涂鸦等街头文化的熏陶。1992年，Keith搬到旧金山，在那里他成为一名职业滑板手，并获得了通过滑板环游世界的机会。出于报答社区的想法，2002年Keith在旧金山Tenderloin社区的郊区开设了HUF的第一家精品店，将最受尊敬的滑板、街头服饰和运动鞋品牌聚集在一个屋檐下。HUF一经推出就被公认为是旧金山区街头文化产品的首选商店，吸引了新一代的滑手、艺术家和志同道合的创意者。随着HUF的发展，Keith推出了自己的HUF系列，从而创造了一个代表滑板和街头文化精神的品牌。现在HUF总部设在洛杉矶，已经成长为世界上最受尊敬的先锋滑板和生活方式品牌之一。

　　HUF延续Keith Hufnagel自成立以来所推动的创新理念，提供简洁的美学、令人兴奋的设计和优质的工艺。近二十年来，HUF一直拒绝遵循现状，推动既定文化的界限。它一直在不断地向前发展、创造、拆毁、再次重建。2020年9月底，HUF官方发布了创始人Keith Hufnagel（1974年1月2日—2020年9月24日）在经过两年与癌症搏斗而不幸去世的消息，全世界滑板界为之震惊，因为地球上失去了一位受人尊敬的职业滑手、店长、品牌创始人、鞋类和服装设计师、创意总监和行业领袖。

图5-1　潮叔与HUF创始人Keith（左二）合照

Diamond Supply

	创 始 人	Nicholas Tershay （尼古拉斯·特谢）	成立时间	1998年
Diamond	发 源 地	San Francisco，USA（美国旧金山）		
	品牌官网	https://www.diamondsupplyco.com/		

　　Diamond Supply Co.成立于1998年，当时Nicholas Tershay（又名Nick Diamond）在他位于旧金山的一居室公寓中创建了滑板硬件系列。2000年，Nick搬到洛杉矶，开始在Mike Carroll（迈克·卡罗尔）和Rick Howard（里克·霍华德）的Girl Skateboards经销处建立Diamond Supply Co，并将Diamond Supply发展成为全系列的滑板硬件和软件产品，包括螺栓、轴承、T恤、羊毛衫、配饰等。2005年，Nike Skateboarding邀请Nick Diamond联合设计Diamond Nike SB Dunk，它很快成为最抢手的运动鞋之一，并被知名出版商和球鞋收藏家誉为有史以来最伟大的Nike SB之一。2006年，Diamond Supply Co. 在洛杉矶历史悠久的Fairfax Street（费尔法克斯街区）开设了第一家旗舰店，此后一直主打文化产品并定期发布独家产品。常年在街区活动的职业滑手、艺术家和运动员，抑或是偶然经过的路人驻足停留、进店购买最新产品的景象时有发生。此后四年，Diamond Supply还在旧金山和纽约开设了旗舰店。

　　Diamond Supply所具有的强烈审美观和对创造高品质商品的承诺，

很快就受到滑板和街头时尚社区的欢迎。在 Nick Tershay 的标志性设计和审美下，Diamond Supply 始终专注于提供具有高度完整性和匹配质量的滑板产品，忠于其根源并保持20年不变。

图5-2　潮叔与 Diamond 国际部总裁 Nick 合影

Element

	创 始 人	Johnny Schillereff（约翰尼·席勒夫）	成立时间	1992 年
ELEMENT	发 源 地	California，USA（美国加州）		
	品牌官网	https://www.elementbrand.com/		

　　Element Skateboards是一家美国滑板公司，主要生产滑板板、服装和鞋类。Element赞助了许多不同风格的著名滑手，他们的比赛经常吸引大量观众，也由此扩大了品牌的知名度。除了专门生产滑板板面外，Element还生产一些滑板类的服饰，其衣服设计简洁时尚，深受滑手和许多潮人的喜爱。

　　Element树形Logo完美地诠释着Element是由风、水、火和地球这些元素组成的，核心在于Tree，一方面，滑板来自于树木，Element的"E"是从树的单词里来的；另一方面，Element始终秉持着尊重自然、热爱自然以及重视环保的理念。Element旗下所有的产品都采用了加拿大枫叶木板，枫叶木板的优势在于它的板面很轻，滑行十分舒适，耐用性和弹性都属上佳。除此之外，Element的设计风格也非常符合当下年轻人的潮流，其标志呈现在滑板的底部和面板部分，极具代表性。

Element的创始人Johnny说："我们的目标很简单，要以最诚实和最道德的方式做到最好。我们团结在一起，提高了我们所有人的真正信念。今天，我们继续在不断发展的滑板上创造艺术、引领方向和传播信息。我们不仅是一家企业，更是一个家庭。我们是一家人，走在相同的旅程上。"Johnny希望构建一个不仅仅关于滑板的品牌，他希望Element能在音乐、艺术、文化、友谊和旅行等多个层面给人带来积极的影响。年轻人可以在这些美好的艺术中获得正能量，看到玩世不恭和叛逆文化背后的深层本质。

2014年，Element创建并搬到了位于加利福尼亚州的创意空间The Branch。2018年，Boardriders收购了Billabong International Limited，从而获得了Element品牌。

Vision Street Wear

VISION STREET WEAR	创 始 人	Brad Dorfman（布拉德·多尔夫曼）	成立时间	1976年
	发源地	美国		
	品牌官网	https://visionstreetwear.com/		

Vision Street Wear 是一家美国滑板和街头文化相关的服装和鞋类品牌。该品牌成立于1976年，最初是一家名为Vision Sports的滑板零售店，后来逐渐扩展成为一家知名的滑板和街头文化品牌。随着滑板运动在20世纪80年代中期的迅速流行，Vision Sports推出了"Vision Street Wear"品牌，成为当时滑板和街头文化的象征之一。他们的产品在滑板界和音乐界非常受欢迎，成为众多著名滑手和音乐人的选择。后来也开始涉猎生产服装和鞋子，并将目标转移到 BMX（Bicycle Motocross，意为自行车越野，又名小轮车）行业。其标志由Greg Evans（格雷格·埃文斯）设计，灵感来自1984年夏季流行的Frankie Goes to Hollywood "FRANKIE SAYS RELAX" T恤。Vision Street Wear 以其独特的设计和标志性的产品而闻名，其中包括带有大胆图案和颜色的滑板鞋、服装和配饰。近年来，随着怀旧文化的兴起，Vision Street Wear的产品重新引起了人们的兴趣。许多人收藏并重新穿着这个品牌的复古服装和鞋子，以庆祝滑板和街头文化的传统。

"Vision" 商 标 于2004年 出 售 给Payless ShoeSource的 子 公 司

Collective Brands。2009年，该公司试图通过Finish Line独家交易重新推出Vision品牌。2014年，Authentic Brands Group LLC从Collective Brands手中获得了Vision的许可权。2019年8月20日，Vision Street Wear中国首秀终于在上海落下帷幕，品牌创始人Brad Dorfman与品牌体验官吴建豪远道而来和大家一起见证了中国首秀。

Girl Skateboards

	创 始 人	Mike Carroll（迈克·卡罗尔）和Rick Howard（里克·霍华德）	成立时间	1993年
	发 源 地	美国		
	品牌官网	https://girlskateboards.com		

　　Girl skateboards是一家美国的滑板品牌，拥有傲视美国西海岸的滑板队伍。他们的团队成员包括一些滑板界的传奇人物，如Mike Carroll、Rick Howard、Eric Koston、Guy Mariano等。这些滑板手不仅在滑板技巧上表现出色，还为品牌的声誉和影响力做出了贡献。该品牌还与优秀滑板手以及如Chocolate Skateboards一类的其他知名滑板品牌合作，为滑板爱好者提供多样化的选择，在滑板社群中占据着重要地位。

　　Girl Skateboards与Chocolate Skateboards、Royal Trucks是兄弟品牌，以生产轻量化的北美枫树脂剥离碳纤维面板著称。Girl Skateboards以其标志性的"女孩"（Girl）字样为特色，以及与该品牌关联的小女孩形象，这在滑板文化中显得非常独特。他们的滑板通常具有简洁、幽默和有趣的风格，以其独特的设计、创新的装备和对滑板文化的深刻理解而著名，吸引了广大滑板爱好者的喜爱。

　　Girl Skateboards不仅在滑板设计方面有所建树，也在滑板文化的推广和发展中发挥着重要作用。Girl Skateboards以其高质量的滑板视频作品而闻名，在滑板文化中扮演了重要角色，她们发布了多部深受滑板界欢迎的滑板录影带，如*Mouse, Yeah Right!*和*Pretty Sweet*等。这些视频不仅展示了团队成员的技能，还为滑板文化注入了新的活力。Girl Skateboards的视频和产品设计积极展示滑板的技巧，推动了滑板文化创新和发展，为滑板文化注入新的元素。

Chocolate

	创 始 人	Mike Carroll（迈克·卡罗尔）和 Rick Howard（里克·霍华德）	成立时间	1994年
	发 源 地	美国		
	品牌官网	https://chocolateskateboards.com		

  Chocolate Skateboards 是 Girl Skateboards 的兄弟品牌。1993年，滑手 Mike Carroll 和 Rick Howard 等人离开 Plan B，创立了 Girl Skateboard。在 Girl 成立的第二年，团队首次出去旅游，但由于车位有限，导致滑手 Chico Brenes 未能同行，这件事使得他们下定决心创立第二个品牌，于是 Chocolate 于1994年4月成立。

  Chocolate 以其独特的设计、专业的滑手团队和高品质的滑板产品而闻名。其滑板团队由一些世界级滑手组成，包括 Mike Carroll、Rick Howard、Kenny Anderson、Vincent Alvarez 等。这些滑手代表了品牌，并在竞技滑板、滑板视频和滑板文化领域都表现出色。同时，Chocolate 生产各种类型的滑板产品，包括滑板板、轮子、卡车和滑板服装。它们的产品通常受到滑板爱好者和专业滑手的喜爱。设计上，Chocolate 滑板通常以其标志性的巧克力棒图案和特殊的配色方案而闻名。这个图案已经成为品牌的象征，代表了滑板文化的一部分。

Flip

	创 始 人	Greg Carroll（格雷格·卡罗尔）和 Jeremy Fox（杰里米·福克斯）	成立时间	1991年
	发 源 地	英国		
	品牌官网	https://flipskateboards.com/		

  Flip 是诞生于英国的个性滑板品牌，是最早推出 P2 技术的品牌之一，以生产滑板硬制品、软制品及滑板配件为主营产品。Flip 由美国公司 NHS Inc. 在全球发行。从2017年7月开始，Flip 由 HLC 分销，在全球范围内销售，它的影响力和受欢迎程度在国际市场名列前茅。

Flip一直以来都是滑板界的重要品牌之一，为滑手提供了高质量的工具，以实现他们的滑板技能和创意。他们参与了技术的发展，推出了一系列高性能的滑板和配件。Flip主要针对翻板动作而设计，使喜好这些动作的玩家更好操控。Flip在滑板界有着较大的影响力，为滑板文化和技巧的发展做出了贡献。此外，Flip滑板的设计通常具有独特的视觉效果，吸引了许多年轻滑手和滑板爱好者。

Flip一直以来都倡导着积极的滑板文化，鼓励滑手们不断挑战自己的极限，并享受滑板的乐趣。他们还积极支持滑板赛事和活动，以促进滑板社区的发展。Flip强大的滑板团队闻名遐迩，团队成员包括许多知名滑板手，如Geoff Rowley（杰夫·罗利）、Tom Penny（汤姆·佩妮）、Arto Saari（阿尔托·萨里）等。

Toy Machine

创 始 人	ED templeton（艾德邓普顿）	成立时间	1993年
发源地	美国		
品牌官网	https://toymachine.com/		

Toy Machine是一家独特而备受尊敬的滑板品牌，它将滑板、艺术和文化元素相结合，为滑板界带来了多样性和创新。无论是滑手还是艺术爱好者，都对这个品牌如雷贯耳。Toy Machine一直以来都倡导滑板文化，融合了滑板、艺术和叛逆精神。这使Toy Machine的滑板设计具有独特的艺术风格，常常涉及到滑板和叛逆的元素。ToyMachine以叛逆的街头随意涂鸦一般的趣味卡通风格为主，以小怪物和类似外星人的图形而闻名，以朋克风格著称，展示出独特、怪异、抽象和夸张的品牌色彩。Ed Templeton创造的如乌龟男孩、单眼怪、牛头怪等经典的怪兽漫画角色，以不经意的童真却宣泄情绪的风格征服了很多喜欢朋克风格的滑手。这些设计反映了Ed Templeton的个人创意和艺术表达。Ed Templeton作为品牌的创始人之一，是一位知名的艺术家。他的艺术作品不仅出现在Toy Machine的滑板设计中，还在全球的画廊和艺术展览中展出。

此外，Toy Machine拥有一支强大的滑手团队，其中包括一些杰出的滑板手，如Ed Templeton（艾德邓普顿）、Billy Marks（比利·马克斯）、Leo Romero（里奥·罗梅罗）等。他们为品牌的推广和发展做出了贡献。Toy Machine制作了多部滑板纪录片和视频，其中包括经典作品如*Welcome to Hell*和*Jump Off a Building*。这些影片展示了滑手们的技巧和创意。Toy Machine一直致力于支持年轻的滑手，并鼓励他们在滑板界中崭露头角。他们经常举办滑板比赛和活动，以提供机会给有潜力的滑手。

SANTA CRUZ

	创 始 人	Richard Novak（理查德·诺瓦克）、Doug Haut（道格·豪特）和Jay Shuirman（杰伊·舒尔曼）	成立时间	1973年
	发源地	美国		
	品牌官网	http://www.stretchboards.com/		

　　1973年，来自加利福尼亚州圣克鲁斯的三位冲浪朋友Richard Novak（理查德·诺瓦克）、Doug Haut（道格·豪特）和Jay Shuirman（杰伊·舒尔曼）联手创办了NHS Inc.。首字母缩略词NHS来自他们的姓氏首字母。起初，由于利润率低，他们的冲浪板品牌业务难以维持生计。转机来自夏威夷的一家公司，他们找到NHS制作500块滑板。当时NHS几乎没有任何客户，于是他们决定使用库存材料来完成此订单。于是，1973年NHS Inc.生产了有史以来第一块Santa Cruz滑板。这批滑板卖得很快，于是新成立的滑板品牌Santa Cruz立刻又拿到了后续的订单。从那一刻起，该公司成为滑板文化的象征。第一个Santa Cruz广告刊登在《滑板手杂志》第2卷第3期。Doug Haut（道格·豪特）后来卖掉了他在Santa Cruz的股份，并以他的名字创办了自己的冲浪公司，该公司最终非常成功，他后来入选了国际冲浪板制造商名人堂。Jay Shuirman（杰伊·舒尔曼）于1979年死于白血病，这意味着他没能目睹这个品牌蓬勃发展壮大，成为今天的跨国企业集团。Richard Novak（理查德·诺瓦克）和Jay Shuirman（杰伊·舒尔曼）于2020年入选滑板名人堂。

　　Santa Cruz为滑板文化的发展做出了杰出贡献。1974年，一个名叫Anthony Roderick（安东尼·罗德里克）的人来到NHS，提出了有史以来第一个精密轴承聚氨酯车轮的想法，从而诞生了 Road Rider（公路滑板轮）。这些是有史以来第一个带有精密轴承的滑板轮，在此之前，所有滑板的滚珠轴承都是松动的。至1975年，NHS共销售了超过一百万套Road Rider车轮。大量的盈利使Santa Cruz滑板组建了当时最好的滑板团队之一。在1980年代，品牌发布了全系列滑板，具有许多不同类型的凹形横向轮廓和第一个上翘的前翼。1994年，Santa Cruz开发了NuWood，这是一种几乎坚不可摧的塑料注塑滑板。Michael Brooke指出："NuWood的特别之处在于，它是世界上第一个真正可回收的滑板。当骑手完成它时，他们可以将其发送给NHS，NHS将磨碎它并重新制作成一个新的滑板。"

Independent

	创 始 人	Richard Novak（理查德·诺瓦克）、Jay Shuirman（杰伊·舒尔曼）、Fausto Vitello（福斯托·维泰洛）和 Eric Swenson（埃里克·斯文森）	成立时间	1978年
	发 源 地	美国		
	品牌官网	https://independenttrucks.com/		

　　Independent Truck Company是诞生于美国加州Santa Cruz旗下的知名滑板品牌，自1978年以来就一直为全球滑板爱好者提供优质滑板产品。Independent是滑板界里最知名的滑板桥的品牌。作为NHS旗下的一个生产滑板车架的公司。Independent Truck Company十字架Logo由插画师Jim Phillips设计，他的另一个为人所知的作品，便是滑板标志性图案"Screaming Hand"。品牌的标志性铁十字设计在滑板社群中广泛认可。

　　Independent Truck Company以高质量和标志性设计而闻名。车架以其卓越的质量和耐用性受到滑手的认可。它们通常由高质量的铝合金制成，具有坚固的设计，能够广泛用于各种滑板风格和用途，经受住滑板的各种挑战。此外Independent提供各种尺寸、硬度和特点的滑板车架，以满足不同滑手的需求，为滑手提供了可靠的工具，以实现他们的滑板技能和创意。

Birdhouse（鸟屋滑板）

birdhouse	创 始 人	Tony Hawk（托尼·霍克）	成立时间	1992 年
	发 源 地	美国		
	品牌官网	https://www.birdhouseskateboards.com/		

1992年，滑板行业惨淡。但著名职业滑板运动员Tony Hawk认为，如果喜欢做一件事，就要坚持和热爱。Tony Hawk（托尼·霍克）做了一件不可思议的事——他创办了一家滑板公司。公司最初名为Birdhouse Projects，把最好、最敬业的滑板运动员团队聚集在一起，旨在为滑板爱好者提供高质量的滑板装备和产品，发展滑板运动。Birdhouse拥有世界上最好的滑板队伍之一。Birdhouse Skateboards组建了一支实力强大的滑板团队，其中包括一些著名的滑板手。这些团队成员在比赛、滑板视频和滑板文化中发挥着重要作用。

Birdhouse Skateboards的标志是一个小鸟，这个标志在滑板界非常著名。它成为了该品牌的代表标志，常常出现在他们的滑板产品和宣传中。Birdhouse Skateboards生产各种类型的滑板产品，包括滑板板、滑板轮、滑板轴承、滑板服装和配件等。他们的产品设计通常具有个性化、创新和独特的风格。

Blind

blind skateboards	创 始 人	Mark Gonzales（马克·冈萨雷斯）和Steve Rocco（史蒂夫·罗科）	成立时间	1989 年
	发 源 地	美国		
	品牌官网	https://blindskateboards.com/		

Blind品牌1989年于美国加州成立，是Dwindle Group旗下怪诞风滑板品牌。滑板产品的坚固性和耐用性都很出色，同时滑板颜值也很高。Blind滑板品牌的目标是为滑板爱好者提供高质量的滑板装备，并将创新和个性注入滑板文化中。品牌生产各种类型的滑板产品，包括滑板

板、滑板轮、滑板轴承、滑板服装和配件等。他们的产品通常注重质量和创新设计，以满足滑板爱好者的需求。大眼睛是Blind的标志性元素，这个标志在品牌的滑板产品和宣传中广泛使用，为品牌赋予了独特的视觉识别。Blind在滑板文化中扮演了重要角色，他们的创新和风格为滑板界带来了新的元素。品牌不仅在滑板技术方面有所建树，也通过举办线下活动为滑板文化注入了新的能量。同时，Blind组建了一支强大的滑板团队，包括许多优秀的滑板手。这些滑板手在比赛和滑板文化中发挥着重要作用，为品牌赢得了声誉。

Thunder

	创 始 人	Rodney Mullen（罗德尼·马伦）和 George Powell（乔治·鲍威尔）	成立时间	1986年
	发 源 地	美国		

　　Thunder是滑板桥品牌中资历最老的品牌，成立于1986年，由滑板界的两位重要人物Rodney Mullen和Deluxe Distribution公司的George Powell共同创立，拥有超过30年的制作经验，工艺十分成熟，受到众多职业滑手的青睐。Thunder以其高质量的轴承而闻名，致力于为滑手提供更轻、更坚固和更流畅的滑板轴承，以改善滑板体验，得到了滑板爱好者的喜爱。滑板轴承是滑板装备中至关重要的组成部分，它们影响着滑板的流畅度和性能。Thunder的产品性能完美，做技巧动作更为迅速灵活，触地时响应迅速，无论何种地形，都能提供给选手无与伦比的滑行体验，帮助滑手们在滑板技巧上表现更出色。Thunder Trucks的品质和声誉为他们赢得了滑板界的尊敬。

　　Thunder Trucks一直以来都在支持滑板队伍，他们定期参与和举办滑板比赛、活动和赛事，为滑手们提供更多的机会来展示他们的技巧，运动员在比赛、滑板视频和滑板文化中展示了品牌的轴承性能，推广品牌使品牌名声大噪。

Venture

	创 始 人	Fausto Vitello（福斯托·维泰洛）和 John Lucero（约翰·路西法）	成立时间	1988年
	发 源 地	美国		
	品牌官网	https://venturetrucks.net/		

　　Venture是当今市场上最受欢迎的车架之一。但该品牌的起源相当坎坷。Fausto Vitello（Thrasher Magazine和Independent Trucks的联合创始人）早在80年代就经营着Ermico铸造厂。当时，Venture Trucks将其创建为Tracker、Gullwing和Indy等知名品牌的低成本车架替代品，为滑板手提供高质量、耐用的滑板车架，以满足他们在不同滑板环境下的需求。一些街头滑板选手注意到Venture车架除了价格较低，重量也比其他滑板车架轻一些，便于滑板者控制滑板，于是开始小批量使用Venture Trucks产品。Mark Gonzales（马克·冈萨雷斯）被发现使用Venture车架以后，一些滑板场成为Venture Trucks的忠实合作者，密不可分。从此，他们致力于生产轻量、坚固和敏感的滑板车架，以提供最佳的滑行体验。Venture推出了一系列的"Pro"车架，这些车架由一些知名滑板手代言。这些车架通常有着特定的设计和细节，以反映代言滑板手的风格和个性。同时，Venture滑板品牌提供各种不同类型和尺寸的滑板车架，以适应不同滑手的需求和偏好。无论是街头滑板、垂直滑板还是平地滑板，都能找到适合的产品。

Primitive Skateboarding

	创 始 人	Paul Rodriguez（保罗·罗德里格斯）	成立时间	2014年
	发 源 地	美国		
	品牌官网	https://primitiveskate.com/		

Primitive Skateboarding由滑手Paul Rodriguez（常简称为P-Rod）于

2014年创立。2013年，Paul Rodriguez决定离开Plan B Skateboards。当时他制作并销售了限量500个的印有金色Primitive标志的滑板板面，由于反响强烈，他决定成立一家新的滑板公司。离开Plan B Skateboards十个月后，2014年4月10日，Primitive Skateboarding正式宣布成立。当时的专业滑手Heath Brinkley（希斯·布林克利）、Andy Netkin（安迪·奈特金）、Jay Partow和Jubal Jones（朱巴尔·琼斯）也随之加入品牌的滑板队伍，Andy Netkin与Jubal Jones在滑板之外也帮助P-Rod共同处理公司事务。

Primitive Skateboarding以其精致、高质量的滑板产品和独特的视觉

图5-3　Primitive庆祝蓝色极限新店开业赠礼

风格而闻名。他们的滑板图案通常包括各种各样的艺术元素，从涂鸦到抽象图案，以及与流行文化相关的设计。品牌提供多种滑板产品，包括滑板板、服装、帽子、鞋子和配件等。Primitive Skateboarding以高品质和创新的设计而著称，以其独特的设计和卓越的滑手队伍而闻名于滑板界，在滑板文化中扮演着重要的角色。

为庆祝蓝色极限北京广州新店开业，Primitive Skateboarding创始人P-Rod特别准备了神秘的PRIMITIVE"土豪金"签名板面（图5-3），预祝BHS开业大吉。

Fucking Awesome

创 始 人	Jason Dil（杰森·迪尔）、Anthony Van Engelen（安东尼·范·恩格伦）	成立时间	2001年
发 源 地	美国		
品牌官网	https://fuckingawesome.jp		

Fucking Awesome是一家具有独特风格和影响力的滑板品牌，由于其品牌名称中含有粗口，常简称为FA。Fucking Awesome成立于2001年，创始人之一是滑手Jason Dill。他是一位非常具有个性和影响力的

滑手，对品牌的风格和定位起到了关键作用。Fucking Awesome 以其非传统、前卫的滑板文化风格而著名。他们的滑板设计和图案通常包括大胆的艺术元素、涂鸦、文字和具有挑战性的图像。

尽管Fucking Awesome是一家相对小众的滑板品牌，但它在滑板文化中拥有忠实的粉丝群体。品牌的非传统风格和独特性使其在滑板界中备受瞩目。FA时常发布滑板视频以扩大品牌在滑板社群中的影响力。其与姐妹品牌Hockey相互扶持，共同制作了*Hockey*，*Hockey II*，*Hockey III*和*Hockey X*等优质滑板视频。

Real Skateboards

	创 始 人	Jim Thiebaud（吉姆·蒂博）、Tommy Guerrero（托米·格雷罗）	成立时间	1991 年
REAL	发 源 地	美国		
	品牌官网	https://www.realskateboards.com/		

Real Skateboards（常简称为Real）成立于1991年，以其真实和朴实的滑板文化风格而闻名。他们的滑板设计通常以现实生活和街头文化为灵感，图案包括各种各样的艺术元素、照片和涂鸦。品牌提供各种各样的滑板产品，包括滑板板、服装、帽子、鞋子和配件等，注重产品的耐用性和质量。

品牌拥有一支杰出的滑手队伍，包括一些滑板界的传奇滑手。这些滑手在比赛、滑板视频和滑板文化中都有着重要的地位。品牌强调滑手之间的紧密联系，并鼓励他们一起创造和推动滑板文化。Real Skateboards在滑板社区中享有广泛的影响力，尤其在那些喜欢纯粹滑板文化的滑手中非常受欢迎。Real Skateboards制作了多部备受欢迎的滑板视频，展示了他们团队滑手的技巧和创意，包括*Kicked Out Of Everywhere*，*Real To Reel*，*Roll Forever*和*Since Day One*等等这些视频拓展了滑板的边界，为众多滑手带来新的视角，成为了滑板文化的经典之一。

Polar Skate Co.

创 始 人	Pontus Alv（蓬图斯阿尔夫）	成立时间	2011 年
发 源 地	瑞典		
品牌官网	https://polarskateco.com/		

    Polar Skate Co. 由瑞典滑手 Pontus Alv 于 2011 年创立。Pontus Alv 是一位具有广泛影响力的滑手和滑板创作家，他的滑板风格和创意影响了品牌的发展。Polar 以其独特的滑板风格而著名，一改滑板本身叛逆不羁的外表，Polar Skate Co. 的产品以一种北欧独有的极简与抽象艺术风格闻名于世，融合了艺术、涂鸦和街头文化元素，以简单且幽默的图形或是字体设计来传递品牌的另类街头态度，反映了滑板文化的多样性与包容性。此外，Polar Skate Co. 与多位艺术家和创作者合作，为其滑板设计和产品带来独特的艺术元素。这些合作创作通常呈现出滑板艺术的前卫和非传统特色。因而尽管 Polar Skate Co. 是一家相对小众的滑板品牌，但它在滑板社区中具有忠实的追随者。Polar 经常推出一些创新的滑板形状和设计，以满足不同滑手的需求。他们的滑板板面可以包括各种尺寸和轮廓，从传统形状到更加非常规的设计，由此获得了众多专业滑手的喜爱。

    Polar Skate Co. 制作了多部备受欢迎的滑板视频，这些视频不仅仅是滑板表演，还是滑板文化的一部分。Polar 具有一种独特的美学观念。Polar 的影片常常运用抽帧和快进，加上黑白色调，营造出早年默片的风格。同时，观众也可以感受到影片里 Pontus 特有的幽默感，还有和一般的滑板片不同的艺术性和电影性。在 LA 举办的国际滑板电影节上（The international Skateboard Film Festival），Pontus 凭 借 *In Search of the Miraculous* 一口气获得了最佳导演，最佳配乐和最佳纪录片三项大奖。2022 年，Polar Skate Co 的主理人 Pontus Alv 推出新滑板影片 *Sounds Like You Guys are Crushing It*。Polar 植根于伦敦、巴黎、哥本哈根、上海等全球各地的滑板店，在街头潮流店铺和滑板公园陆续举办活动，和当地的粉丝分享此影片。

　　总体来说，Polar Skate Co.是一家强调艺术、创新和独特滑板文化的品牌。他们的影响力不仅限于滑板界，还扩展到艺术和创意领域。品牌不断演变，保持着其原创性，吸引了具有开放思维和创造力的滑手和滑板爱好者。

Spitfire Wheels

创 始 人	Jim Thiebaud（吉姆·蒂博）	成立时间	1987年
发 源 地	美国		
品牌官网	https://www.spitfirewheels.com/		

　　Spitfire Wheels（通常称为Spitfire）是一家著名的滑板车轮品牌，成立于1987年。品牌创始人之一是Jim Thiebaud，他后来也参与了Real Skateboards品牌的创立。Jim Thiebaud是一位备受尊敬的滑手和滑板企业家，对滑板文化的发展起到了重要作用。

　　Spitfire以其高品质的滑板车轮而著名。他们的车轮注重性能和耐用性，通常由高品质的尼龙材料制成，以提供卓越的抓地力和耐磨性。Spitfire Wheels还推出了Formula Four技术，为制造的车轮提供更高的耐磨性和性能。这些轮子不仅持久，而且能够在各种地形上提供卓越的表现。此外，品牌的滑板车轮通常具有醒目的图案和设计。这些图案在滑板文化中非常受欢迎，经常具有独特的视觉吸引力。Spitfire因此在滑板社区中享有广泛的影响力，被认为是一家传统的、信任的滑板车轮品牌。他们的产品被广泛使用，尤其是在街头和垂直滑板领域。

　　除了滑板轮子，Spitfire Wheels也生产滑板相关的配件，如轴承、螺丝、轮子工具等。此外，他们还有各种涵盖滑板文化的服装和周边产品。Spitfire Wheels积极支持滑板社区，举办比赛、活动和赛事，以促进滑板文化的发展，并鼓励新一代滑手的成长。总的来说，Spitfire Wheels 不仅仅是一个滑板品牌，它也在滑板文化中扮演着重要角色。它的标志和设计在滑板界被广泛认可，成为了一种象征。

Bones Wheels

	创 始 人	George Powell（乔治·鲍威尔）和 Stacy Peralta（斯泰西·佩拉尔塔）	成立时间	1977年
	发 源 地	美国加利福尼亚州		
	品牌官网	https://bones.com		

　　Bones Wheels成立于1977年，总部位于美国加利福尼亚州。Bones Wheels以其高质量的滑板轮子而著称。它们使用耐磨的聚氨酯材料制成，具有出色的耐用性和抓地力。Bones Wheels轮子通常具有出色的滑行性能，适用于各种滑板风格，被滑手广泛使用。

　　1976年，航空工程师George Powell决定离开航空行业，全身心投入滑板行业，然后便在SIMS公司利用玻璃纤维和铝等材质，研究和开发新的滑板技术。1977年，George Powell创办个人公司 Powell Corporation，Powell Peralta品牌正式成立，开始批量制作板面并尝试聚氨酯做轮子，随即久负盛名的滑板轮品牌"BONES"也应运而生。

　　在那时候，他的合伙人Stacy Peralta已经是Zephyr的职业滑手，在滑板圈有强大的影响力。一位是出色的产品设计师——George Powell，一位则是拥有过人的市场营销技巧的团队经理——Stacy Peralta，Bones Wheels与Powell Peralta的成功并不是偶然。1978年，RayRodriguez成为公司的第一位职业滑手，Vernon Courtlandt Johnson（弗农·考特兰特·约翰逊，又称VCJ）被邀请创作了第一个合作滑板产品。VCJ创造了在Powell Peralta滑板上著名的骷髅头和剑的图案，一炮而红。此后20世纪80年代的大多数滑板图案均由VCJ一手打造。在第一批Powell Peralta板面推出后，George Powell也开始投入BONES Wheels的研发。最终他开发了一种称为MDI二苯甲烷二异氰酸酯的配方。当时市面上的滑板轮子均为半透明外观，George Powell所研发出的纯白色轮子，色调酷似骨头颜色，"Bones"的品牌名由此得来。

　　Bones 以三个系列区分轮子的硬度，分别是Street Tech Formula®、Skatepark Formula™以及All-Terrain Formula™。Street Tech Formula®（简称为STF，意为街式配方）是品牌当家的核心配方。它为滑手提供更多控制，它能在崎岖的地形路面快速滚动，可以实现更平稳地动作着陆，耐磨性能十分优质。Skatepark Formula™（简称为SPF，意为滑板公园配方）使用的是更优质的聚氨酯配方，它几乎不会产生平点（当你在滑行时，它会磨损轮子表面的一部分，这种就叫做平点，然后轮子滚动就不会那么平滑），所以它能在碗池等平面保持更高的回弹，实现响应以及快速滚动。All-Terrain Formula™，即全地形配方，它应用了特殊柔软的聚氨酯配方，这种轮子非常适合崎岖的路面地形。无论道路质量如何，这种轮子都能帮助使用者更快速平稳地滚动到目的地。足够的宽度选择也适合滑板摄影师们使用。为了让滑手们更直观地看出各种品牌轮子的差异，Bones官方做了一个磨损测试：首先给轮子称重，然后以设定好速度的距离让轮子在不同的表面上磨损，最后再给轮子称重，计算出磨损掉的质量占原质量的百分比，百分比越大，磨损越严重。

1979年，Stacy Peralta组建了Bones Brigade滑板队，多年来，加入的成员均是鼎鼎大名。Bones Brigade队伍在当时不断横扫各大比赛，Powell Peralta的名气和销量也蹭蹭上涨。1984年Bones Brigade推出团队首支影片*The Bones Brigade Video Show*，随后的*Future Primitive Search for Animal Chin*等，均定义了当时的滑板片风格。而Netflix在2012年推出纪录片*Bones Brigade: An Autobiography*，致敬这支曾经的天团队伍。

20世纪90年代，Powell Peralta与中国滑板结下良缘，在秦皇岛举办了国内第一届全国滑板比赛，Bones Brigade职业滑手Steve Caballero（史蒂夫·卡巴列罗）和Danny Wainwright（丹尼·温赖特）更亲临现场。这个消息一下子让国内滑手纷纷动身前往秦皇岛。第一批国内滑手包括了袁飞、田军、陈龙、肖遥、贺艺、张杰、车霖等也在那里相遇相识。

在今天看来，Bones Wheels仍然是这个领域的领导者，拥有五种不同的轮型，专为特定的滑板需求而设计。所有Bones Wheels都是在著名专业滑手的帮助下开发的，在众多轮型当中，每位滑手都会找到适合自己的轮子尺寸和形状以及所需的性能，以满足不同滑手的需求。

Baker

BAKER	创始人	Andrew Reynolds（安德鲁·雷诺兹）	成立时间	2000年
	发源地	美国		

Baker是一家美国滑板品牌，成立于2000年。它以其独特的滑板设计和团队而闻名，该团队包括了一些知名的职业滑手。创始人之一Andrew Reynolds即是一位著名的职业滑手，被誉为现代滑板界的偶像之一。他的影响力对该品牌的成功起到了重要作用。Baker的滑板产品通常具有鲜明的图形和标志性的风格，这使得他们在滑板文化中具有一定的影响力。Baker以其不拘一格的滑板文化和叛逆精神而著称。他们的滑板设计和广告宣传常常具有挑衅和独立的风格，吸引了年轻一代滑手。

除了Baker，该公司还拥有其他滑板品牌，如Deathwish和Shake Junt。这些子品牌也在滑板界有一定的知名度。

Deathwish

DEATHWISH	创 始 人	Jim Greco(吉姆·格列柯)	成立时间	2008年
	发 源 地	美国加利福尼亚州		

Deathwish品牌成立于2008年，总部位于加利福尼亚州洛杉矶。该品牌的创始人之一是Jim Greco，他是一位知名的职业滑手。Deathwish以其激进、叛逆和不妥协的滑板文化而著称。Deathwish生产各种不同尺寸和形状的滑板，以满足不同滑手的需求。他们的滑板设计常常具有冒险、街头艺术风格的图形。他们的滑板设计和广告宣传常常充满冒险精神和挑衅的元素，传达出一种不拘一格的态度。Deathwish拥有一支杰出的职业滑手阵容，包括Jim Greco本人、Erik Ellington、Neen Williams、Jon Dickson等。这些滑手以其技巧和个性而在滑板界备受认可。

Deathwish在街头滑板领域具有极大的号召力。他们的文化强调个性、冒险和敢于挑战传统。总的来说，Deathwish是一个充满冒险和反传统氛围的滑板品牌，他们的滑板、滑手团队和文化都使他们在滑板社群中备受喜爱和尊敬。

Anti Hero

ANTIHERO	创 始 人	Jim Thiebaud(吉姆·蒂博)	成立时间	1995年
	发 源 地	美国加利福尼亚州		

Anti Hero成立于1995年，总部位于加利福尼亚州圣弗朗西斯科。该品牌的创始人之一是Jim Thiebaud，他是一位滑板界的重要人物。Anti Hero以其叛逆、不合时宜和反传统的滑板文化而闻名，他们的滑板通常以其独特的图形和标志性的老鹰标志而著称。他们的滑板设计和广告宣传常常充满讽刺和幽默，传达出一种对滑板界传统观念的挑战。Anti Hero的滑手团队一直以来都是该品牌的强项。他们拥有一支杰出的职业滑手阵容，包括John Cardiel、Tony Trujillo、Chris Pfanner等。Anti Hero在滑板文化中有着深远的影响力，因其强调独立性、原创性和不妥协的态度而备受滑板爱好者的推崇。

Ace Trucks

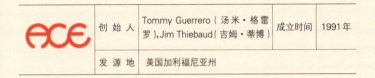

创 始 人	Tommy Guerrero（汤米·格雷罗），Jim Thiebaud（吉姆·蒂博）	成立时间	1991年
发 源 地	美国加利福尼亚州		

Ace Trucks，通常称为Ace，成立于1991年，总部位于美国加利福尼亚州洛杉矶。尽管该品牌是相对年轻的，但它迅速获得了滑板社区的认可。Ace Trucks是一家著名的滑板轴承品牌，而不是滑板品牌。滑板轴承是滑板的重要组成部分，它们位于滑板轮子内，负责减少摩擦，使滑板能够顺畅地滑行。

Ace专注于生产滑板轴承，而不是整个滑板。他们的轴承设计和工程旨在满足滑手的高要求。Ace有一支由职业滑手组成的团队，他们使用并代表品牌的轴承。这些滑手的反馈和支持有助于不断改进产品。Ace轴承通常以速度、耐用性和平滑性而著称，这些特性使滑手可以更容易地执行技巧和滑行。轴承适用于各种类型的滑板，包括街头滑板、碗状滑板和长板。这使得它们成为广受欢迎的选择，适合不同类型的滑手和滑板风格。Ace轴承因而得到了许多职业滑手的支持和推崇，他们使用这些轴承来实现著名的滑板技巧。

太阳镜品牌

●

Oakley

	创 始 人	Jim Jannard（吉姆·詹纳德）	成立时间	1975年
OAKLEY	发源地	美国		
	品牌官网	www.oakley.com		
	母 公 司	Luxottica Group S.p.A		

　　Oakley由Jim Jannard于1975年以300元美金在他的房车中创立，公司名称源自他的英国塞特犬"Oakley Anne"。Jim Jannard开始于越野摩托车比赛场地外在他的车尾售卖"The Oakley Grip"[1]。他的摩托车把手所用的材料在当时的市场没有出现过，直到现在还会用于眼镜的耳柄和鼻垫上。随后，Oakley公司继续为BMX和越野摩托车社群提供太阳镜、近视眼镜、护目镜、服装、鞋子、配件等。1980年，奥克利生产了一款名为"O型架"（O-Frame）的护目镜，背带印上奥克利的标志。品牌在整个体育行业赢得了越来越多的认可和重视。自1983年起，奥克利开始售卖滑雪眼镜。1984年，奥克利第一款太阳眼镜获推出市场。1995年，公司成功上市场，集资2.3亿美元。2007年，Oakley被Luxottica Group S.P.A以21亿美元收购。

　　Oakley的产品不仅在视觉质量上有所突出，还注重设计和性能，以满足不同运动和户外活动的需求，提供更高质量的性能体验。他们也在太阳镜镜片的设计上进行创新，以提供更好的视觉体验。Oakley的产品融合了时尚和功能性，使其不仅在运动场合中受欢迎，也成为了时尚的选择。他们的设计在融入潮流元素的同时，保持了产品的高性能。近年来，Oakley与许多运动员和运动赛事合作，成为他们的合作伙伴和赞助商。品牌与许多体育界的明星合作，为他们提供高质量的装备，同时也增加了品牌的知名度。

1　一种把手名。

Electric

	创 始 人	Kip Arnette（基普·阿内特）	成立时间	2000年
ELECTRIC	发 源 地	美国		
	品牌官网	https://electriccalifornia.jp/		
	母 公 司	法国开云集团		

　　Electric品牌成立于2000年，总部位于美国加利福尼亚州。该品牌的创始人是滑雪和滑板运动爱好者Kip Arnette（基普·阿内特），他希望创造出具有优秀性能和时尚外观的眼镜，适用于各种户外运动和日常穿着。Electric生产各种类型的眼镜，包括太阳镜、雪镜以及光学镜框。他们的产品适用于多种场合，包括户外运动、休闲和日常生活。Electric的眼镜产品在设计上融合了时尚性和功能性。他们注重为用户提供独特的外观，同时保持眼镜的高质量和性能。Electric的镜片采用优质材料制造，其中一些系列采用了特殊的镜片技术，如"OHM Polarized"镜片，用于提供出色的视觉质量和防紫外线保护。Electric还开发了Snowmobile（电动雪橇）领域的装备，包括雪镜和头盔。这些产品适用于雪橇爱好者，提供出色的保护和可视性。

　　除此以外，品牌的设计常常体现了户外和极限运动的精神，吸引了许多运动和时尚爱好者。Electric与一些知名运动员和户外活动家合作，为他们设计定制眼镜，以满足他们在不同环境下的需求。这些合作也增加了品牌的知名度和影响力。Electric品牌关注环保和可持续性，努力采用环保材料和生产方法，以减少对环境的影响。

VonZipper

	创 始 人	Greg Tomlinson（格雷格·汤姆林森）和Brian Deegan（布莱恩·迪根）	成立时间	2000年
VONZIPPER	发 源 地	美国		
	品牌官网	https://us.vonzipper.com/		

VonZipper是一家总部位于加利福尼亚州的眼镜和配饰制造商，于2000年在圣克莱门特的一个朴素仓库中创立。该品牌的创始人是一群热爱户外和极限运动的朋友，他们痴迷于自由和自己动手创造新事物，希望为运动和休闲时光提供时尚的眼镜选项。VonZipper的眼镜产品以其个性化和别致的设计而闻名。品牌的设计常常带有一些幽默、古怪的元素，以及独特的图案和色彩。他们的产品鼓励用户展示自己的个性。因此VonZipper在激情运动领域具有强大的品牌影响力。包括滑板、冲浪、滑雪、自行车和摩托车等激情运动的运动员和爱好者经常在各种比赛和活动中穿戴VonZipper的眼镜产品。

他们的产品不仅在时尚方面吸引人，还注重为用户提供在户外环境下所需的功能和保护。VonZipper使用高质量的镜片材料，提供不同类型的镜片选项，针对不同光线条件提供如镜面镜片、极光镜片和普通镜片等不同镜片系列。VonZipper的太阳镜镜片采用特殊技术，具备优越的视觉保护性能，通过100%的紫外线保护和镜片涂层减少眩光，提供清晰视野。

VonZipper通过创新设计、至尊风格和对细节的严格关注来传播自己的品牌文化。VonZipper强调自由、创意和活力的品牌文化，鼓励用户敢于展示自己的独特性格，不受拘束，积极享受户外和生活的乐趣；强调自由和创意。这些使VonZipper成为寻求个性化眼镜选项的人们的首选。

Spy

	创 始 人	Hoyt Hutton（休·奇顿）	成立时间	1994年
SmartBuyGlasses	发 源 地	美国加利福尼亚州		

Spy Optic成立于1994年，总部位于美国加利福尼亚州。品牌的创始人是Hoyt Hutton（休·奇顿）。Spy以其太阳镜和眼镜而闻名，这些产品具有卓越的视觉保护性能和多样的时尚设计。Spy提供各种不同类型的镜片，包括镜面镜片、极光镜片和透明镜片，以适应不同的光线条件和活动需求。他们的镜片通常提供100%的紫外线保护。品牌积极采用创新技术，包括Happy Lens技术，这是一项专利技术，旨在提高光线的传递性和对比度，以提供更愉悦的视觉体验。Spy Optic的产品不仅在视觉保护方面具有卓越性能，还注重时尚和创新技术的结合。Spy

的太阳镜和眼镜设计注重时尚性，提供各种不同的镜框和镜片颜色，以满足不同用户的审美需求。

品牌与许多运动合作伙伴合作，包括滑雪、冲浪、摩托车、自行车等领域的赛事和运动员。他们的眼镜通常用于各种运动比赛。此外，Spy品牌也在青少年市场中非常流行，他们推出了许多适合年轻人的时尚太阳镜，以满足年轻消费者的需求。Spy产品通过眼镜店、户外运动零售商和时尚精品店销售，提供多种不同的镜框和款式选择，适用于各种不同的消费者。

其他极限运动配件品牌

●

Dakine

	创 始 人	Rob Kaplan（罗伯·卡普兰）	成立时间	1979年
DAKINE	发 源 地	美国夏威夷		
	品牌官网	https://www.dakine.com/		

　　Dakine于1979年由Rob Kaplan在美国夏威夷的Haiku创立。1986年，Dakine将其运营基地迁至美国俄勒冈州的胡德河，此后一直留在那里。2009年8月，Dakine被Billabong International Limited以1亿美元收购。公司于2013年6月迁入胡德河哥伦比亚河沿岸占地2 300平方米的新总部。同年，Billabong以7 000万美元的价格将Dakine出售给了Altamont Capital Partners。

　　Dakine的产品线完整且丰富，为各类极限运动提供支持。Dakine生产各种款式的冲浪用背包和板袋，用于运输和保护冲浪板。它们通常采用耐用的材料，并具有多个口袋和垫层，以确保冲浪装备的安全和整洁。为了在冲浪时提供保护和保暖，Dakine制造高性能的冲浪手套和鞋。这些产品经过精心设计，具有良好的抓地力和防寒性能。他们生产各种类型的冲浪担板，包括腰带型和可调节型，以便冲浪者能够安全地携带冲浪板。Dakine还提供冲浪用的各种衣物，包括潜水衣、紧身衣和T恤等，以保持在水中时的舒适和温暖。除了冲浪产品，Dakine还生产滑雪和滑板等其他户外运动的配件，如手套、背包、护具等。对于喜欢划皮划艇、冲浪或风帆冲浪的人来说，Dakine还制造各种配件，如潜水手套、救生背心和划艇装备。

　　Dakine的产品以其坚固性和实用性而闻名，是许多冲浪和户外运动爱好者的首选品牌之一。无论您是新手还是经验丰富的运动员，他们的产品都可以提供高质量的性能和保护。他们的产品注重细节和实用性，广受户外爱好者的青睐。

Nixon

NIXON	创 始 人	Andy Laats（安迪·拉茨）和Chad DiNenna（查德·迪内纳）	成立时间	1997年
	发 源 地	美国加利福尼亚州		
	品牌官网	https://www.nixon.com/		

　　Nixon是一个美国手表、配饰和音响品牌，1997年创立于美国加利福尼亚州恩西尼塔斯，专注于青年生活方式市场。目前在全球超过80个国家和地区销售。

　　Andy Laats（安迪·拉茨）和Chad DiNenna（查德·迪内纳）都在极限运动行业工作，通过圈内的共同好友介绍介绍认识。Laats 毕业于康奈尔大学，由此曾进入Burton担任滑雪板产品经理，在Burton任职的同时他也在斯坦福大学攻读工商管理硕士学位（MBA）。

　　两人相识后，Laats 和 DiNenna 从风险资本家那里筹集了近100万美元来创办Nixon，并于1997年发布了首个系列；七款车型通过200家零售商发布。2000年，在法国开设了一家子公司，到2005年拥有90款车型和60名员工，销售额每年增长55%。2006年12月，Nixon被Billabong International以约5500万美元和2012财年约7600万美元的延期付款收购。2012年春季，在Billabong品牌旗下六年后，Nixon再次成为独立品牌。Nixon 与 Trilantic Capital Partners（"TCP"）和Billabong达成协议，这两家公司现在各自拥有该品牌48.5%的股份，其余3%由Nixon管理层持有，包括Laats和DiNenna。由此产生的交易对Nixon的估值约为4.64亿美元，相当于LTM EBITDA的约9.2倍。

Stance

STANCE ✦	创 始 人	Jeff Kearl（杰夫·凯尔）和 John Wilson（约翰·威尔逊）	成立时间	2009年
	发 源 地	美国加利福尼亚州		
	品牌官网	https://stance-jp.com/		

Stance成立于2009年12月，是一家知名的袜子和靴子品牌，总部位于美国加利福尼亚州。尽管他们最初以创新的袜子而闻名，但现在已经扩展到制造时尚、高性能的靴子和鞋类产品。截至2015年3月，该公司已售出超过3600万双袜子，并从投资者那里筹集了超过1.15亿美元资金。2015年1月上旬，Stance开始筹集5 000万美元以资助其进军内衣市场。2016年4月，Stance在一轮融资中额外筹集了3 000万美元，对Stance 的估值为4亿美元，由 Mercato Partners 牵头，包括August Capital、Kleiner Perkins Caufield & Byers、Menlo Ventures、Shasta Ventures和Sherpa Capital等投资者。

Stance以其创新的设计而著称，将时尚元素与技术性能相结合。他们的靴子具有独特的图案、颜色和印花，以及令人印象深刻的细节。无论是休闲鞋、滑雪靴还是运动靴，Stance都注重舒适性。他们使用高质量的材料，提供良好的支撑和缓震，以确保穿着者的舒适感。Stance的靴子适用于各种活动和季节。他们生产雪地靴、冲浪靴、休闲靴等多种类型的靴子，以满足不同场合的需求。对于需要高性能的户外活动，Stance提供一系列技术性能靴子。这些靴子具有防水、保暖和耐用的特性，使其适用于冰雪、雨季和极端天气条件。

此外，Stance与许多著名运动品牌和运动员合作，推出了特别设计的合作款式，这些款式通常受到运动文化和运动员个性的启发，这些合作系列包括滑雪、冲浪、篮球、高尔夫等多个领域。Stance作为一个多元化的品牌提供各种类型的产品，他们注重创新设计、舒适性和高性能，因此深受各类消费者欢迎。

Go-Pro

	创 始 人	Nick Woodman（尼克·伍德曼）	成立时间	2002 年
GoPro Be a HERO.	发 源 地	美国加利福尼亚州		
	品牌官网	https://gopro.com		

　　Go-Pro 公司总部位于美国加利福尼亚州，是一家科技公司，成立于
2002 年，由 Nick Woodman（尼克·伍德曼）创立。公司专门研制及生
产供极限运动使用的高清录影器材运动相机，并提供丰富的配件组合生
态。同时，公司曾经也开发过无人机、移动应用程序及视频剪辑软件。

　　美国人 Nick Woodman（尼克·伍德曼）于 2002 年前往澳洲冲浪。
他发现市场上普遍缺乏优质且价格实惠的器材，可以供他边冲浪边摄
影。回国后开始筹集资金，最初颇为拮据，试过当流动小贩，在自己福
士货车上售卖 20 美元一条的珠子和贝壳腰带，后来得到父母 20 万美元的
资助，正式创业。2004 年，经过两年的研究，他终于卖出第一部相机。
这是该公司推出的第一台使用 35 毫米胶片的相机系统。后来又推出了数
字相机和摄像机。2014 年，公司已可提供宽 170 度镜头的固定镜头高清
摄像机；还可以配对两个或多个相机创建 360 度视频。

　　2014 年，公司聘请了微软前高层托尼·贝茨担任首席执行官，以协
助公司企业化。同年，Go-Pro 首次公开募股，售出 17.8 百万股公司股
份，每股作价 24 美元，成功集资 4.272 亿美元，在纳斯达克上市，股票
编号为 GPRO，上市当天公司市值达到 29.5 亿美元。在 2014 年的股价顶
峰时，Go-Pro 的每股股价达到 86 美元，但到 2016 年 11 月，股价已降至
12 美元。2016 年 2 月 29 日，Go-Pro 斥资 1.05 亿美元收购了两家初创公
司——Stupeflix 和 Vemory，用于他们的视频编辑工具 Replay 和 Splice。
2016 年 11 月，公司宣布正在裁减约 200 名员工（员工总数的 15%）以
降低成本，现任总裁托尼·贝茨也将在年底离职。2018 年 1 月，公司再
次裁撤约 200 至 300 名员工。2020 年 3 月，Go-Pro 收购了稳定软件公司
ReelSteady。

中国著名滑板品牌

50 SkateShop

创 始 人	王飞		成立时间	2006年
发 源 地	中国浙江杭州			

　　50 SkateShop，创立于2006年，名下品牌Acsk8（Action）Team以及滑板店形式赞助滑手共有二十多位。主理人王飞（Duffy）自2002年起接触滑板，当时身为运动员的他和琴行的朋友组建了乐队，因为被国外乐队的MV里帅气的滑板镜头所吸引，便想方设法买了人生中第一块不是那么专业的滑板并迅速痴迷其中。2003年，由于去海军东海舰队服役，Duffy不得不将滑板梦暂时搁置。直到2005年退役，他再次重拾心中一直坚持的梦想，并在2006年创设了自己的第一家滑板店——"杭州50滑板店"。之后的17年里，"50"见证了杭州从最初的十几个滑板爱好者，到现在的一场滑板日活动能近千人参与的转变。"50"也从一家滑板店，发展为拥有700平滑板店空间和6个室内专业滑板场的俱乐部。

　　50滑板名字的由来非常有意思，武林广场是杭州滑板最早的聚集地，

图5-4　50滑板门店

图5-5　潮叔与50滑板创始人王飞

起名"50"也是取自其谐音，另外"50"也是滑板中的一个动作名称，50mm曾经也是滑板轮子的标配，可以说"50"包含了很多纪念意义在里面。

聚点滑板

	创 始 人	洪元元	成立时间	2013年
	发 源 地	中国上海		
	品牌官网	http://www.7ply.cn/		

聚点滑板（SPOT SKATE）于2013年在上海浦东金桥碧云社区创立，旨在为当地滑手提供一个聚集的地方能够一起去滑板，分享滑板影片，享受滑板生活，"聚点"因此得名。2015年聚点搬迁到上海徐汇区常熟路137号地下室，有了更大的空间，不仅把众多国际滑板品牌的硬件器材呈现出来，并且开始经销美式的滑板服饰品牌，如Diamond、HUF、The hundreds、Ripndip、Polar、Vans等，把滑板生活方式带给大家。

在器材、服饰销售的同时，聚点鼓励更多对滑板文化感兴趣的人加入，一起体验滑板文化，长期举办新人聚会活动由老滑手带新人的方式让大家更快体验到滑板乐趣。

开业十年间，除了滑板教学活动外，聚点积极和艺术家、摄影师、滑手、品牌等创作者一起推出好玩的活动、有趣单品，希望通过滑板让更多人一起分享快乐。

图5-6　聚点滑板

图5-7　潮叔与聚点滑板主理人洪元元

DBH 滑板

	创始人	朱洪彬	成立时间	2010 年
	发源地	中国广东深圳		
	品牌标语	READY TO RIDE！（重新出发）		

  DBH 滑板创立于 2010 年，目前拥有完善的研发团队和世界著名的供应链。DBH 为 "do by heart" 缩写，意为用心做。品牌创始人朱洪彬于 1989 年出生于黑龙江齐齐哈尔，现居深圳。2010 年创立品牌，现为中国专业滑板公司全品体育创始人、CEO 以及中国滑板行业标准制定专家组成员。DBH 自成立之初不忘初心，始终坚持 "用心做好滑板" 的理念。2021 年 10 月，品牌视觉系统升级，采用 "微笑之心" 作为主要视觉形象。

  对于中国的滑板文化推广和维系，DBH 一直都走在路上并不遗余力地支持各地滑板店的发展。DBH 在全国范围内已经拥有超 380 家实体经销商，其产品质量和售后服务在行业内口皆碑，树立了良好的品牌形象。在全球，DBH 滑板覆盖城市 270 余个，赞助活动 2 600 余场，参与选手人数多达 85 000 人次，线上视频点击率超过 95 000 000 次，大力支持滑板活动，积极推广滑板文化。

  2023 年 9 月 23 日，来自中山的 DBH15 岁小滑手陈烨，在第 19 届亚运会男子碗池项目摘金，陈烨成为 DBH 最年轻的亚运金牌得主，这块金牌也是中国滑板在亚运会上的首枚金牌，是中国滑板的历史性突破。

图 5-8　创始人朱洪彬手拿张少俊教授画的牛年生肖限量款滑板　　图 5-9　潮叔与知名品牌实操手留元俊、朱洪彬

HERO 滑板

母公司	广州汇极体育活动策划有限公司	成立时间	2006年
发源地	中国广东广州		
品牌官网	www.heroskate.com		

　　HERO滑板俱乐部（滑板店）隶属于广州汇极体育活动策划有限公司，自2006年成立以来，服务于国内外众多滑板爱好者及国际国内极限品牌，HERO实体店位于广州著名的滑板集合地英雄广场旁边的体育市场内，目前拥有10名赞助滑手、1名摄影师、2名摄像师、3名网络编辑和4名店铺员工。HERO拥有自主网站www.heroskate.com及自主滑板品牌Tempo skateboards。HERO滑板店正规代理Nike SB系列（2009年起）、Vans core系列（2008年起）、Converse滑板系列（2010年起）、Diamond Supply Co. / Grizzly Griptape（2012年起）、KAYO（2012年起）、SKULLCANDY（2011年起）、Thrasher（2014年起）、V/SUAL（2015年起）等国际一线品牌及众多国内潮流品牌。

　　HERO积极参与各个品牌的推广活动并成功为各个品牌在广东地区乃至全国范围内提升其品牌在滑板潮流领域的知名度，包括NIKE SUPPORT YOUR LOCAL广州站2010、VANS GO SKATEBOARDING DAY广州站2011、2016肇庆鼎湖山音乐节潮流滑板现场赛事等等。HERO队伍中滑手陈昌照（又名阿灿、Tsen）曾获2008年成都金荷花杯滑板邀请赛街式冠军、2009年ES GAME OF SKATE中国区总决赛冠军、2009年中国极限运动协会年度第七名、2010年Nike SB广州站赛事街式决赛冠军、2010年湖州极限运动全国精英赛总决赛第八名、2011年VANS DRAGONSK8杭州总决赛AM组季军等众多奖项。

图5-10　HERO滑手陈昌照在滑板

BOARDHEAD®

	创 始 人	王汇丰	成立时间	2017 年
BOARDHEAD	发 源 地	中国		

　　BOARDHEAD®由职业滑手王汇丰于2017年创立，是一个以滑板文化为核心的街头品牌。BOARDHEAD®一词灵感源于板类运动爱好者独特、趣味和多面的生活视角，指代无论在何时何地都拥有着滑板思维和从不同维度观察生活的人。BOARDHEAD®源于滑板却不限于滑板，以品牌为载体，传递深层次街头文化的同时，呈现多样的生活视角。

　　VIDEO一直是滑板文化的核心。2019年，BOARDHEAD的第一部TEAM VIDEO在1500人面前举办了深圳唯一一站首映。BOARDHEAD首部TEAM VIDEO由VANS赞助，于2019年2月拍摄完成，历时22天，参与滑手有Team Leader王汇丰，Porock Luis，Dan Son，High仔及李亚杰。汇丰将拍摄地点选在深圳，因为这座城市伴随了他的成长与记忆，他想带领队员滑他所滑过的每个地方，也想同队员一起发现更多新的Spot。"你所在的城市有这么多的Spot，如果你常常滑街，你会发现这座城市是多么美好。"从2015年开始，品牌提出"Support your local underground"的概念，对于本土，品牌希望能凝聚本土各个领域的力量，为大众搭建平台让年轻人接触更多不同的优秀文化，塑造属于当代人的城市文化氛围。

图5-11　BOARDHEAD®服装

　　Grind the City 是 BOARDHEAD®发起举办的特色活动之一。Grind the City 不止是一场简单的线下活动，而是一个希望让更多年轻人走出来，面对面聚在一起交流、玩乐，一起感受属于这座城市的街头文化魅力的平台。品牌将其称之为"以滑板赛事作为切入点，同时结合文化影片、音乐现场、潮流展位的派对现场"。活动实际到场约3 000人，共128家媒体发布相关报道，影响力覆盖约1 536

图5-12 BOARDHEAD®青年文化节

万群体，深圳本土不同领域KOL辐射超过500万粉丝，创造了上百万的广告价值，推动滑板文化本土化发展。

第六章 世界著名运动鞋品牌

CHRONICLES
OF STREETWEAR
BRANDS

球鞋文化介绍

●

球鞋文化

球鞋之所以能够从功能属性的产品转变为文化属性的产品，NIKE（耐克）品牌在其中起到了非常重要的推动作用。在20世纪90年代，大众还在强调球鞋的功能性和表现力时，NIKE已经开始把一些艺术元素，比如色彩、款式等设计理念融入球鞋。

1985年，NIKE给Michael Jordan（迈克尔·乔丹）设计了第一双Air Jordan 1（飞人乔丹1号），当时这双黑红色的鞋在美国市场引起了很大轰动，原因是在那个时候比赛要求运动员只能穿着黑色或白色的球鞋。Jordan作为穿黑红相间球鞋的第一人，被NBA（美国职业篮球协会）开了一个天价的罚单并禁止他再次穿着，然而该鞋在整个销售市场的反响很好，NIKE便代替Jordan支付了罚款。

1987年，NIKE用Airmax（气垫）科技设计了可视气垫鞋系列，其中包括Airmax1、Airmax90、Airmax95，Airmax97和Airmax98，通过功能与设计的更新迭代，NIKE走向了潮流前沿。

NIKE尝试把艺术元素融入球鞋上的操作，使其发现街头文化其实已经开始慢慢融入到年轻人的生活当中，所以在2002年，NIKE推出了一系列跟滑板相关的鞋，通过改良加入缓震科技，让滑手拥有缓震性和舒适性更好的鞋，就如NIKE DUNK SB（耐克滑板鞋）。SB原意为Skate Board（滑板）。2002年至2004年，NIKE DUNK SB成为NIKE历史上的一个至高点，当时吸引了很多人的注意，该鞋也让很多喜欢街头文化和时尚的年轻人加入了NIKE品牌的阵营。

中国球鞋和中国潮流文化

●

潮流时尚领域或者说街头时尚圈时时刻刻都离不开球鞋，原因是该领域里面包含了音乐、涂鸦、滑板等潮流载体，这些是喜欢街头时尚和街头文化年轻人的一种生活方式，球鞋是他们脚踏实地、身临其境地探索潮流和体验生活必不可少的部分。

2004年，中国开始探索球鞋文化，程炀（创刊主编）创立了中国的第一本球鞋杂志《尺码》，这本杂志的出现推动了球鞋文化属性的发展，加之2004年Michael Jordan第一次来中国推广他的Air Jordan 19球鞋，中国的球鞋文化市场正式拉开序幕。《鞋帮》《型格》*Milk*，*YOHO*！和*Urban*等一众杂志媒体陆续亮相。随着互联网的门户网站逐渐成为主力，又出现了很多网上球鞋论坛：新新球鞋网、野驴、虎扑等。

最近几年，购物平台和电视综艺也加入了球鞋推广的行列，中国的球鞋市场和潮流市场有了更大的变化。其中之一便是"中国有嘻哈"，后改名为"中国新说唱"，该节目中的说唱歌手穿着限量配色的球鞋，让很多关注节目的人都熟知了这种穿搭方式，运动品牌球鞋、T恤衫和帽衫的搭配风格进入更多人的视野。我们的国潮或者说是中国的潮流品牌在此之后也受到了很大的追捧。除此之外，在2017年创办目前中国最大的体育网站虎扑体育的杨冰又创立新一代潮流网购社区"毒"（后改名"得物"），以及周首在2013年创立的、知名度仅次于第一大潮鞋平台得物的球鞋转卖平台NICE，它们把球鞋做成了一种可以买卖的商品，有很多人可以通过球鞋来挣钱，可以通过球鞋来获利，这两个平台把中国的球鞋市场提升到了一个新的高度。有关报道称，NICE在当时最疯狂的时候，每天的交易额达到了4亿人民币，"毒"的每月交易额达到了100亿人民币。久而久之，很多炒币的热钱转移到炒鞋领域，所以那时候就有人说"炒房、炒股和炒币，不如炒鞋"。

球鞋文化也许仅仅停留在了老球鞋迷的脑海与记忆中，现在的年轻人对于球鞋只有两个目的，一个目的是穿上它显示自己的个性，另一个是我怎么能够通过球鞋来获得财富和社会地位。对于球鞋文化，这双球鞋背后有什么故事，球鞋设计理念是什么，其实大家都不是那么在意了。现在一些资深球鞋迷在讨论到底应该怎么来做街头文化，怎么来做球鞋文化，最后结论就是文化其实在这个时代已经死掉了，大家不在乎文化，只在乎商品。

世界著名球鞋品牌介绍

Vans（万斯）

	创 始 人	Paul Van Doren（保罗·范·多伦）	成立时间	1966年
VANS "OFF THE WALL"	发 源 地	美国加利福尼亚州科斯塔梅萨		
	品牌官网	https://vans.com.cn		

　　Vans是一家著名的鞋类和服装品牌，以极限运动起家，包括滑板、冲浪、单板滑雪等，专注于设计，制造和销售滑板鞋、服装和配饰的一家公司。Vans品牌在滑板文化中扮演了重要角色，从上世纪70年代起，他们开始制造耐用的滑板鞋，成为滑板手们的首选。品牌与滑板文化紧密相连，赞助和支持各种滑板比赛、团队和活动。Vans的鞋款以其独特的设计和标志性的Side Stripe（侧翻车缝）而闻名，品牌不仅有经典的滑板鞋，还涵盖了许多不同的系列，如Old Skool（侧边条纹款）、Sk8-Hi（高帮滑板鞋）、Authentic（经典模板款）等，适用于不同风格和用途。

图6-1　潮叔与Vans创始人弟弟Steven Van Doren

图6-2　潮叔与Vans全球CEO Kevin Bailey合照

图6-3　蓝色极限和Vans
全球限量版联名鞋

　　1966年，Paul Van Doren 和他的三个合伙人在美国加州的安纳海姆市百老汇东704号开设了一家零售店铺。创立了Vans品牌。开张的第一天，12位顾客光临了这家店铺并在下午的时候买走了当天赶制出来的鞋。Authentic是Vans的第一个鞋款。除了滑板鞋外，Vans还推出了多样化的服装和配饰系列，如T恤、夹克、背包、袜子等，这些产品延续了品牌时尚和休闲的风格。如今，Vans经常与不同品牌、艺术家和音乐人合作，推出联名系列和限量版产品，展现了独特的设计和标志性元素，这些合作带来了创新的设计和风格，吸引了更广泛的受众，影响了许多人关于时尚和生活方式的选择，该品牌在不同国家和地区都有广泛的影响力和忠实的粉丝群体。

　　2008年Vans正式进入中国，中国的公司总部设立在上海。2015—2016年，Vans与蓝色极限连续两年生产联名款，在美国和中国各发售300双鞋，这个系列是那个时期Vans与中国零售品牌唯一联名的限量款鞋。

Emerica（埃默里卡）

Emerica.	创　始　人	Pierre André Senizergues （皮埃尔·安德烈·塞尼兹）	成立时间	1996年
	发　源　地	美国		
	品牌官网	https://emerica.com/		

　　Emerica是一家以高性能和专业合作为特点的滑板鞋品牌，该品牌被认为是敢于挑战一切传统的，有深度和有内涵的专业鞋类品牌。它主

113

推滑雪、滑板等极限运动概念，自创立以来一直生产滑板鞋，在世界上推行独具特色的鞋及服装，特别是在服装方面，追求贴身的款式。此外，Emerica品牌向全世界爱好者们传达了他们独有的色彩，作为独创性运动品牌得到了市场的认证。

Emerica与滑板文化紧密相关。该品牌的鞋款设计考虑到滑板运动的特殊需求，如耐磨性、抓地力、支撑等，以确保在滑板活动中具有出色的表现。例如，Wino G6 Slip Cup（款名）在缓震方面表现出色，该款鞋子使用聚氨酯缓震材料，形成由薄外底、G6泡沫材料和鞋垫组成的鞋底结构。在缓震材料的分布方面，前掌稍薄，为了滑手有更好的踩板感觉，后跟处材料较厚，则可以免受脚后跟挫伤的情况。另外鞋垫可拆卸，提供额外的减震。此外，Emerica不断加强与外界的专业合作，与众多知名滑板手推出一系列专业签名鞋款，这些鞋款通常根据滑板手的风格和技能进行设计，以满足滑板手们对鞋款性能的要求。

Osiris（奥西里斯）

OSIRIS	创 始 人	Tony Magnusson（托尼·马尼）	成立时间	1996年
	发 源 地	美国		
	品牌官网	https://osirisshoes.com/		

1999年，Osiris开发独特的D3鞋款，它的大孔通气设计引起市场震动，并立刻红遍全球，此款产品成为了Osiris的传奇鞋款。D3在款式上采用了非常夸张的设计风格，在鞋舌、脚腕处采用大量填充物，巨大的鞋带孔，超厚的鞋底，配上限量的颜色，让它显得非常吸睛。从功能上看，整个鞋子显得非常臃肿，但是异常舒适。

Osiris品牌已经成为滑板鞋界的著名品牌，同时该公司日益增长的产品销量和风格多样的产品设计正在使该品牌向其他领域拓展。Osiris公司已经开始设计并出品服装系列、背包系列、沙滩鞋系列，与其他品牌合作限量款等。2000年，Osiris开发了带有音响系统的背包——"G-Bag"，这个带着两个大耳朵音响的背包一经发布就快速传播开来，在全球声名大噪。至今，这款背包经过11次的精进改版，设计更加成熟。

Globe（全球）

创 始 人	Matt Steven（马特·史蒂文）和 Peter Hill（彼得·希尔）	成立时间	1984年
发源地	澳大利亚		
品牌官网	https://au.globebrand.com/		

　　Globe是以滑板鞋为主的运动品牌，由Matt Steven、Peter Hill等三位澳大利亚职业滑手于1984年合力创办。Globe一直处于滑板鞋研发技术进步的前沿。上世纪90年代中期，创始人们专注于为滑冰者和冲浪者设计鞋子，并称使用可持续的材料，同时确保耐用性和滑板功能是设计的驱动力。

　　随后品牌业务转向更广泛的服装和五金制品市场，在墨尔本、悉尼、黄金海岸、洛杉矶和霍塞戈开设了设计中心和概念店，目前在全球100多个国家和地区都有零售商在销售。Globe将滑板精神、滑板文化与生活态度融于一身并定期赞助X GAMES中的滑板赛事。该品牌也与NFF（国家森林基金会）合作，为他们的植树计划捐款，帮助种植的树木。

Fallen（坠落）

创 始 人	Jamie Thoma（杰米·托马斯）	成立时间	2003年
发源地	美国南加州		
品牌官网	https://fallenfootwear.us/		

　　Fallen是Black Box（黑盒子）旗下的滑板品牌。在2003年由美国知名滑板选手Jamie Thomas一手创立。Jamie Thomas出生于1974年10月11日，从11岁开始从事滑板运动。当Quiksilver收购DC时也想把这个专注于专业滑板运动的品牌一起并购，但Jamie为了保证Fallen的特点和独立性，拒绝了Quilksilver并创立Black Box品牌。

　　一开始，Jamie将品牌取名为Armee，但没有被美国军方（Army）同意，最后使用了乍一看有点消极的Fallen做为品牌名称，但搭配上信仰口号——Rise with the Fallen，使得品牌充满了积极向上的感觉。Jamie

Thomas致力于培养年轻有天份的滑板选手，他和Chris Cloe一起在美国圣地亚哥的Point Loma高中，从5.73米高的台阶上越过扶手跳下，这个"Leap of Faith"（信仰之跳）震撼了所有人，也成为Fallen所创立的传奇故事之一。Jamie Thomas专注于细节，其对于质量的高要求，使Fallen成了滑板圈子里公认最舒服的滑板鞋，Fallen因此一炮而红。Fallen最出名的款式之一是"Rival"，这是一款低帮鞋，采用了轻质材料和高度耐磨的橡胶鞋底以及内置的EVA中底，提供了舒适的缓冲效果。另外，Fallen Footwear还推出了许多其他受欢迎的款式，例如"Chief XL"和"Forty Six"等。

Nike Skateboarding（耐克滑板系列）

	创 始 人	Sandy Bodecker（桑迪·博德克）	成立时间	2002年
	发 源 地	美国		
	品牌官网	https://www.nike.com/skateboarding		

Nike Skateboarding是Nike品牌旗下专门为滑板文化设计的子品牌，简称为Nike SB。Nike SB系列专注于制造高性能滑板鞋和相关产品，以满足滑板手在滑板活动中的需求。Nike SB系列是目前最主流的板鞋，其知名度和影响力与日俱增，从最初的普通篮球鞋过渡到现在最受欢迎的板鞋，设计师们寄予了这双鞋更多的时尚元素，原来只作为滑板运动创作的改进版复古鞋，如今已经成为潮流的标志。如今，Nike SB的战线主要集中在Nike DUNK SB和Nike TENNIS SB。DUNK SB具有经典的DUNK血缘，但是Nike在把它改造成SB系列的时候，为它加入了更酷的技术，加厚了鞋舌并添加了ZOOM AIR（冲击）气垫。因为滑板运动是能够用到脚面的运动，所以加厚鞋舌。除了便于穿脱之外，增加了保护性能。增加ZOOM AIR气垫主要是考虑到滑板运动在落地时的冲击力，这些改良的设计都能够更好地保护运动爱好者不受到外界的伤害。Nike SB系列其他品牌、艺术家、音乐家和滑板运动员合作推出了联名系列鞋款。这些鞋款通常采用了特殊的设计和材料，以突出合作伙伴的特点和风格。例如，Nike SB x Supreme Dunk Low，这是与纽约潮流品牌Supreme合作推出的一款鞋款，该款鞋子采用了红色和白色的配色方案，

以及Supreme标志性的字体。Nike SB x Travis Scott Dunk Low，是与美国说唱歌手Travis Scott合作推出的一款鞋款，该款鞋子采用了棕色和绿色的配色方案，以及特殊的细节设计，例如反转的Swoosh（Nike小勾）标志。

此外，Nike SB系列还赞助了许多滑板团队，例如Girl Skateboards（女孩滑板）、Antihero Skateboards（反英雄滑板）等。这些团队中的职业滑板选手通常会在比赛和其他活动中穿着Nike SB的产品，这有助于提高品牌的知名度和认可度，帮助Nike SB系列在滑板文化中保持领先地位。

Converse（匡威）

	创始人	Quasimodo Mackenzie Converse（奎斯·米尔斯·匡威）	成立时间	1908年
CONVERSE	发源地	美国马萨诸塞州波士顿		
	品牌官网	https://www.converse.com/		

1908年，Converse创立了匡威橡胶鞋公司（Converse Rubber Shoe Company），专门制造男女鞋和童鞋的鞋垫。至1910年，Converse每天生产四千双鞋，直到1915年才开始生产网球运动鞋。1917年可谓是Converse的转折点，当时该品牌发表了All-Star篮球鞋款，凭着产品本身的优异特性，成为历史上最著名的运动鞋之一。如今，All-Star已成为全世界家喻户晓的帆布鞋代名词，被誉为帆布鞋中的"劳斯莱斯"，同美国历史悠久的品牌如麦当劳快餐、可口可乐饮料、福特汽车、Levi's（李维斯）牛仔裤一样，成为美国文化精神的象征。

1921年，篮球运动员查克·泰勒走进Converse公司抱怨腿部酸痛的问题，Converse便指派他为产品销售员和业务员，在美国推销Converse鞋款。1923年，泰勒的签名被放进All Star鞋款的标志。当美国在1941年参加二次世界大战时，Converse转而生产军用的鞋、服饰、靴子、橡胶制配备等。在1950—1960年期间，Converse的运动鞋变得相当流行，受到高中和大学运动员的喜爱，该品牌的鞋子变成当时的必备鞋。1970年，Converse的市场独占率大幅下滑，许多竞争对手如Adidas、Nike和Reebok（锐步）都纷纷推出产品来瓜分市场，Converse也不再是美国职业篮球联赛（NBA）的指定品牌。

多年后，市场的消退和经营不善使得Converse在2001年1月22日宣布申请破产保护。后于2003年7月9日，Nike公司以3.05亿美元成功完成重组。当公司易手时，最后一间在美国的工厂也正式关闭，从此之后，美国市场的鞋子就不在美国生产制造，改由亚洲和欧洲的国家生产，如中国大陆、印尼、意大利、立陶宛和越南。

DC（德罗尔斯）

	创始人	Danny Way（丹尼·威）和 Ken Block（肯·布洛克）	成立时间	1994年
	发源地	美国加州卡尔斯巴德		
	品牌官网	https://www.dcshoes.jp/		

DC是Droors Clothing的简称，该品牌是由拉力赛车手Ken Block和Damon Way所创办，以制作极限运动、滑板活动和单板滑雪的鞋子为主要业务，后来品牌扩大了产品线，制造滑雪板、服装、牛仔裤、帽子以及外套。

1991年，DC Shoes创办人之一Ken Block成立了一家服装品牌"Eightball（八号球）"，在次年Ken Block成立了另一个品牌"Droors Clothing（德罗尔斯服装）"。1993年，Ken Block联同知名滑板手Danny Way的弟弟Damon Way建立了Droors Clothing专为制造滑板运动鞋的产品线。DC滑板鞋则是在1994年正式成立。同年，由于有一机构表示他们有"Eightball"品牌名称的拥有权，而告知Ken Block停止出售新产品，随后Eightball品牌停止运营。后因Ken Block等人要专注于产品的开发，便把Droors Clothing品牌出售给了World Industries，可惜最终Droors Clothing于2002年倒闭。2004年3月8日，澳洲服装品牌Quiksilver以8 700万美元收购了DC Shoes，而DC Shoes亦于2010年跟随母公司将总部迁至加州亨廷顿比奇市。

Ken Block作为一位著名的汽车赛车手和极限运动者，他于2016年成功完成了一次惊险的飞跃长城的壮举。这一壮丽的动作被称为

"Climbkhana（攀岩卡纳）"，是他的一项极限赛车和特技表演。Ken Block驾驶着一辆改装的福特野马，通过长城的险峻道路进行了一系列惊险的漂移、跳跃和飞驰动作。整个表演不仅考验了他的驾驶技能，还向世界展示了中国的长城，将这一古老而伟大的建筑物与极限汽车运动相结合，成为了一场视觉和运动的盛宴。这次飞跃长城的壮举在全球范围内引起了广泛的关注，Ken Block因此而声名大噪，成为了极限运动和汽车赛车界的传奇人物之一。这次挑战不仅突显了他对极限运动和汽车竞技的热爱和卓越的技艺，还为DC品牌赢得了一定的知名度和忠实粉丝。

2005年7月，Danny Way去到了北京居庸关准备挑战飞跃中国长城，国内电视台为此次挑战进行了现场直播，现场观众超过3万人，全国在线观看人数超过20万人。嘉峪关长城地处山间，大风为此次挑战提升了不少难度。Danny Way在挑战的前一天试跳时，不慎摔伤了左脚踝，因此在表演当天，Danny Way带伤上阵，7月9日下午5点半，Danny Way开始挑战，第一次尝试飞跃失败，第二次，他以Ollie后手抓飞跃成功。第三次，他以BS360飞跃长城。第四和第五次，以BS360飞跃长城后，冲上对面U池，挑战自己的高度记录，虽然没有打破记录，但最终成功飞跃了长城。

Danny Way飞跃长城的传奇即使过了这么多年，依然被人津津乐道，除了挑战中国长城，2006年，Danny Way还在美国拉斯维加斯的滚石赌场"Hard Rock Hotel & Casino's Guitar"吉他建筑挑战跳下RAMP，打破了Bomb Drop28英尺（8.5米）的世界纪录。

图6-4 Danny Way飞跃长城事迹留念

SUPRA（超跑）

	创 始 人	Angel Cabada（安吉尔·卡瓦达）	成立时间	2006年
SUPRA	发 源 地	美国加利福尼亚		
	品牌官网	https://supra–korea.com/		

    Angel Cabada和他的团队在创建SUPRA之前曾经经营了一家叫做KREW的服装品牌。他们创建SUPRA的初衷是为了满足滑手们对时尚和高性能鞋类的需求。SUPRA成立后很快崭露头角，得到了众多职业滑手的青睐。他们的鞋类设计结合了高科技材料和独特的时尚元素，成为滑手文化和街头时尚的一部分。品牌很快在滑板、极限运动和街头文化领域崭露头角。

    SUPRA于2015年6月被K-Swiss Global Brands（K瑞士全球品牌）收购。2018年，Steve Harden（史蒂夫·哈登）担任Oakley（奥克利）的前执行总裁，被聘请重新启动和重组Global SUPRA和KR3W品牌。2019年，特步以2.6亿美元（约人民币17.5亿元），收购包括SUPRA等品牌在内的E-Land Footwear USA Holdings Inc.的全部已发行股份。

Etnies（艾特尼斯）

	创 始 人	Pierre André Sénizergues（皮埃尔·安德烈·塞尼泽盖）	成立时间	1986年
Eetnies	发 源 地	美国加利福尼亚州森林湖		
	品牌官网	https://etnies.com/		

    Etnies公司成立于1986年，现任所有者是Pierre André Sénizergues，他是一位职业滑手，在他的职业滑板生涯结束后开始在Etnies公司从事设计工作，这为品牌带来了独特的视角和专业知识。当Sénizergues加入Etnies时，这个品牌还只是一个新兴的欧洲品牌。他承担了设计一系列标志性鞋款的任务，包括"Senix""Lo-Cut""Low-Top Rap""Intercity"和"Scam"。他的设计不仅注重性能，还注入了独特的时尚元素，使Etnies的鞋款在滑板文化和时尚领域备受欢迎。但Sénizergues并不止步于此，他将Etnies品牌引入美国市场，成立了

Sole Technology公司。在此基础上,他逐渐扩展了品牌组合,包括了Emerica(埃默里卡)、éS(至高无上)和ThirtyTwo。这些举措使Etnies和Sole Technology(唯一科技)旗下的其他品牌在滑板、极限运动和户外市场中占据了重要地位,同时也在时尚界具有影响力。Sénizergues的领导和创新精神使Etnies成为了一个具有深远影响力的品牌,他的经验和视野使品牌保持在行业前沿。

éS(至高无上)

	创 始 人	Dennis Busenitz (丹尼斯·布赖恩)	成立时间	1995年
	发 源 地	美国加利福尼亚州		
	品牌官网	https://esskateboarding.com/		

　　éS是世界上为数不多的滑板手拥有和经营的鞋类公司,该品牌的创始人是前滑板手、知名设计师Dennis Busenitz,他的目标是为滑板手提供高性能和耐用的鞋款。éS品牌通过其独特的设计和注重耐磨性、抓地力、支撑性等性能的鞋款对滑板文化产生了积极影响。品牌一直与滑板文化紧密相连,支持滑板比赛和活动。尽管éS在滑板鞋市场上取得了成功,但它在2012年至2014年期间暂停了生产。在这段时间里,一些忠实的éS支持者期待着品牌的回归。éS品牌于2014年复兴,并重新开始生产高性能的滑板鞋。品牌在滑板社区中重新获得了认可,并继续推出备受欢迎的鞋款。其中,éS Swift 1.5是品牌的经典款,于近年来进行了现代化的重新设计。这款鞋采用了先进的科技,如STI Energy Foam中底,提供出色的缓冲和支持。设计上,Swift1.5保留了其标志性的大底鞋舌,同时增加了一些新的细节,使其看起来更时尚。鞋身上的éS标志和细节设计突显了品牌的特色。Accel Slim是éS品牌的另一款经典鞋款,它在近年来经过重新设计,以适应现代滑板技术的要求。这款鞋的设计特点之一是其低帮款式,以此提供了更好的脚踝灵活性。它还采用了STI Energy Foam中底,以提供卓越的缓冲效果。在设计上,Accel Slim保留了品牌的传统外观,具有清晰的线条和éS的标志性。

DVS

创 始 人	Tim Gavin（蒂姆·加文）	成立时间	1995 年
发 源 地	美国加州南部		
品牌官网	https://www.dvsshoes.com		

DVS 在业内拥有领先的设计和市场营销，经营优质的鞋类、服装和附件产品。品牌专注于原创性、高质量和创新，创造了各种性能滑板鞋和生活休闲鞋。从 1995 年开始，DVS 一直致力于提供功能性男女鞋类产品。目前，DVS 鞋款的设计涵盖了多种风格，适合不同滑板手的需求和喜好并已遍布全球 50 余个国家。

DVS 使用尖端技术塑造产品，例如 DVS Comanche 2.0+，它是一款经过重新设计的高性能传统滑板鞋。时尚、轻盈的轮廓将 OG 滑板魅力与现代舒适性和性能相结合。网眼四分之一采用重型皮革和再生材料制成，使其既透气又坚韧。外底采用高耐磨双杯橡胶制成，可延长穿着时间，而模制 Vaporcell 轻盈耐冲击，模压 TPE 鞋垫能够提供卓越的舒适度。除此之外 DVS 还有 Bruise Control cushioning systems（防磨损软垫系统），ECOTRUE materials（百分百可回收环保材料），CGT（在极端寒冷环境下仍能保持鞋底的摩擦力）等技术，这些独特的产品技术让 DVS 风靡全球，该品牌也在创新中不断前进并突破运动极限的边缘。

DVS 一直坚持用草根文化牢牢绑住年轻人的心，这也是该品牌能一直保持在行业领先地位的原因。随着一些强势选手的陆续加入，例如 Daewon Song（宋大元），Kerry Gets（凯莉·盖茨），Steve Berra（史蒂夫·贝拉）Jereme Rogers（杰里米·罗杰斯），也将 DVS 的产品推向了顶峰。

Lakai（乐凯）

创 始 人	Mike Carroll（迈克·卡罗尔）和 Rick Howard（里克·霍华德）	成立时间	1999 年
发 源 地	美国		
品牌官网	www.lakai.com		

Mike Carroll 和 Rick Howard 离开了 Girl Skateboards 和 Chocolate Skateboards，决定共同创办一家专注于滑板鞋的品牌，由此便诞生了 Lakai。Lakai 总是以简洁著称，其高帮系列更是值得称道，专注于设计和制造适用于滑板运动的鞋款。Lakai 名字来源于其创始人 Mike Carroll，小时候他为了让自己的名字更容易被女孩们记住，给自己取了 Malachi 的绰号。1999 年，在和 Rick Howard 创立新的滑板鞋公司时，因公司的名字犯了难。Mike Carroll 突然记起了他最初使用的绰号，脱口说出 "Lakai"，品牌名称便由此而来。

在品牌创立后的早期，Lakai 推出了首批滑板鞋款。这些鞋款注重性能，为滑手提供了卓越的板感和控制性。2000 年，Lakai 经历了蓬勃的发展。他们聘请了一支优秀的滑手团队，包括 Guy Mariano（盖伊·马里亚诺）、Eric Koston（埃里克·科斯顿）、Marc Johnson（马克·约翰逊）等，这些滑手都为品牌设计了自己的签名鞋款。2010 年，Lakai 与 Girl Skateboards 和 Chocolate Skateboards（巧克力滑板）等品牌合作，推出了一系列联名鞋款，这些鞋款融合了各自品牌的设计元素。

随着时间的推移，Lakai 品牌的搞怪风格，幽默而富有创意的设计被广为传播，品牌也逐渐扩展了产品线，包括休闲鞋、服装和配饰。他们继续与滑手合作，推出具有创新性和性能的滑板鞋款。Lakai 在滑板鞋的设计中并没有搞太多的科技噱头，因为他们知道滑手最需要的是一双适合滑板的鞋子，也正如 Lakai 的品牌标语所诠释的态度一样。

Reef（暗礁）

	创 始 人	Fernado Aguerre（费尔南多·阿盖尔）和 Santiage Aguerre（圣地亚哥·阿盖尔）	成立时间	1984 年
	发 源 地	美国		
	品牌官网	http://www.reef.com		

Reef 是一家著名的鞋类和户外用品品牌，专门设计和制造适用于海滩、冲浪和户外生活的鞋款、凉鞋和配饰。早在上世纪 70 年代，Fernado Aguerre 和 Santiage Aguerre 两兄弟在阿根廷开了一间冲浪

小卖店，受到南加州冲浪生活方式的影响，便集资创办了REEF品牌，专门制作海滩拖鞋以及运动鞋。他们的首款产品是一款名为"Reef Sandals"的夏季凉鞋，迅速受到了冲浪者和海滩爱好者的欢迎。

1985年，Reef以一年卖3000双海滩鞋的成绩成为世界海滩拖鞋的领导者。2000年，Reef开始扩展产品线，引入了滑板鞋系列。其中一款非常出色的滑板鞋是"Reef Spiniker Mid NB"，它采用高质量的皮革制作，具有耐用性和舒适性，成为滑板爱好者的热门选择。从2002年开始，Reef推出T恤相关服饰产品。2005年，Reef被VF Corporation（威富集团）收购。2010年，随着时间的推移，Reef逐渐扩展了其生活方式产品线，包括服装、配饰和更多款式的凉鞋。他们强调环保和可持续性，推出了一系列环保友好的产品，以满足现代消费者的需求。近年来，Reef品牌积极与各种滑手、冲浪手、冲浪锦标赛和环保组织合作，强调对自然环境的保护。他们还不断创新，推出各种新型材料和技术，提高了其产品的性能和可持续性。2020年，Reef品牌启动了名为"Reef O2(Reef Oxygyn)"的环保项目，旨在减少碳排放并支持海洋生态保护。Reef的设计体现了休闲、海滩风格，并通过独特的功能设计和环保关注吸引了许多户外爱好者和海滩文化的追随者。

TOMS（汤姆斯）

	创 始 人	Blake Mycoskie（布雷克·麦考斯）	成立时间	2006年
TOMS	发 源 地	阿根廷		
	品牌官网	http://www.tomsoutlet.us.com		

Blake Mycoskie受到了阿根廷的传统鞋款"Alpargata"的启发，决定创立TOMS品牌，以这种鞋款为基础，同时践行慈善使命。2006年，TOMS的商业模式以"One for One"为特色，即每卖出一双鞋，品牌将捐赠一双鞋给需要的儿童。这一模式一经使用便引起了广泛的关注，因为它将商业和慈善事业紧密联系在一起，吸引了支持社会责任的消费者。

2010年，TOMS品牌迅速扩张到全球，不仅提供经典的"Alpargata"风格，还推出了各种不同款式的鞋履，包括凉鞋、靴子和帆布鞋。

TOMS不仅捐赠鞋子，还扩大了其社会使命，包括提供眼镜、清洁水和医疗服务等。这一使命吸引了支持可持续和社会责任的消费者，使品牌成为了他们购物时的首选品牌。近年来，TOMS与各种组织和品牌进行合作，推出限量版合作系列，以筹集更多善款。此外，品牌也不断创新，推出新材料和设计，以提高鞋款的舒适性和耐用性。TOMS品牌之所以备受欢迎，是因为它不仅提供高质量的鞋履产品，还将购物与慈善事业相结合，让消费者感到他们的购买具有意义。这一独特的商业模式和社会责任使命吸引了一大批支持可持续发展和社会公益的消费者。

NATIVE（原生）

native	创始人	Damian Van Zyll（达米安·范·萨克）	成立时间	2009年
	发源地	加拿大温哥华		
	品牌官网	https://www.nativeshoes.com/		

NATIVE是一家以轻巧、环保和时尚为特点的鞋类品牌。2008年，NATIVE引入了EVA（乙烯醋酸乙烯）材料，这种材料轻盈、防水、耐磨，成为品牌鞋履的核心材质。第一批样品成功面世并取得了良好的反响，证明了Damian当初的设想和概念是可行的，而且前景相当可观。在2009年夏天，前三款设计产品进入北美市场，立刻受到媒体和时尚人士的追捧。2010年的春天，猛烈的势头将NATIVE推向了全球。其中标志性的鞋品有NATIVE Jefferson，它采用EVA材料制成，非常轻便且易于清洁，具有简洁的设计和多种颜色选择，适合休闲和户外活动。NATIVE Apollo Moc是NATIVE的另一标志性产品，以其轻巧、透气和舒适的特点而闻名，它适合日常穿着和户外活动，提供出色的足部支撑和通风性。该品牌还强调环保和可持续性，他们的鞋款是100%可回收的，在生产过程中减少了废料和资源的浪费。

如今，NATIVE已成为一家知名的国际鞋业公司，因其坚定自己的初创信念并将其像血液一样注入NATIVE的未来，使得该品牌吸引了对可持续时尚和环保产品感兴趣的消费者并拥有了稳定的受众。

中国本土球鞋品牌介绍

●

戋（wǒ）牌

刘泰是戋牌的创始人，2003年从业至今，曾担任过FILA（斐乐）、ELLE（她）、CONVERSE（匡威）、ANTA（安踏）等品牌的鞋履主设，CONVERSE品牌亚太区域首席鞋履设计师以及团队负责人，以及作为耐克集团唯一一个中国籍首席设计师且是亚太区首位被耐克选中参加为期一年的耐克Kitchen lab项目的设计师。

戋，源于《康熙字典》，拼音wǒ，源于《康熙字典·备考·卯集》。戋牌，是一双以"我"的名义为中华文明滚烫的记忆和奔放的青春所定制的战靴。该品牌成立于2021年秋，是一个定位于中国本土轻奢潮鞋的国潮品牌。品牌致力于做引领传统文化价值的中国潮品，所有鞋款均采用"重工"精心打造，每片皮料都细心片薄，再加上边缘图漆，细腻的车线等工艺。鞋履设计灵感则源于《山海经》《天工开物》《梦溪笔谈》等中国民俗文化。

图6-5 潮叔与戋牌品牌主理人刘泰（创始人之一）

我牌的产品设计，从灵感来源、图案开发、材质选择、产品命名都进行了深入的思考和规划。产品分为三大系列："山与海"、"天问空间"和"天工开物"。"山与海"系列探究了中国民俗文化，吸取端午时

图6-6　竣鸟经典低帮时尚板鞋

节"魁星踢斗，独占鳌头"的民俗寓意、岳母刺字"精忠报国"的历史典故、三足金乌的神话传说等，传递中华文化内涵。"天问空间"系列探究了中国古人世界观和宇宙观，以文鳐鱼、二十八星宿为设计元素，结合潮流机甲风设计，可拆卸模块化设计，打造具有文化属性的潮玩鞋款。"天工开物"系列探究了中国古代织造工艺，以造纸手艺、纺织技术、活字印刷为设计灵感，融入现代设计，呈现匠人技艺的匠心织造。

我牌以擅长的语言和一种令人尊敬和自豪的方式去表达文化与潮流，连接千千万万的国人，赋予品牌新能量、创造国潮新价值。

第七章　世界著名滑雪、户外及骑行品牌

滑雪品牌

Burton

创 始 人	Jake Burton Carpenter（杰克·伯顿·卡彭特）	成立时间	1977 年
发源地	美国		
品牌官网	https://www.burton.com		

　　1977 年，当时活跃的滑雪者 Jake Burton Carpenter（杰克·伯顿·卡彭特）对谢尔曼·波彭（Sherman Poppen）的发明"snurfer"着了迷。搬到佛蒙特州后，Jake Burton Carpenter 尝试制造自己的雪板，以此来赚钱。利用 Dimitrje Milovich（他使用托盘在雪堆上冲浪）的想法，Burton 创造了一种由层压硬木制成的板，带有绑定装置，更方便使用者控制。Burton 用他的初代原型赢得了一场比赛，让整个滑雪界惊叹不已。不久之后，Burton 和几个朋友开始改造和重塑板以匹配他的初代原型。1978 年，Burton 开始制造带有铝制鳍片的模型，以便滑手可以在任何雪况下滑行。第二年，Burton 引领了一股新的潮流，他在他们的板上贴上了"伯顿单板"等标签。同年，为了增加产量，Jake Burton Carpenter 凑齐了自己的积蓄将斯特拉顿附近的一座农舍改造成一个迷你工厂，每天能够生产 50 块木制滑雪板。这是一个瞬间产能过剩的案例。第一年，即 1979 年，他只卖出了 300 块板，相当于六天的产量。但第二年的销量翻了一番，达到 700 多块，而且销量继续翻了一番。到1990 年代末，Burton 总部位于佛蒙特州的私营公司，在奥地利和日本开展业务，成为世界上最大的滑雪板公司。随着雪地冲浪行业的迅速普及，1982 年，Burton 和他的公司参加了第一届全国单板滑雪锦标赛美国公开赛，凭借伯顿单板滑雪获胜而声名鹊起。他们不仅赢得了比赛，同年，Burton 还将生产扩张到日本。1985 年对公司来说是非常重要的一年，当时 Burton 制作了带有双向玻璃纤维和完全包裹边缘的中间泡沫的滑雪

图7-1　潮叔与Burton创始人Jake Burton及其儿子在北京西单大悦城蓝色极限Burton概念店

图7-2　Burton创始人Jake Burton及其太太Donna Burton与蓝色极限团队、中国滑雪第一人王磊、国家滑雪队员小虎

板。伯顿滑雪板的质量获得欧洲滑雪爱好者的普遍认同。

　　1990年代，单板滑雪成为主流，Burton Snowboards在一个高度分散的行业中运营，控制了大约36%的市场份额，是其最接近的竞争对手的两倍。2007年Burton遭受金融危机，品牌受到了很大的影响。2016年创始人的妻子唐娜（Donna）接任首席执行官。2019年创始人Burton在佛蒙特州伯灵顿去世。

Descente

DESCENTE	创 始 人	Takeo Ishimoto（石本他家男）	成立时间	1935年
	发 源 地	日本		
	品牌官网	https://www.descente.com		

　　1935年，创始人Takeo Ishimoto（石本他家男）成立了男装零售店，即迪桑特公司的前身。1954年，迪桑特正式开启了滑雪服研发之旅。日本首位专业滑雪运动员Kazuyoshi Nishimura（西村和义）对滑雪服有着独到的见解和创意，并受邀成为迪桑特的品牌顾问。基于他的理念，迪桑特反复试验，潜心研发，并最终在滑雪服领域打下了坚实的基础。1957年，迪桑特推出了RWSB夹克，这是一款全新的便携式风衣，RWSB是"Rain、Wind、Snow以及Break"的首字母缩写，发音为"rausbee"。这款风衣采用尼龙材质，可以折叠成一个独立小袋，是当时服饰领域的一大重要

革新。RWSB夹克是迪桑特首款完全自主研发的服饰产品。

1961年，迪桑特商标诞生，品牌箭头徽标代表三种基本滑雪技术。迪桑特这个法语词汇意为"滑降"。迪桑特经典的品牌箭头标识被称为"品质印记"，代表着三种滑雪的基本技术："高速直线滑降""穿越"以及"侧滑"。1970年，迪桑特推出了首款立体剪裁的速降滑雪赛服。迪桑特与Hannes Keller和Hans Hess合作，研发出先进技术并进行风洞测试，期望尽可能减少服饰表面的皱褶与不匀，以及减少空气阻力；最终成功地生产出首款立体剪裁的速降滑雪赛服。1974年，Demopants滑雪裤问世。"Demopants"是"demonstrator pant"的简写形式。这款滑雪裤一经推出便备受青睐，它不仅功能性卓越，可以遮盖裹实，有效防止冰雪进入滑雪靴；造型时尚，能够拉长腿部线条，突显日本运动选手的飒爽英姿。1979年，"魔法运动套装"面世。这款魔法运动套装集迪桑特早期服饰的所有优异特性于一身，通过立体剪裁设计及扣件配饰的巧妙调整，减少空气阻力并实现运动的灵活性和可操作性。1980年，美国短道速滑选手Eric Heiden穿着迪桑特运动套装赢得骄人成绩。在此期间，迪桑特持续创新，将速滑服所采用的空气动力学技术应用于其他运动项目。1983年，迪桑特为攀登珠穆朗玛峰的日本登山队提供专业冬服保护。1986年，迪桑特持续推动骑行服研发，连续十届蝉联世界自行车锦标赛冠军Koichi Nakano。1988年，推出Solar α保暖夹克。迪桑特与Unitika Ltd.合作，共同打造出一款应用新型高效保暖材质Solar α制成的夹克，这种被称为"理想面料"的材质能够吸收太阳光并将其转换为热能。1992年，推出Marithé + Francois Girbaud联名滑雪服系列。设计该款服饰的法国时装设计师因秉承"智能服饰"理念而享誉国际，该理念与迪桑特的设计理念有异曲同工之妙。1998年，推出"Mobile Thermo"移动保暖夹克，是迪桑特与著名电子制造商松下公司密切合作的产品，是首款采用触媒加热作用调节服饰温度的移动保暖夹克。2000年，推出Titanium Thermo夹克，这款夹克中应用了一种经特殊加工工艺制成的钛材质——Titanium Thermo。2001年，研发超轻EKS+Thermo夹克，这款由迪桑特原创的夹克采用轻盈的高科技智能纤维材质"EKS+Thermo"打造，该材质能够有效控制服饰内部的温度变化。2006年，成功研发出Cosmic Thermo太空保暖夹克，这是一款应用高科技绝缘材料打造的保暖夹克，该材料最初为美国航天飞机计划而研发。2008年，革命性服饰水沢羽绒服问世，在这款具有创新性的羽绒夹克的生产过程中，位于日本水沢的迪桑特工厂开发出一种全新的热熔胶工艺流程，取代传统的缝制绗缝工艺架构。这种全新工艺流程可以避免衣物缝合处出现漏绒问题，并首次真正实现羽绒服的防水性能。

2009年，隆重推出Art-Flex内衣。Art-Flex是一款无接缝式高性能服饰，可以对穿着者的身体施加适度的调制压力。2010年，专为滑雪与速滑运动员量身打造的E-Liner能量支持紧身衣。2011年，推出ALLTERRAIN高端机能系列。ALLTERRAIN高端机能系列的诞生，标志着迪桑特长久以来对于特定高科技革新运动服饰的专业追求已进入一个全新时代，致力打造出一系列集设计和功能性的系列服饰，满足穿着者不同条件及情景的需求。2012年，推出"Genome"高性能紧身衣。Genome运动紧身衣是迪桑特针对长跑运动进行长期、细致的研究后所呈现的惊艳之作。这款紧身衣在衣物的重点细节部位采用螺旋力量带。这些宛如DNA螺旋的力量带能够帮助穿着者维持体形，减少腿部因疲劳而造成的力量耗损。2015年，推出全新剪裁理念S.I.O.。S.I.O.是迪桑特的一项全新工艺，采用该工艺的衣物其前身、后背和衣袖连为一体，大幅减少缝合量，提高衣服的防风防水性能。

自2008年迪桑特革命性的水沢羽绒服在世界舞台上大放异彩之后，ALLTERRAIN系列产品便广受认可，并始终在ISPO博览会上占据一席之地。采用迪桑特独有的3D无接缝裁剪技术制作的两大单品S.I.O.无接缝衬衫和水沢羽绒裤曾荣获多项殊荣。

Head

	创 始 人	Howard Head（霍华德·海德）	成立时间	1947年
HEAD	发 源 地	奥地利		
	品牌官网	https://www.head.com/en_US/		

1939年，Howard Head（霍华德·海德）在飞机制造商格伦·马丁（Glenn L. Martin）公司担任铆钉工，并获得工程师职位。1946年，他

仍然在公司工作，当时他对社交的爱好使他在佛蒙特州斯托郊游时尝试滑雪，尽管他对自己在斜坡上的不佳表现感到尴尬，但他还是迷上了这项运动，并决心提高自己的技能。像许多初学者一样，他将自己的表现不佳归咎于设备，但与绝大多数滑雪者不同，Head 拥有令人信服的技术知识。当时的滑雪板又长又重又笨拙，并且它们也是用山核桃木制成的，这种材料很容易失去形状并造成不稳定的骑行。Head 认为他可以使用金属和飞机制造技术制造更好、更轻、更高效的滑雪板。Head 坚信自己的未来取决于滑雪板设计，因此 1947 年，Head 启动了他的"蜂窝"滑雪项目，之所以如此称呼，是因为他设想了一种滑雪板，该滑雪板由两层铝制成，粘合在胶合板侧壁上，包裹着蜂窝塑料的核心。在 1948 年 1 月，他辞去了在飞机制造商格伦·马丁（Glenn L. Martin）公司的职务，将所有时间都投入到复合滑雪板的开发中。

1950 年，Head 将他的公司合并为 HEAD Ski Company, Inc.，他的滑雪板并没有很快被市场所接受，Head 经过几年的不懈推广，将昂贵的标准确立为身份象征产品。1960 年代，HEAD 滑雪板在奥运会中的表现决定了传统山核桃滑雪板的命运。1968 年，HEAD 在赢得网球比赛后成立了网球部门，并在一年后推出了第一个金属网球拍在美国公开赛上展示。1969 年，Head 将公司卖给了 AMF，不久后退休。

上世纪 70 年代，HEAD Ski Company 开始生产 Tyrolia 滑雪板和 Mares 潜水用具，90 年代并入 Penn 运动用球和 Dacor 潜水用具。Johan Eliasch（约翰·埃利亚什）在 1995 年获得了 HEAD Sports 的控制权，重振 HEAD 的命运。随着产品线更加集中，他将公司的注意力集中在四个领域：冬季运动、球拍运动、潜水和特许经营。1997 年，HEAD 推出了第一款由钛和石墨制成的网球拍并广受欢迎。然后，它开发了第一个计算机化的网球拍，名为 HEAD Intelligence，它采用传感器来调节必要的功率，并在此过程中抑制大约一半的振动，从而消除了引起网球肘的原因。1998 年，该公司收购了潜水行业的先驱 Dacor，随后在 1999 年增加了 Penn Tennis Balls 和滑雪板制造商 Blax 和 Generics。1999—2009 年期间，HEAD 签约滑雪运动员达 300 多位。2010 温哥华冬奥会、2014 年索契冬奥会、2018 平昌冬奥会的赛场上和领奖台上到处都是 HEAD 的身影。HEAD 始终活跃在滑雪装备品牌奖牌榜之中。

2016 年，HEAD 与中国企业边城体育签约成为长期战略合作伙伴。

2022年北京冬奥会的高山滑雪项目赛场上HEAD品牌运动员获得了10个项目中的6枚金牌的优异成绩。如今，HEAD仍是纽约证交所和维也纳证交所上市公司，仍然活跃在国际市场中。

Phenix

	创 始 人	Chuzo Yoshimura（吉村忠造）	成立时间	1947年
phenix	发 源 地	日本		
	品牌官网	https://phenix.jp/		

　　Phenix（菲尼克斯）创立于1947年，创始人是Chuzo Yoshimura（吉村忠造）。自诞生之日起，Phenix就全身心地投入到所有挑战极限的户外运动中，并希望其产品能够为户外运动爱好者提供最贴心的服务。几十年来，Phenix成为众多极限户外运动世界冠军竞技装备的不二选择，并受到欧洲、亚洲皇室成员的追捧，成为其户外运动指定装备。Phenix公司倡导尽情享受体育运动带来的快乐，如何将技术与功能拓展到体育运动中的一个又一个场面，这种不懈的追求是Phenix延续至今的DNA。

年份	品牌大事件
1978	成为日本国家滑雪联盟官方赞助商
1982	与原美国NASA研究员库兹涅茨博士签订技术合作支持合约
1983	设立全球领先的新泻运动技术研发中心
1984	启动意大利设计工房IDEA公司项目
1992	成为FIS（国际滑雪联盟）运动服装官方赞助商
1993	成为挪威国家高山滑雪队长期官方赞助商
1996	出展ISPO WINTER博览会
2000	赞助专业登山服装，支持珠穆朗玛峰雪域高山环境保护与清扫行动
2006	赞助日本国家滑雪队，连续成为官方指定运动队服品牌供应商
2009	成为挪威奥委会冬季、夏季奥运会全面服装赞助商
2011	出展ISPO CHINA 2011博览会，正式进入中国市场

作为国际知名的著名品牌，Phenix最大的亮点在于将产品的功能性与时尚性完美融合。各种时尚潮流元素穿插在产品细节之中，时尚的色彩、国际领先的功能材料以及专业的研发理念，让Phenix产品成为体现时代性特征和潮流趋势的服装作品。Phenix一直倡导"功能＋时尚"的comfort styling（领先叠穿方式），通过分层穿着，不仅能达到调节体温的目的，而且能演绎出Phenix品牌独具的"舒适性"与"时尚性"相结合的造型风格。

Rossignol

	创 始 人	Abel Rossignol（阿贝尔·罗西尼奥尔）	成立时间	1907年
ROSSIGNOL	发 源 地	法国		
	品牌官网	https://www.rossignol.com/us/		

Rossignol是现存最古老的滑雪品牌，也可以说是现存最古老的滑雪工厂。滑雪板生产始于1907年的Voiron[1]，创始人Abel Rossignol（阿贝尔·罗西尼奥尔）出生于1882年11月19日，作为一名熟练的木工，他于1903年在格勒诺布尔附近的沙特勒斯地块脚下安装了一个车间，用于制造当地蓬勃发展的纺织业所需的织机梭和线轴。1906年，法兰西阿尔卑斯山俱乐部承担了发展滑雪运动的责任。它的第一次会议于1907年2月在蒙特热内夫尔举行。这次会议引起了媒体的广泛关注，近3 000名观众到场。其中包括Abel，他立即对这项运动产生了热情，并决定制作自己的装备出售。负责管理陆军哨所的R. Gelinet中尉为他的部下购买了Rossignol的第一批产品。与那个时代大多数著名滑雪板一样，Rossignol的滑雪板由坚固的美国山核桃或欧洲本土白蜡木雕刻而成。它们卖得很好，1909年在霞慕尼的一个制造业贸易展上获得了一等奖。随后，在1911年，为了学习体育和贸易，Abel前往斯堪的纳维亚半岛，参观了当地主要工厂。同年，他开始参加法国旅游俱乐部的年会。第一

---

1 沃龙，法国东南部伊泽尔省的一个公社。

次世界大战期间，罗西尼奥尔的工厂为法国军队生产了更多的滑雪板。战后，该公司继续其双业务——织造机械零件和滑雪板，并为1924年霞慕尼第一届冬季奥运会的一些运动员提供滑雪板。这是长期参与世界级比赛的开始。

他的儿子Abel Rossignol, Jr.（小阿贝尔·罗西尼奥尔）在这项运动中长大，是一名优秀的滑雪运动员。他的一位朋友是赛车手Emile Allais（埃米尔·阿莱），他在1935年的穆伦世界锦标赛上获得速降和高山滑雪总成绩第二名；在1936年加米施·帕滕基兴冬奥会上获得激流回旋和高山滑雪合计第三名；并在1937年获得世界冠军。1936年，Allais开始与Rossignol合作，将Rossignol推往世界舞台。Abel于1954年去世，享年72岁，他的儿子小Abel接手品牌。在1960年代初期，该公司的目标是加强其在国际舞台上的地位，因为法国市场仅占世界滑雪消费量的7%或8%，并且主要由进口供应。1961年，工程师Gaston Haldemann（加斯顿·霍尔德曼）开始研究一种空心激流回旋滑雪板，即Rossignol玻璃纤维滑雪板。

1966年的世界锦标赛将成为推广Rossignol的重要媒介。时任管理人Boix·Vives决定，为了促进出口销售，他需要将全世界的注意力集中在Rossignol品牌上。1970年，Rossignol在巴塞罗那附近建造了一座全新的现代化工厂。1973年，美国经济遭受双重打击，Rossignol也受到了一定的影响进入动荡时期。1978年Rossignol收购了Lange靴子工厂，并于1980年建立了滑雪杖工厂。1989年，Rossignol收购了滑雪市场一个强大的新竞争对手——Salomon（萨洛蒙）。2005年，78岁的Boix·Vives面临退休，他将Rossignol的控股权卖给了澳大利亚/美国体育用品公司Quiksilver，然后由他的朋友Bernard Mariette（伯纳德·玛丽埃特）经营，Boix·Vives继续担任Rossignol高尔夫部门的总裁。Quiksilver整合了所有北美雪上运动业务公司——Rossignol、Dynastar、Lange、Look及其相关的滑雪板部门，并将Voiron工厂出售给房地产开发商。

今天，Rossignol仍然是滑雪和滑雪比赛的强大品牌，尽管该公司不再是冬季运动中最大的创收集团，但仍然具有与诸如拥有始祖鸟及萨洛蒙等品牌的Amer Sports（亚玛芬体育）、拥有K2及Marker的Jarden（佳顿集团）、拥有Tecnica及Dolomite的Tecnica（泰尼卡集团）以及Burton Snowboards伯顿滑雪板四家大型综合公司争夺首要地位的能力。

Salomon（萨洛蒙）

	创 始 人	François Solomon（弗朗索瓦·所罗门）	成立时间	1947年
SALOMON	发源地	法国		
	品牌官网	https://www.salomon.com/en-int		

第二次世界大战之前，François Solomon（弗朗索瓦·所罗门）在一个小家庭车间制作锯片。战后，当新解放的游客开始返回山区滑雪时，François发现可以将他的技能应用在滑雪板边缘使得滑雪板能够急剧转弯，由此开始了滑雪板制作。他的儿子乔治在20世纪50年代提出了两个改变游戏规则的想法，当时滑雪者仍然使用固定的皮革带作为绑带，经常导致腿部因卡住滑雪板而骨折。第一个是可释放的"Skade"绑定，它连接到靴子的鞋头末端；第二个是他称为"Le lift"的系统，它允许绑定在重冲击时释放。这两项改革增加了萨洛蒙滑雪板的技术含量，使其成为与众不同的独特产品。

1972年，Salomon（萨洛蒙）成为世界第一大装订品牌，每年生产100万个。它于1979年扩展到滑雪靴，1984年的向前弯曲的SX91被认为是有史以来最具影响力的滑雪靴。20世纪90年代，Salomon（萨洛蒙）开始制造滑雪板和高山登山鞋。1997年，Salomon（萨洛蒙）被阿迪达斯收购。2005年，阿迪达斯决定退出滑雪设备和服装，并将Salomon（萨洛蒙）出售给中国运动服装巨头Amer Sports（亚玛芬体育）。

2016年所罗门与德国男装设计师Boris Bidjan Saberi（鲍里斯·比让·萨贝里）合作推出联名产品。同年，Jean Philippe Lalonde（让·菲利普·拉隆德）从加拿大户外品牌Arc'teryx（始祖鸟）的时尚前卫部门Veilance离开加入Salomon（萨洛蒙），他的任务是在公司成立一个新的运动风格部门，将街头风格与性能融为一体。

LEKI

	创 始 人	Karl Lenhart（卡尔·伦哈特）	成立时间	1948年
LEKI	发 源 地	德国		
	品牌官网	https://www.leki.com/us/en		

德国手杖品牌LEKI 1948年诞生于德国，凭借悠久的历史、良好的安全性以及科技的不断创新等，该品牌成为户外手杖领域的推荐产品。LEKI品牌定位专业户外市场，赞助国内外越野跑精英运动员，以及线下越野跑活动，2022年UTMB有70%的获奖运动员使用LEKI手杖。 LEKI产品细分为滑雪、健行、徒步、越野跑四大系列，于2010年正式进入中国，目前以徒步、越野手杖品类销售为主，深受中国户外消费者喜爱。

LEKI的创始人是Karl Lenhart（卡尔·伦哈特）。Karl Lenhart在创建LEKI时致力于改进滑雪和徒步杖的设计，以提高其性能和耐用性。他的创新对于户外运动爱好者和滑雪者来说具有重要意义。

无论从销量还是科技领先的角度来看，LEKI手杖都是当之无愧的全球翘楚。与户外和滑雪行业的任何其他制造商相比，它引入了更多的创新并申请了更多的专利，LEKI拥有多达250项专利。LEKI战略使命是：将安全性和舒适性与迷人的设计结合在一起，确保专业运动员非常棒的的使用体验。

年份	LEKI品牌荣誉
2010	LEKI研发了快速锁（LEKI专利技术），实现快速调节和锁定的功能
2011	LEKI签约运动员Ivica Kostelic（伊维卡·科斯特利奇）和Maria Riesch（玛丽亚·里施）分别获得了Worldcup Season 2010/11 FIS赛事总冠军
2012	Worldcup Season 2011/12 FIS赛事，LEKI再次获得本次赛事的胜利
2013	施拉德明高山滑雪世锦赛LEKI签约运动员取得了15枚奖牌
2016	ISPO授予LEKI的Tour Stick Vario Carbon V滑雪类ISPO金奖

HALTI（哈迪）

	创 始 人	Juhani Hyokyvara（尤哈尼·赫基瓦拉）	成立时间	1976年
⊖HALTI	发 源 地	芬兰		
	品牌官网	https://halti.com/		

　　HALTI品牌1976年创立于芬兰，是北欧知名的滑雪运动品牌，品牌以芬兰最高峰"哈尔蒂山"为名。品牌创始人Juhani Hyokyvara（尤哈尼·赫基瓦拉）创立自己的装备商店Jukaflex，即为HALTI品牌公司的前身。1976年—1982年期间，HALTI陆续推出HALTI100和200背包、纤维填充睡袋、尼龙帐篷等产品，重新定义了户外装备。与此同时，HALTI探险队行至安第斯山脉进行科考。1984年—1995年，HALTI探险队登陆北极开始探险。HALTI也在此期间推出Drymaxx,综合防水和高透气纤维，采用Theromotech技术的睡袋给人更轻更温暖的舒适体验。进入千禧年，HALTI开始与芬兰高山滑雪队和国际滑雪总会展开合作，开发滑雪用品。芬兰和冰岛奥运代表队身着HALTI装备，参加了2002年盐湖城冬奥会。2010年,HALTI成为中国自由式滑雪国家队赞助商。2015年，HALTI推出纤维式雪橇，获得ISPO金奖。

　　如今，HALTI被评为欧洲十大户外滑雪品牌之一。HALTI品牌传承40年的理念，鼓励人们用最好的方式去探索自然，享受自然。2022年HALTI品牌提出"雪感"概念，通过"雪感"建立品牌关键词，并拉近与热雪青年的关系。2022—2023雪季HALTI联合SNOWHERO滑雪俱乐部，举行云顶开板活动，与千名滑雪爱好者共襄开板，并成为SNOWHERO双板队长赞助品牌。同时，HALTI联合新疆阿勒泰将军山滑雪场，共同举办"这雪感，上道"线下快闪活动，联合将军山滑雪场打造趣味互动活动，现场共千名雪友共同打卡。同时，HALTI联合"滑呗"APP开展线上滑雪挑战赛，线上里程数累计超10000千米。

　　HALTI品牌产品系列线始终以专业双板滑雪为主，并配合综合训练系列以及运动生活系列，品牌提倡"BEYOND EXCELLENCE"的运动精神。科技&创新是HALTI品牌的追求，并致力于提升运动保护及滑雪表现，给使用者提供最优质的穿着体验。同时品牌希望通过自身的力量推动双板滑雪运动的发展，让更多人享受双板滑雪的乐趣。

Spyder（斯派德）

	创 始 人	David L. Jacobs（大卫·雅各布斯）	成立时间	1978年
SPYDER	发 源 地	美国		
	品牌官网	https://www.spyder.com		

  Spyder（斯派德）品牌于1978年由David L. Jacobs（大卫·雅各布斯）创立。David是一位充满激情的滑雪运动员。起初，他在自己的车库里开始制作诸如滑雪服装和滑雪板一类的滑雪装备，随着他的滑雪装备在当地滑雪社区中获得认可和赞誉，他决定将其发展成为一个专业的品牌。因此，1978年David正式成立了Spyder品牌，专注于设计和制造高品质的滑雪服装和装备。Spyder品牌以其先进的技术、创新的设计和高品质而在滑雪界取得了声誉，并成为许多滑雪运动员和滑雪爱好者的首选品牌。该品牌最初以滑雪运动为主，后来扩展到其他户外活动，如登山、徒步、骑行等。他们的产品广受专业滑雪运动员和户外爱好者的喜爱。

  Spyder的产品以其优良的质量、先进的技术和时尚的设计而闻名。他们使用高科技材料和先进的生产工艺，为用户提供优异的保暖性、防水性和透气性。同时，Spyder的服装也兼顾时尚性，让人们在户外运动时保持舒适和风格并存。除了滑雪装备和户外服装，Spyder还生产其他配件和装备，如手套、帽子、护目镜等，为户外活动提供全方位的解决方案。

Nitro（尼特罗）

	创 始 人	Tommy Delago（托米·德拉戈）和Sepp Ardelt（塞普·阿尔德特）	成立时间	1990年
N NITRO	发 源 地	美国		

  Nitro（尼特罗）品牌创始人Tommy Delago（托米·德拉戈）和Sepp Ardelt（塞普·阿尔德特）是滑雪和滑板爱好者，致力于推动滑雪

和滑板文化，并创办了 Nitro 品牌，专注于设计和制造高品质的滑雪板和滑板产品。自成立以来，Nitro 在滑雪和滑板界取得了显著的成就，并成为许多滑雪和滑板爱好者喜爱的品牌之一。

在滑雪板方面，Nitro 生产各种类型的滑雪板，适用于不同水平和风格的滑雪者。他们的滑雪板采用先进的技术和材料，为滑雪者提供出色的操控性、稳定性和适应性，让滑雪者在雪地上尽情享受滑雪的乐趣。在滑板方面，Nitro 也有涉足，并生产高品质的滑板产品，包括滑板甲板、滑板轮子、滑板轴承等。他们的滑板产品同样以其性能和设计而受到滑板爱好者的喜爱。

Nitro 的产品得到了许多职业滑雪选手和滑板选手的支持和认可，他们经常与著名运动员合作，不断改进和创新产品，以满足运动员和滑雪者的需求。

Nobaday

	创 始 人	刘奉喜	成立时间	2015年
Nobaday	发 源 地	美国西雅图		
	品牌官网	https://nobaday.com/		

2015 年，Nobaday 由刘奉喜先生在美国西雅图成立，品牌发展至今专注于户外三板运动，包括滑雪板、陆地冲浪板和海上冲浪板。Nobaday 以滑雪和户外运动所倡导的乐观、自由、积极的生活态度为核心，通过具象化的服装和产品来展现这种态度，旨在打造一种"年轻、潮流、专业"的生活方式。

2016 年，Nobaday 品牌签约了加拿大籍滑手 Max Parrot 等多名海外优秀滑手，开始建立品牌滑手陪跑计划，并逐渐形成了滑手矩阵。其中，有三位滑手参加了北京 2022 年冬季奥运会，其中 Max Parrot 获得了男子单板滑雪坡面障碍技巧金牌和男子大跳台铜牌，日本籍滑手国武大晃获得男子大跳台第四名。作为一个由中国人运营的品牌，Nobaday 通过这次冬奥会获得了品牌影响力的提升，真正成为了"国货之光"。

2020 年 9 月，Nobaday 品牌的战略方向从线上拓展到线下直营店。

首家直营店开在重庆融创室内滑雪场，这标志着品牌进军实体零售领域。同年11月，Nobaday在河北崇礼太舞小镇开设了首家雪场店，进一步扩大了线下门店的覆盖范围。

2021年，Nobaday开始注重线下品牌形象的打造，并着手建设品牌形象店。首家品牌旗舰店在深圳万象前海隆重开幕，为消费者提供了一个独特的品牌体验空间。此外，品牌还开始注重品牌出海战略规划，在美国洛杉矶潮牌街FairFax Ave开设了首家海外店铺。FairFax Ave是一个街头文化蓬勃发展的区域，吸引了众多知名品牌的入驻，如BAPE、Stüssy和Supreme等，以及众多街头艺术画廊。Nobaday选择在这个充满活力和文化背景的地区开设店铺，以进一步扩大品牌的影响力和市场份额。

2022年，Nobaday品牌正式开启四季化运营，致力于与用户建立更长久的伙伴关系。夏季，品牌组织露营、飞盘和滑板等户外活动；冬季，则带领爱好者一起滑雪。通过提供全季节的产品和服务，Nobaday为滑雪爱好者和更广泛的户外爱好者打造了一个大家庭。品牌以产品技术为核心，为消费者创造多样化的生活体验。

截至2023年7月，公司复合增长率达到78%。销售渠道包括国内外电商平台、线下直营店和抖音。目前，品牌在国内外拥有20多家门店，并计划进一步提升门店的单店效率。未来，Nobaday将继续努力推动品牌的发展，并在全球市场上取得更大的成功。

图7-3 潮叔与创始人刘奉喜

图7-4 潮叔与创始人刘奉喜在ISPO展会的Nobaday展位

户外品牌

Arc'teryx（始祖鸟）

	创始人	Sam Tick（萨姆·蒂克）、Saul Mimran（索尔·米姆兰）和 David Reiss（大卫·瑞斯）	成立时间	1989年
	发源地	加拿大		
	品牌官网	https://arcteryx.com/us/en/		

　　始祖鸟的创始人是Sam Tick（萨姆·蒂克）、Saul Mimran（索尔·米姆兰）和David Reiss（大卫·瑞斯）。这三位创始人共同创办了始祖鸟公司，该公司以生产高质量的冷天外套和服装而闻名，尤其以其经典的加拿大制造的羽绒服而著称。品牌1989年成立于加拿大不列颠哥伦比亚的温哥华，北温哥华坐落在北岸山脉脚下，距离滑雪、登山和恶劣的山地环境只有几分钟的路程，独特的城市环境和创新是户外装备设计的完美熔炉。目前虽然有部分附属产品的生产移至了新西兰、越南和中国等地，但该公司的总部、设计室、主要的生产车间仍然在温哥华，其产品多用于攀岩、徒步等活动。位于北温哥华的设计研发中心，被命名为Arc'One。

　　Arc'teryx的名字和商标来源于始祖鸟，始祖鸟是第一种进化出飞行羽毛的爬行动物，图案形象基于1880年前后于德国发现的化石标本（Berlin Specimen，HMN 1880），该标本是迄今最完整的始祖鸟化石，选择落在这个标本上，以反映该公司及其创始人的愿景：在户外领域创造突破性的进化创新，就像始祖鸟一样，始祖鸟是陆地羽毛恐龙和早期鸟类之间的进化桥梁。

　　Arc'teryx品牌致力于创造一种装备，即无论外部条件如何，都能让人们沉浸在做事的那一刻应对复杂挑战的简单解决方案。这既是极简主义的精髓，也是品牌的设计理念。减少天气的影响、简化使用和高效移动创造了永恒的户外体验。

144

1996年，Arc'teryx获得了WL Gore and AssociatesGore-Tex面料的使用授权，公司随后将其应用于新服装的生产。

Arc'teryx的LEAF（Law Enforcement and Armed Forces）生产线主要针对军警市场。在消费者和互联网市场上，往往将其简称为"军鸟"。在设计上，一些系列与民用型号对应，而其他系列，比如Arc'teryx的Tango和Charlie背包，则采用了迷彩的样式，完全针对军用。在色彩上，军鸟系列不同于普通产品线，没有丰富的亮色。相反，军鸟产品采用暗色系和军规颜色，如狼灰色、游骑兵绿等。军鸟系列产品当前只有ALPHA夹克等极少数产品为加拿大制造，其余如ASSAULT SHIRT产品多为海外生产，如萨尔瓦多和越南等。

Arc'teryx另有高端商务系列，名为Veiliance,简称商鸟。商鸟系列主要涵盖商务版型的西装和城市风格服饰，又将始祖鸟的高科技面料和立体剪裁应用其中，从而诞生了很多具有防护效果的商务服饰。

Arc'teryx属于高端的户外品牌，产品价格昂贵。畅销的服装系列包括Theta AR和Gamma MX短上衣，该系列服装一共包含9个动态级别，分别代表不同的性能与预期用途（轻量派：SL\LT\FL，性能派：SV\AR，保暖派：MX\IS，鞋类：VT\LD）。始祖鸟的设计获得了Backpacker、Outside、Climbing、Men's Journal以及Powder杂志在内的一系列奖项。

2002年，Arc'teryx公司被Adidas-Salomon集团收购。2005年，Salomon从A-S集团分拆售予芬兰的Amer Sports集团，如今Arc'teryx是Amer旗下Salomon集团的子公司。

2019年2月25日，安踏体育公布收购始祖鸟母公司亚玛芬体育。

Mammut（猛犸象）

	创始人	Kaspar Tanner（卡斯帕·坦纳）	成立时间	1862年
	发源地	瑞士		
	品牌官网	https://www.mammut.com/us/en		

1862年，瑞士才华横溢的年轻制绳师Kaspar Tanner（卡斯帕·坦纳）创立了自己的制绳企业。大约80年后，Mammut（现今的名字）问

世。Mammut 代表力量和能量，这在农业和山地运动中都是必不可少的。最初，创始人 Kaspar Tanner 主要为农业生产绳索。绳索生产受强烈的季节性波动影响，第二次世界大战后，公司将产业进行生产转移。在 1950 年代，这家瑞士公司不负其创新者的美誉，推出了第一条由尼龙纱线制成的冰川绳索"Mammut Argenta"，是高山安全的里程碑。几十年来，从登山到滑雪甚至快速徒步旅行的新型运动都加入了 Mammut 的产品组合，而登山仍然深深植根于这家传统瑞士公司的 DNA 中。时至今日，攀岩已然发展成为一项潮流运动。攀岩运动不断吸引着对环境有着敏锐意识的新狂热者们，得益于可靠的装备和技术性、功能性服装，Mammut 因其满足了攀岩爱好者的众多期待而获得认可。

纵观公司 160 年的历史，Mammut Sports Group 已转变为绳索、安全带、睡袋、服装、鞋类、登山和户外运动装备的领先专家。Mammut 最初是一家小型家族企业，现已发展成为一家全球性公司，拥有约 800 名员工，在大约 40 个国家开展业务。自 2002 年以来，Mammut 成为首批致力于提高户外行业可持续性的户外公司之一。Mammut 竭尽所能确保制造过程清洁，排放量最少，以保护环境。

Patagonia

创 始 人	Chouinard（乔伊纳德）	成立时间	1973 年
发 源 地	美国		
品牌官网	https://www.patagonia.com		

Patagonia 品牌于 1973 年在美国成立，其名字来源于南美洲的山区，该地区拥有安第斯山脉的南段。品牌 Logo 是根据 Monte Fitz Roy[1] 起伏的山峰设计的。该公司推出的第一批夹克包括 1977 年的 Pile Fleece 夹克，其灵感来自渔民的耐寒装备。高领和羊毛材质使其成为寒冷天气必备的服装。尽管品牌创始人 Chouinard（乔伊纳德）在整个 70 年代

1　Monte Fitz Roy 是位于阿根廷和智利边境巴塔哥尼亚南巴塔哥尼亚冰原 El Chaltén 村附近的一座山。1952 年由法国登山家莱昂内尔·特拉伊（Lionel Terray）和圭多·马格诺内（Guido Magnone）首次攀登，它仍然是地球上登山者技术上最具挑战性的山脉之一。

都在设计户外服装，但正是1977年标志性的 Pile Fleece 夹克的发布让
Patagonia名声大噪。Chouinard和公司试图创造一种既保暖又吸湿的
服装。早期的尝试是有缺陷的，但仍然非常受欢迎，直到八十年代初，
Patagonia才开发出不起球的双面面料 Sychilla。

1985年，Patagonia在同一季推出了由Sychilla制成的抓绒夹克和
Capilene涤纶长内衣产品。这两种革命性的面料深化了Patagonia的创
新文化。此后Patagonia开始快速成长，品牌曾一度跻身Inc. Magazine
增长最快的私营公司名单。然而这种快速增长在1991年停止，当时的经
济衰退抑制了Patagonia的销售，银行收回了部分贷款。为了偿还债务，
品牌不得不解雇20%的员工，重新思考品牌的未来方向。

从2002年起，Patagonia开始定期向致力于拯救或恢复栖息地的小
型团体捐款，而不是将钱捐给拥有大量员工、管理费用和企业关系的
非政府组织。2002年，"1% for the planet"计划正式启动。2011年，
Patagonia启动了 "Common Threads"计划，旨在使其服装可修复和
可回收。2017年4月，Patagonia宣布可以退回状况良好的商品以获得
新的商品积分，用过的商品在其 "Worn Wear"网站上进行清洁、修理
和销售。截至2020年4月，Worn Wear已售出超过120 000件商品。

与Carhartt和Dickies等其他传统品牌一样，Patagonia近年来经历
了街头风格的复兴，赢得了"Patagucci[1]"的绰号。多年来，许多时尚品
牌的高端设计师一直从Patagonia抓绒技术与其他羊毛工艺中汲取灵感。
如Patrik Ervell的2014秋冬秀，受到Patagonia产品影响，使用了更多
具有光泽的面料以及全新的羊毛织物打造出全新的时尚外观，在运动元
素、定制剪裁和休闲服饰之间取得了完美的平衡，制作出了更适合在风
雨等恶劣环境下穿着的服饰。

---

1 Patagucci：合成词，Gucci为国际知名一线奢侈品品牌，意指Patagonia因其产品设
  计与工艺精湛被称为户外运动品牌中的 "Gucci"。
2 Never Stop Exploring: 意为永不停止探索。

The North Face

创 始 人	Douglas Tompkins（道格拉斯·汤普金斯）和Kenneth Hap Klopp（肯尼斯·哈普·克洛普）	成立时间	1966 年
发 源 地	美国		
品牌标语	Never Stop Exploring		
品牌官网	https://www.patagonia.com		

自1966年至今，The North Face（北面）已有50多年的历史，目前已发展成为最负盛名的冒险装备制造商之一，成功打入了时尚市场。品牌以山中最寒冷、最无情的一面命名，帮助探险家到达喜马拉雅山最深不可测的高度，但The North Face的传奇始于海滩——位于旧金山的北滩街区，海拔仅150英尺。如今，The North Face大衣在高山上和大街上随处可见，凭借优秀的工艺与设计被大众熟知。

The North Face标志于1966年设计，采用带有三层铭文的单色徽章，位于大胆抽象特征的标志的左侧。标志由三根钢丝拱形线条组成，代表加利福尼亚州的Half Dome山峰，以其奇特的形状和流畅的圆润线条而闻名。

整个20世纪60年代，The North Face品牌受到户外探险家的狂热追捧，并开始赞助远征活动，前往全球一些偏远、仍未被开发的角落。到80年代初，The North Face开始探索滑雪世界的极限，在产品系列中增加了极限滑雪服。那是粉彩、霓虹灯、染发剂和莫西干发型的时代；他们为当今自由奔放的雪上运动运动员奠定了基础。1990年代开创了一个时代，The North Face进一步拓宽了它帮助运动员探索的户外世界。这十年见证了The North Face在运动服市场的首次亮相，其推出了Tekware，这是一个创新系列，旨在为攀岩者、背包客、徒步旅行者、越野跑者和户外运动爱好者提供终极合身性和功能性。The North Face半圆顶徽标开始更频繁地出现在超级马拉松赛道、高地乡村小径和大岩壁上。到20世纪末，The North Face成为美国唯一一家提供全面的高性能外套、滑雪服、睡袋、背包和帐篷系列的供应商。千禧年到来，The North Face推出了自己的徒步鞋和越野跑鞋系列，以满足那些始终追求新纪元的人们从头到脚的需求。

在The North Face通过产品、探险和运动员成就塑造户外市场的同时，它推出了两条改变游戏规则的产品线——Thermoball和Fuseform。

图7-5　潮叔与The North Face（China）品牌总监胡浩

Thermoball 引入了模仿羽绒功能的合成绝缘材料。Fuseform 改变了制造领域，因为它改变了技术服装的生产方式。

自 2006 年以来，与 Supreme 和日本设计师 Junya Watanabe 的巧妙合作巩固了该品牌在街头服饰社区中的地位；后又与 Vans，Timberland 甚至 Gucci 这样的品牌进行联名创作，其影响力也是不言而喻的。The North Face 以独特的方式将街头服饰爱好者和注重实用性的人团结在一起的能力，无疑将见证它在未来几代人中的至高地位。

未来 50 年 The North Face 品牌将坚定不移地致力于推动创新和设计的极限，以便人们可以在户外挑战极限。

Columbia

	成立时间	1938 年
❖Columbia	发源地	美国
	品牌官网	https://www.columbia.com/

Columbia Sportswear是一个全球户外品牌，生产采用行业领先技术强化的积极生活方式装备，该品牌的服装、鞋类和配饰反映了太平洋西北地区的传统与不屈不挠的精神。Columbia 最初是一家家族式帽子经销商，前主席 Gert Boyle（格特·博伊尔）的父母 Paul 和 Marie Lamfrom 于 1937 年逃离纳粹德国，并立即购买了波特兰帽子的经销权，公司以附近的哥伦比亚河命名。1948 年，Gert Boyle 与时任公司负责人 Neal Boyle 结婚。对供应

商的不满使得这个家族企业开始尝试制造自己的产品，1960年，Columbia Sportswear正式成立。1970年，Neal Boyle因心脏病发作去世。Gert和当时是俄勒冈大学大四学生的儿子接管了Columbia Sportswear的运营，将其从破产中解救出来。Gert Boyle于1970年至1988年担任公司总裁，并于1983年成为其董事会主席，她一直担任董事长直至2019年去世。Tim Boyle接替他的母亲成为哥伦比亚公司的总裁兼首席执行官。

1986年，第一款Bugaboo派克大衣诞生，彻底改变了高山滑雪者的着装方式。1996年，品牌推出高性能渔具，简称PFG。Columbia于1998年成为一家上市公司，它于2000年收购了鞋类制造商Sorel，并于2003年收购了Mountain Hardwear。2006年，Columbia收购了Pacific Trail和Montrail品牌。2008年，Columbia Sportswear宣布赞助前身为Team High Road以及更早的T-Mobile和Team Telekom的自行车队，为期三年。2010年，品牌推出Omni-Heat Reflective这项领先运动品牌的热能反射技术。2014年，品牌的TurboDown技术将Omni-Heat合成隔热材料与天然羽绒融为一体。同年，Columbia Sportswear成为索契美国、加拿大和俄罗斯自由式滑雪队的赞助商。2015年，Columbia Sportswear推出"Tested Tough"作为其全新的全球品牌平台。2016年推出的OutDry Extreme可将雨衣内外翻转，实现极致的防水透气性。这是该品牌的第一款外层防水层和内层柔软吸湿排汗层的雨具。2018年，Omni-Heat 3D引入了下一个保暖维度，这项品牌最新的热反射技术具有先进的保温性和柔软的亲肤感。

Jack Wolfskin

	创 始 人	Ulrich Dausien（乌尔里希·道西恩）	成立时间	1981年
	发源地	加拿大		
	品牌官网	https://us.jackwolfskin.com/		

Jack Wolfskin于1981年成立时，品牌的户外部门还不存在，当时只是一家小商店。创始人Ulrich Dausien（乌尔里希·道西恩）发现人们对户外体验的兴趣正在增长，户外运动者是寻求冒险并需要功能性装备的环球旅行者，因而户外产品尤其是功能性产品蕴含巨大的商机。Jack Wolfskin的

故事始于加拿大崎岖荒野中某处的篝火旁。公司晚上与朋友坐在一起时，创始人 Ulrich Dausien 有了一个绝妙的主意：将他仍然没有名字的新户外品牌命名为 Jack Wolfskin——这是对杰克·伦敦著名小说《野性的呼唤》的致敬。此外，狼皮可以保护狼免受恶劣天气的影响，这与 Dausien 计划的户外产品旨在保护佩戴者有异曲同工之妙。

从一开始，Dausien 就致力于让每个人都能使用实用的户外设备。然而，纺织业在功能性面料方面仍处于起步阶段，这意味着 Jack Wolfskin 必须自己开发许多创新。1981 年，Jack Wolfskin 推出了著名的 5-in-1 Century 夹克。灵活的夹克解决方案对 Jack Wolfskin 来说是一个巨大的成功。此后 Jack Wolfskin 与著名的登山者、专业登山者、著名运动员或冒险家紧密合作，邀请他们成为品牌大使并对产品提供宝贵反馈，以改进自己的产品功能与技术。例如，Jack Wolfskin 支持 Arved Fuchs（阿维德·富克斯）环游美洲双大陆等探险活动。喜马拉雅探险始于 Jack Wolfskin 的装备，专业登山者 Stefan Glowacz（斯特凡·格洛瓦茨）成为 Jack Wolfskin 品牌大使。

对环境负责任的态度也成为了 Jack Wolfskin 不可动摇的标准，可持续产品早在 1982 年就出现了，例如"天然衬衫"，它由 100% 纯棉制成，完全不含漂白剂或染料。公司还投资保护和环境项目，例如狼保护，Jack Wolfskin 自 1988 年以来一直积极致力于此。上世纪 90 年代末和 2000 年代初也是 Jack Wolfskin 环保倡议发展的关键时期。从 1999 年发布首批可回收 POLARTEC 抓绒系列之一到 2011 年，它制定了对供应商具有约束力的行为准则和绿皮书，并成为 Fair Wear Foundation[1] 的成员和 bluesign[2] 的合作伙伴，由于对公司的社会和环境绩效进行全面审核，该认证被广泛认为是世界上最严格的认证之一。

1　Fair Wear Foundation (FWF)：公平服装基金会（FWF）是一个欧洲多方利益相关者倡议的致力于改善服装和纺织行业工作场所条件的组织。FWF 由工会、非政府组织和商业协会管理，验证其成员公司是否在其供应链中实施 FWF 劳工实践守则。FWF 成立于 1999 年，2010 年拥有来自欧洲各地的 50 多家成员公司，并活跃于中国、印度、孟加拉国和土耳其等生产国。

2　Bluesign：bluesign（蓝标）是一个由学术界、工业界、环境保护及消费者组织代表共同订立的新世代生态环保规范，由蓝色标志科技公司于 2000 年 10 月 17 日在德国公诸于世。由这个公司授权商标的纺织品牌及产品，代表着其符合生态环保、健康、安全（Environment、Health、Safety）等标准，为消费者使用提供保障。

Jack Wolfskin 在对社会和环境负责的实践方面一直处于欧洲服装行业的领先地位。尽管 Jack Wolfskin 的成就并不完全为大众熟知，但它的二合一 Texapore Ecosphere 夹克等设计赢得了行业专业人士的赞誉，该夹克因使用首款完全由回收材料制成的天气防护服而获得 ISPO 金奖，面料来源于剩余的剪裁和再生聚酯。这样的成就确保了 Jack Wolfskin 的至高地位，即使随着时代的发展，奢侈时尚、运动服品牌和专业新人都将目光投向利润丰厚的户外市场也未能动摇。正如它在过去 40 年所做的那样，Jack Wolfskin 将持续满足消费者对持久耐用、多功能性能装备日益增长的需求，获得长足发展。

Marmot

	创 始 人	Eric Reynolds(埃里克·雷诺兹), Dave Huntley（戴夫·亨特利）	成立时间	1971 年
Marmot	发 源 地	美国		
	品牌官网	https://www.marmot.com/		

Marmot 品牌始于 1971 年的阿拉斯加冰川，在那时品牌创始人 Eric Reynolds（埃里克·雷诺兹）和 Dave Huntley（戴夫·亨特利）在阿拉斯加朱诺冰原研究冰川的时候决定创立一个 Marmot 俱乐部。当他们认识到装备的不足后，便立刻决定建立一个同名的公司。在 70 年代早期，市面上并没有什么非常好的户外装备，所以他们开始在宿舍卖自制的羽绒服、背心、睡袋等，很快推出了 Marmot Mountain Works，并把公司搬到了杜兰戈一家空荡荡的干货店。1974 年，品牌实现重大突破，Marmot 在一周内设计并生产了 108 件 Golden Mantle 派克大衣，作为即将上映的 Clint Eastwood（克林特·伊斯特伍德）电影 *The Eiger Sanction*《勇闯雷霆峰》的定制服装。此后他们开设商店，添加更多产品，然后将整个公司搬回加利福尼亚。1976 年，Marmot 成为 Gore-Tex 品牌[1]的首批客户之一，这种合

---

1 Gore-Tex 品牌：美国 W.L.Gore & Associates，Inc.（戈尔公司）旗下的面料品牌。他独家发明和生产的一种轻、薄、坚固和耐用的薄膜，具有防水、透气和防风功能，突破一般防水面料不透气的缺点，被誉为"世纪之布"，与众多著名运动品牌维持着密切合作。

作关系延续至今，Marmot和Gore-Tex品牌继续在产品上展开合作，包括新款Cerro Torre夹克。Cerro Torre夹克专为高山世界打造，采用全新3层Gore-Tex面料和GORE C-KNIT背衬技术，可提供更好的透气性和舒适性。Marmot是与Gore-Tex品牌合作关系最悠久的品牌之一。

1979年，Marmot的户外服装引入了一系列功能，例如带拉链的腋下、弹性防风裙和VELCRO袖口收紧装置。1982年，Marmot开创了业界首款女性专属款式，同时在支持全球女性运动员组织和事业方面处于领先地位。1983年，Marmot通过将创新设计与新面料相结合，减轻了产品线中每件产品的重量，并创造了"轻型包装"一词。1999年推出的Precip夹克使用了MemBrain防水技术，二十年后，其赢得的奖项仍然是品牌历史上的最多的。2005年发布了Marmot著名的Gas Bag睡袋中的第一款，其采用超轻设计。2009年，Marmot使用回收绝缘材料和PET聚酯外壳制造最早的可持续工程露营装备之一——ECoPro睡袋。2013年，Marnot使用Polartec Alpha绝缘材料和Pertex Quantum外层结合制造出了Isotherm连帽衣，并获得了ISPO金奖。2017年，Marmot与3M合作推出Featherless绝缘材料，这是花费两年时间寻找替代天然羽绒的科学测试的结晶。2018年，Marmot发布了EvODry系列———一种领先的防水技术，采用环保生产和升级再造纤维制造。2019年，WarmCube作为有史以来最保暖的保暖技术被推出，此外West Rib派克大衣也获得了ISPO金奖。

Alpinestars

	创 始 人	Sante Mazzarolo（桑特·马扎罗洛）	成立时间	1965年
alpinestars	发 源 地	意大利		
	品牌官网	https://www.alpinestars.com/		

创始人Sante Mazzarolo（桑特·马扎罗洛）是一位生活在意大利北部小镇上的皮革工匠，1963年，他以当地常年盛开的阿尔卑斯星星花[1]为来源，

---

1 阿尔卑斯星星花：即高山火绒草，又名雪绒花。由于其外观形状，故被高山区人民广泛地称为高山星花，阿尔卑斯星星花（Alpinestars）即为当地人对此品种的俗称。

开始生产第一批带有"Alpinestars"绰号的产品。当时，一项名为越野摩托车的新运动在整个欧洲盛行，Sante 非常了解这项运动，他意识到有机会运用他的才能和技术敏锐度来设计一种新型的鞋子，以满足这种美丽而残酷的运动形式的保护需求和技术要求。在公司成立后不久，Sante 开始为当地耐力赛和越野摩托车骑手开发一种新的革命性靴子，这些车手开始从海外进口自行车并建立越野摩托车比赛运动。Sante 的靴子立即成为行业领导者和赛车性能的基准。Alpinestars 在 1990 年代初开始开发赛车鞋，在 2000 年成立汽车套装部门之前的十年里，汇集了许多世界领先的一级方程式赛车手[1]。

到 1990 年代中期，第一个技术服装系列被设计并推出。1999 年，Alpinestars 开始开发高性能公路赛车皮套装。2004 年，Alpinestars 开始与本田在速降山地自行车世界杯上合作。同年在洛杉矶开设了一个致力于休闲运动服创作和开发的新部门，并开始在世界各地分销生活方式时尚渠道。2005 年，Greg Minnaar 赢得了 UCI 速降山地自行车世界杯。同时，在 2010 年 Alpinestars 开放分销其自行车系列产品之前，专业山地车服装和保护的密集开发仍在继续。

自 1963 年成立以来，Alpinestars 现已成为世界领先的专业赛车产品、摩托车安全气囊保护、高性能服装和技术鞋类制造商。Alpinestars 深知，最好的设计和研究是在极端条件下实现的，其参与一级方程式、纳斯卡、AMA 和世界越野摩托车和 MotoGP，为世界赛车的著名运动员创造了最先进的技术设备。

LOWA

	创 始 人	Lorenz Wagner（洛伦茨·瓦格纳）	成立时间	1923 年
	发源地	德国		
	品牌官网	http://www.lowa-pro.com.cn/		

LOWA 品牌的前身是一家德国村庄里的修鞋铺，1923 年，这家修

1　方程式赛车手：方程式即 Formula，意为规则与限制，由于赛车竞赛均由 FIA（Fédération Internationale de l'Automobile，国际汽车联盟）制定规则，需在不同规则下进行竞赛，因而称为方程式赛车、方程式赛车手。目前最常见的比赛为 F1 世界锦标赛。

鞋铺的老板夫妇将鞋铺继承给自己的长子Lorenz Wagner（洛伦茨·瓦格纳），他决定使用自己名字前面的两个字母来命名这个品牌，便有了LOWA的诞生。在1930年，Lorenz设立了LOWA的首家工厂，并扩大生产规模，覆盖从登山鞋、滑雪靴到运动凉鞋等各种运动鞋类。

1933年，Lorenz成为了Jetzendorf[1]的第一任市长，二战结束后的经济衰退迫使LOWA宣布破产，而Lorenz Wagner也于1953年去世。Lorenz的女儿Berti（贝尔蒂）和她的丈夫Sepp Lederer（塞普·莱德勒）通过融资贷款等方式拯救了公司，将生产注意力更多地放在滑雪靴等新兴户外运动的领域上，并开始赞助山地探险、专业登山运动员，以及线下徒步、环保公益活动，与众多户外爱好者、组织、媒体均有合作。1963年，Jim Whittaker（吉姆·惠特克）穿着一双LOWA登山靴，成为了第一位登上珠穆朗玛峰的美国人，大大拓展了LOWA的知名度；1968年，LOWA成为了德国滑雪队的官方装备赞助商；1970年，LOWA引入第一台聚氨酯注塑系统，为产品提供100%的保护——防止水分浸入，防寒保温和维持尺寸的稳定性；1972年，在其成立50周年之际，LOWA以采用气垫内靴的"Air"型号震惊了滑雪靴世界，这完全改变了滑雪靴的合脚方式。

目前LOWA品牌以户外鞋品为主，系列细分为高山、徒步、多功能户外、多功能运动、越野跑、军靴、通勤、童鞋、配件等，全球每年卖出超300万双，其中多功能户外系列的RENEGAGE逆行者、军靴系列的ZEPHYR风隼战靴等均深受中国户外消费者喜爱。2005年LOWA正式进入中国，凭借制鞋材质和德国传统制作工艺，得到国内消费者的强烈认可。在今天，除了那些在徒步领域的发烧友以外，LOWA也收获了众多新户外生活方式人群的青睐，把户外带进生活，将自然带入都市。

2023年正值LOWA品牌100周年，这100年来LOWA怀着敬畏自然的心，建立人们与自然连接的桥梁。LOWA坚持为热爱户外的朋友们提供专业可靠的装备，同时也在不断进化，缩短人们与户外的距离，让每个人在探索户外的过程中，能够更好地感受自然，挑战自我。同时，LOWA向所有人发出"回到户外"的邀请，享受没有网络，没有喧嚣，

---

1 Jetzendorf：德国巴戈利亚洲的一个市镇。

以天为被，以地为床的生活，希望每个热爱户外的朋友都能走到自然中去，回到天地中来。

NORTHLAND（诺诗兰）

	创 始 人	Gewalt Pichler（格沃特·皮克勒）	成立时间	1973年
NORTHLAND	发源地	奥地利		
	品牌官网	https://northland-pro.com/		

　　NORTHLAND由奥地利著名登山家Gewalt Pichler（格沃特·皮克勒）于1973年在奥地利创立。Pichler是奥地利登山界的元老级人物。1945年，由于父亲在二战中去世，9岁的Pichler不得不到牧场放牧以维持生计。放牧的生活，让Pichler与大自然开始亲密接触，从那时起，他就梦想成为一名登山家。15岁的Pichler骑着一辆自行车，开始了自己的登山生涯。1955年，19岁的Pichler在一家工程公司担任工程师职务，富有创造力的他发明了很多专利技术。1961年，25岁的Pichler开始了自己的全球攀岩之旅。1962—1972年，已是跨国公司CEO的Pichler仍会在有限的假期里组织自己的探险队伍，攀登世界各地最高的山峰。1973年，37岁的Pichler和他的登山队登上了南美洲第一高峰——阿空加瓜峰。同年，Pichler和他的团队向北美洲第一高峰McKinley（麦金利雪山）进军。为确保登山安全，Pichler采购了当时当地最好的装备。而面对号称世界上最冷的山峰，这些装备还远远不够，登山队穿上了Pichler和家人一起缝制的羽绒服和风雪裤，穿上自制的装备，登顶变得容易了许多，这段登顶世界上最冷的山峰——McKinley（麦金利雪山）的经历，让Pichler最终决定成立自己的户外品牌——NORTHLAND。自此，为弥补当时装备安全性和功能性的不足，Pichler放弃之前的工作，开始自己研发、生产登山装备。经过50年的积累与创新，NORTHLAND已经由专注攀岩与登山的户外品牌逐步发展为涵盖户外徒步、精致露营、山系机能的全线户外先驱，赢得了众多户外爱好者的喜爱与认可。品牌始终坚持科技创新，为爱好户外运动的消费者打造舒适的功能性产品，专利研发的EXOTHERM"户外舒适雷达"科技平台，

年份	品牌大事件
1973	专业登山品牌 Gerwalt Pichler 创于奥地利
1978	开始生产全系列的户外装备
1986	研发 EXOTHERM 户外舒适雷达科技平台，大幅提升装备的穿着舒适度
2003	中国首家专卖店盛大开业，NORTHLAND 正式登陆中国
2005	成为中国西藏登山队唯一指定专业登山装备
2006	NORTHLAND 中国区研发中心成立，开始进行设计本土化探索
2008	将北极熊作为品牌吉祥物，大力倡导濒危北极熊的保护行动。同年获得普利默斯经济学"最具潜力"奖与 EBIZE 政府奖
2009	NORTHLAND 将皮肤衣概念引入中国，打造明星系列——蝉翼皮肤衣
2013	携手陈坤发起大型心灵建设公益项目"行走的力量"
2017	打造"旅行解忧店"快闪店，推出明星专利系列
2019	与全球漫画巨头DC、中赫国安足球俱乐部两大IP达成跨界联合，打造户外新风尚；并作为户外进口品牌代表，受邀参加中国国际进口博览会"
2022	贪「徒」享乐趣系列活动举办，聚焦徒步场景，NORTHLAND 露营家活动，结合当下潮流趋势

为消费者提供多方位的保护和适宜的舒适体验。公司目前在全球37个国家拥有超过2 000家店铺，成为世界范围内众多户外运动者的首选品牌。

图7-6　潮叔与NORTHLAND（中国）CEO黄耿（中）

KOLON SPORT（可隆）

成立时间	1973年
发源地	韩国
品牌官网	https://www.kolonsport.com/

　　1973年，KOLON SPORT诞生，并首次推出登山装备。自创立起，KOLON SPORT就把绿色定为基本色调，以常青树为品牌标志，坚持以关爱自然为己任，积极探求自然界的舒适力量，并以此应用于新产品的开发与研究。40多年来，KOLON SPORT历经不断革新，成就著名专业户外品牌，致力成为户外生活的引领者，登山、钓鱼、打猎、野营、徒步……KOLON SPORT始终倡导与自然亲近的户外文化，大力发展户外休闲文化事业，从各种海外远征支援到环保活动的参与均不遗余力。

AIGLE

成立时间	1853年
发源地	法国
品牌官网	www.aigle.com

　　AIGLE源自1853年，法国知名户外休闲品牌，总部位于法国巴黎。专精于提供具有时尚设计感的功能性休闲外套、时尚胶靴，并以航海及马术活动为灵感来源，充分体现法兰西民族的户外休闲生活形态。在欧洲，有65%的户外运动者曾经购买与体验过AIGLE产品。AIGLE本身则为法文"鹰（eagle）"的意思，隐喻着俯瞰大地、自由翱翔的自然使者含义，重视在城市与户外生活之间取得平衡与和谐感，尊重人类回归自然的意愿。直至现在，每件AIGLE产品上都有一个雄鹰展翅的刺绣徽章。具有百年历史的AIGLE胶靴和功能性外套，发展至今，堪称AIGLE品牌的经典，其更是走入时尚的焦点，是法国消费者世代熟悉的选择。

OZARKGEAR（奥索卡）

	创　始　人	Hans Schallenberger（汉斯·沙伦伯格）	成立时间	1995年
	发 源 地	瑞士		
	品牌官网	http://www.ozarkgear.com.cn/		

　　OZARKGEAR作为最早进入中国市场的专业户外运动品牌，代表着最纯粹的户外精神，提倡挑战和享受户外生活的同时，始终保持着对户外运动的热忱以及和自然和谐相处的理念。户外运动爱好者、也是瑞士LIWACO集团CEO的Hans Schallenberger（汉斯·沙伦伯格）在1995年创立OZARKGEAR品牌，并立即投入对喜马拉雅探险及阿尔卑斯山攀登者的支持。今天，OZARKGEAR的足迹已遍布世界，从南纬90°的南极点到8848m的珠穆朗玛之巅，从阿巴拉契亚小径到虎跳峡线路，OZARKGEAR户外装备伴随探险家和户外爱好者的脚步经历了各种严酷环境，也见证了一个又一个激动人心、载入史册的时刻。

　　凭借着对户外运动的热爱和对优越品质的坚持，OZARKGEAR品牌将攀登探险领域的丰富积淀运用到户外产品中，设计研发的多个系列、300余种户外装备，不仅满足各种严苛环境的探险要求，也适合各类户外运动、旅行及日常需求。向极限挑战的不断追求结合对户外与自然的

图7-7　潮叔与奥索卡联合合伙人、总经理胡伟

图7-8　潮叔与奥索卡联合合伙人CEO金禄凯

理解，OZARKGEAR品牌始终保持创新，不断努力提高产品品质，开发更先进、更舒适、更加专业化的登山及户外装备，以满足户外探险家和爱好者的不断增长的需求，使更多人发现和享受户外运动的乐趣。

自创立之初起，OZARKGEAR品牌就以它出色的产品质量和可靠的专业保证为促进世界和中国户外运动及户外生活方式的持续发展不断付出努力，致力于支持包括14座8000米攀登、喜马拉雅登山学校、中国国家登山队、中国国家攀岩队、奥运火炬珠峰传递、南北极科学考察、神州航天计划、CMDI中国登山高级人才培训班、北大山鹰社、民间高海拔攀登、雪山守护计划等开创性的户外事件，使世界前沿户外运动理念融入中国户外攀登运动，持续进取。

KAILAS（凯乐石）

凯乐石于2003年在中国广州创立，创始人是钟承湛。钟承湛作为敢闯敢拼的吴商代表，善于在有限的资源下智慧经营，由此造就了低调的财富传奇。年轻时，钟承湛喜欢穿梭于城市和乡村之间，在上世纪90年代旧货市场当中，他淘到了越洋"垃圾"——一个户外登山包，这挖掘出他对于户外的热爱，同时萌发了他做户外品牌的初心。

凯乐石的品牌名称源自中国西藏冈仁波齐（Kailash），是全球三大全系攀登品牌之一，致力于推动攀登及探险运动的发展。凯乐石专注于科技材料的开发及专业功能设计，产品线覆盖登山、攀岩、攀冰、徒步、越野跑山等多项户外运动。

凯乐石的品牌标语是"只为攀登"，这也是44岁创始人钟承湛先生的人生写照。他一生希望攀越两座高山：一座是极限运动的高山，这一点在他2013年遭遇重大的滑雪事故导致下肢瘫痪后也未曾改变，他使用定制的滑雪设备，成为了中国坐式滑雪第一人；另一座则是商业成就的高山，他希望凯乐石能够站在世界户外品牌的第一梯队，与国际品牌掰手腕。

在凯乐石成立的21年里，品牌专注于生产专业的户外产品，从硬壳冲锋衣到越野跑鞋，凯乐石成为了中国规模最大的户外品牌之一。同时它也是国内坚持性价比与专业性的户外品牌，一位具有23年户外从业经历的运动员称，凯乐石的专业技术经得起跟任何一个海外品牌对比。

图7-9　凯乐石登山运动鞋

图7-10　潮叔与创始人钟承湛（右二）、品牌
总监孙娜（右一）在天猫潮流情报局做直播

目前，凯乐石也面临着很多挑战，中国户外品牌想要进入世界第一梯队，技术和专业只是基础，由此，凯乐石也提出了一个实用、普世且极具引领感的品牌主张："提升运动员成绩"。

TOREAD（探路者）

1999年，探路者由盛发强和王静创立，2009年成为首批登陆中国创业板的企业。公司本着"做令国人自豪的中国户外品牌"的愿景，通过持续创新引领行业发展，成为中国户外用品市场的领导者，被誉为"中国第一户外品牌"。

探路者自成立以来一直严格把控产品品质，建立有效的质量标准体系，参与起草国家标准和行业标准26项。国内的冲锋衣、皮肤衣、户外登山鞋和滑雪服标准，都由探路者主笔或联合修订。品牌成立25年以来，获得不计其数的国际和国内重要奖项，曾连续10年斩获共计84项ISPO全球大奖。

2007年，探路者被认定为"中国驰名商标"；2008年成为"北京奥运会特许供应商"；2009年签约成为"中国南（北）极考察队选用产品"，并连续10余年为中国科考事业保驾护航；2016年起助力中国航天事业，为中国航天员开发定制舱内服装；2019年，与中国西藏登山队、中国西藏登山学校达成战略合作，助力推动中国登山事业和户外运动的长足发展；2020年，探路者全程助力珠峰高程测量圆满成功。2021年起，探路者十多类舱内服装和装备为"神十二"至"神十八"航天员遨游太空保驾护航；

图7-11　潮叔与探路者户外CEO陈旭

图7-12　探路者品牌疾行套绒冲锋衣

2021年，北京芯能成为探路者控股子公司，北京芯能是专注显示领域的模拟芯片设计公司；2023年，探路者收购海外高端触控芯片公司G2 Touch。芯片业务与户外用品业务协同发展，两块业务分别由独立团队进行管理运营，并由总部进行资源统筹及协同。

　　探路者在"探索、担当、协同、诚信、学习"的文化内核的引领下，对内建立优秀的员工行为准则，对外将此理念延伸到同合作伙伴及社会关系的处理中，将生态环境保护和社会公益责任作为企业文化的重要组成部分，"可可西里保护区公益捐助""保护藏羚羊""珠峰垃圾清理""阿拉善环保公益""抗震救灾"等都留下探路者积极履行企业社会责任的身影。

　　探路者代表了人类的无限想象力和勇敢探索的可能性，该品牌将继续深度挖掘户外运动市场的发展空间，持续提升公司运营管理能力，不断推出专业、科技、时尚的户外运动鞋服及装备用品。

SCALER（思凯乐）

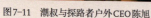

	创 始 人	曾花	成立时间	2003年
	发 源 地	中国北京		
	品牌官网	http://www.scaler.com.cn		

思凯乐创立于2003年，是北京2022冬奥会和冬季残奥会特许生产商，中国户外行业的优秀代表，致力于推动户外徒步运动和户外生活方式的发展与普及。其产品线涵盖徒步、露营、跑步、商旅等多种户外场景系列，产品荣获多项技术专利和行业装备大奖，更突破性地开创多个户外装备行业标准。思凯乐为渴望回归自然、寻求适度挑战和全新户外生活体验的都市人群提供全方位的装备解决方案，助力更多的户外爱好者不断拓展人生边界，乐享户外美好生活。

曾花，思凯乐户外品牌创始人，中国户外运动行业年度人物；CCTV《赢在中国》第三赛季亚军获得者，天津卫视《非你莫属》BOSS团成员。

她曾成功登顶过乞力马扎罗与珠峰，徒步过尼泊尔，带领企业参与和赞助商学院戈壁挑战赛、"善行者"公益徒步等大型活动，并成立"花花世界""徒步原乡"户外俱乐部，曾花身体力行带领越来越多的达人、企业家、明星体验户外，爱上户外，是户外行业的推动者和精英户外领导者。

图7-15　潮叔与思凯乐创始人曾花

图7-16　潮叔给思凯乐团队做内训

第八章 世界著名骑行品牌

CHRONICLES
OF STREETWEAR
BRANDS

CASATI

创 始 人	Pietro Casati（彼得罗·卡萨蒂）	成立时间	1920年
发源地	意大利		
品牌官网	https://www.ciclicasati.it/		

　　CASATI于1913年由伦巴第巡回赛冠军Pietro Casati（彼得罗·卡萨蒂）创立，其创立至今都留在家族中，现在由彼得罗的孙子马西莫和卢卡经营。1991年和1992年世界公路赛冠军Gianni Bugno（詹尼·布格诺）的职业生涯始于定制的CASATI车座，手工制作不仅仅是一个时髦的流行语，而是CASATI推行的一种生活方式。他们目前主要生产复古钢框架和碳纤维框架两种车。

　　在CASATI的产品中，不同的风格或材料总是相互混合产生独特的风格。CASATI复古镜框的制作方式与1970年代或1980年代完全相同。钢管车未能赶上轻量化、低风阻、粗犷外型的单车潮流，钢管退出竞速赛道；但资深的玩家从不减少对古典车的热爱，爱它简单的线条，爱它完美的作工，爱它特有的骑乘特性。CASATI是有故事、有灵魂的单车，每一部CASATI都不只是冰冷冷的金属，而是注入感情的心血结晶。

　　CASATI是将变速、刹车管线内隐到管材的先锋，更是隐藏式座管束的创新者，在传统工艺中永远保持创新科技的动力，INOX T99就是如此的代表作，使用纯度99.9%的氩气来做低温焊接，达到近乎苛求的整体质感。Marte碳纤维公路车，大胆地在上管进行镂空，看似虚空而事实上却提升强度，下叉及细节之处辅以肌肉线条，像米开朗琪罗般将车架雕刻得像艺术品，采用T800高模系数材质，辅以纳米科技制程，锥形头管，重量约1060克，可针对电子套件进行客制化。CASATI始终走在造车工艺尖端，永远追求更卓越的造车工艺，均衡诠释古典与科技。

CERVELO

cervélo	创 始 人	Phil White（菲尔·怀特），Gérard Vroomen（杰拉尔·弗鲁门）	成立时间	1995年
	发 源 地	意大利		
	品牌官网	https://www.cervelo.com/en-US		

CERVELO于1995年在蒙特利尔成立。两位工程师Phil White（菲尔·怀特）和Gérard Vroomen（杰拉尔·弗鲁门）被一位意大利职业自行车手找到，要求他们设计出最快的计时赛自行车。两人欣然同意并从头开始设计他们的新自行车。他们的设计目标是在不牺牲重量或刚度的情况下打造具有无与伦比的空气动力学性能的车架。最终，一款全新的计时赛自行车问世，挑战了传统的自行车设计。对于这位骑手来说，这仅仅是一次尝试，但新自行车引起了人们极大的兴趣。

不久之后，Phil White和Gérard Vroomen创办了自己的自行车公司。CERVELO这个名字是意大利语"cervello"和法语单词"vélo"的缩写。Cervélo于1996年推出了首批量产车型。在两年内，它的自行车赢得了铁人三项、德国和加拿大的计时赛，参加了铁人三项和公路世界锦标赛，并在亚特兰大奥运会的计时赛上取得了优异成绩。

Colnago（梅花）

COLNAGO	创 始 人	Ernesto Colnago（埃内斯托·科尔纳戈）	成立时间	1954年
	发 源 地	意大利		
	品牌官网	https://www.colnago.com/		

Colnago是成立于1954年的意大利品牌，该公司最初以制造赛车用钢制车架而闻名，其高性能和高端精加工的工艺使其初获成就，随后由于在艺术上（车架是用喷枪手绘的）和技术上（使用创新材料和尖端技术）的双重创造力闻名于世。

1954年，Ernesto Colnago（埃内斯托·科尔纳戈）在米兰的自行车工厂担任焊工后，在家中开设了自己的自行车机械厂。凭借他学习到的对好车的认识经验发展出自己的品牌。不久后，几乎当地所有自行车选手都认识了他，在他的机械厂修理自己的爱车。其中的意大利选手 Fiorenzo Magni，还请他担任环意大利自行车赛的机械工。从这个时候开始，Colnago 与职业选手便维持密切的合作关系。Colnago 所接触的职业选手包括各个时代最优秀的车手，例如意大利的 Magni 与 Nencini、比利时的 Merckx 与 Maertens。1972 年，Merckx 骑着 Colnago 场地自行车在墨西哥城打破 UCI 一小时纪录。1982 年，Colnago 加入了 Del Tongo 家族的项目，创建了自己的团队，Giuseppe Saronni（朱塞佩·萨罗尼）以 Colnago 的新车型赢得了古德伍德世界锦标赛公路赛冠军。1995 年 Franco Ballerini（佛朗哥·巴列里尼）骑着 Colnago C40 夺得冠军。在 2000 年代，Colnago 装备了荷兰合作银行多个队伍并取得非常优秀的成绩。2012 年，Colnago 率先推出了配备盘式制动器的 C59，全液压并与机械和电子组兼容，受到广泛的欢迎，它们现在不仅在专业车队中，而且在公众中也被广泛使用。

Nicolai

	创 始 人	Kalle Nicolai（卡勒·尼古拉）	成立时间	1996 年
NICOLAI BICYCLES	发 源 地	德国		
	品牌官网	https://en.nicolai-bicycles.com/		

Nicolai 山地自行车创始人 Kalle Nicolai（卡勒·尼古拉）被誉为当今世界最具才华的自行车设计师，拥有多项专利，他十几年前的许多设计至今仍被各大自行车品牌所采用。1985 年，17 岁的 Kalle Nicolai 为自己设计并制造了第一台越野机车；1991 年，他加入了世界著名的交通工具设计公司 AMP Research，至此，Kalle Nicolai 开始了自行车设计生涯。

1995 年，因厌倦了美国企业实行的外包代工、低成本、量产化的规模经济模式，Kalle Nicolai 回到了家乡（德国），创立了以自己名字为品牌的越野自行车公司"NICOLAI GmbH"。此后，他以自己的天赋结合一丝不苟的德国制造精神，坚持选用高品质以及高科技材质，并且完美加工，再配合无懈可击的设计才华，坚持手工制的精神和对产品严格苛刻的要求，建立了世界第一的精品级自行车品牌，也制造出了被公认为世界最著名、最高品质的自行车。

由于一直坚持手工制造，使用高科技材质，同时要求完美的加工及非常严厉的品管，所以品牌创立至今，产品出量极少，非常稀有。但这是 Kalle Nicolai 的坚持，即为了一直保持 Nicolai 产品的优秀品质，而舍弃了提高产能的经济模式，同时也牺牲了高收益。在品质加工以及材料使用上没有任何的妥协，Kalle Nicolai 坚持一定要将完美的产品交到爱好者的手中。一般来说，品牌都会赞助赛事或车队，让自己的产品增加曝光度来促进销售，而 Nicolai 从来不赞助任何车队与赛事，仅用品质来做产品的保证。

Serk

	创 始 人	赵礼曼，Shannon Bufton（香农·巴夫顿）	成立时间	2009 年
	发 源 地	中国		
	品牌官网	https://www.serk.cc/		

Serk 是一家总部位于中国北京的自行车公司，创始人是一对跨国夫妻——赵礼曼与 Shannon Bufton（香农·巴夫顿）。Serk 是中国自行车界的先驱，自 2009 年以来一直在中国各地发展新的自行车文化和活动。Serk 是中国第一个自行车倡导组织和城市研究单位 Smarter Than Car（www.smarterthancar.com）的创始合伙人。从 2012 年到 2014 年，Serk 共同组织了北京 Vintage Ride，该骑行在 2013 年维也纳 Velocity 会议上被授予自行车梦想家奖。Serk 是 UCI 北京巡回赛的媒体顾问，并为众多 UCI Pro 车队提供了有关中国自行车的战略建议。自 2014 年以来，Serk 一直在亚洲各地开展开创性的边境自行车旅行，这些旅行已在 Cyclingtips 和自行车杂志上发表。2017 年，Serk 推出了自己独特的钛合金冒险和公路自行车系列，自豪地在北京设计和制造。

Specialized（闪电）

创 始 人	Mike Sinyard（迈克·辛亚德）	成立时间	1974年
发 源 地	美国		
品牌官网	https://www.specialized.com/us/		

SPECIALIZED

　　Specialized 由自行车爱好者Mike Sinyard（迈克·辛亚德）于1974年创立，他以1500美元的价格出售了他的大众巴士，以资助欧洲自行车之旅，在那里他购买了Cinelli[1]制造的车把手带回美国。1981年，Specialized 改变了世界骑行的方式。Specialized出售的被称为"StumpJumper"的自行车，通过将自行车从铺砌的道路移动到不平坦的户外，彻底改变了自行车运动。这辆自行车是Sinyard童年时骑过的耐用自行车和青春期轻量级10速的混合体。1982年，公司搬出了圣何塞的仓库，搬到了更大的空间。1983年，Specialed开辟了新的道路，创建了世界上第一支山地自行车赛车队。Specialized的团队取得了巨大的成功，团队成员和队长经常在Specialized产品的比赛中获胜。Specialized的专业自行车手在向公众出售之前会测试乘坐该公司的设备。该公司在测试后一年内发布经过专业测试的产品的记录对他们有利，因为客户渴望并欣赏使用技术最先进的产品的机会。1989年，Specialized再次开辟了其他自行车公司不敢冒险的赛道。在与圣地亚哥铝制造商Duralcan Corp.的交易中，Specialized订购了5 000个金属基复合材料自行车车圈。Sinyard指出，新的车圈是"行业的重大突破"。

　　Specialized的许多竞争对手已经开始在体育用品连锁店销售低端山地自行车。Specialized看到了提高销售的潜力，并于1995年宣布，他们也将开始向体育用品商店和折扣零售商销售自行车，但他们将以Full Force品牌为名销售自行车。

1　Cinelli：意大利著名户外骑行公司，主要制造自行车零配件。

Stelbel

	创始人	Stelio Belletti（斯泰利奥·贝莱蒂），Antenore Belletti（安特诺·贝莱蒂）	成立时间	1973年
Stelbel	发源地	意大利		
	品牌官网	https://stelbel.it/		

在第二次世界大战后，Stelio Belletti（斯泰利奥·贝莱蒂）和他的父亲Antenore Belletti（安特诺·贝莱蒂）一起在米兰Ortica区的Giovanni Antonio Amadeo大道开了自己的工作室，Stelio Belletti作为制造摩托车车架和飞机机身焊工的经验促使他开始尝试生产自行车车架，将钢管与TIG焊接相结合，这在当时是自行车行业的一项新技术。在父亲和他所取得的成果的鼓励下，他在1973年春天决定创立Stelbel品牌，使他能够将赛车车架的生产与民用车间进行区分。1975年，Stelbel获得专利，被称为"Integrale"模型。1970年代末，受到车架的积极市场反馈，Stelio Belletti完全放弃了所有其他业务，开始专注于制造赛车车架。在1970年代后期，Stelbel框架不断发展，在技术和美学方面都变得越来越精致和复杂。在1980年代，随着对Stelbel产品需求的持续增长，Stelbel开始专注于制造具有空气动力学解决方案且美观的计时赛框架。1980年代末，Stelbel车架的发展有增无减。直到1990年，在意大利生产铝制车架和第一批山地自行车。那一年，由于私人问题，Stelio Belletti被迫在几乎没有通知的情况下关门。

2013年9月，由于Cicli Corsa和Stelio Belletti之间的合作，新的Stelbel框架系列被重新生产。

Trek Bike

	创始人	Dick Burke（迪克·伯克）和Bevil Hogg（贝维尔·霍格）	成立时间	1975年
TREK				

1975年12月，Dick Burke（迪克·伯克）和Bevil Hogg（贝维尔·霍格）成立了Trek Bike。1976年初，Trek以5名员工开始制造钢制旅行车

架，目标是以日本和意大利制造车型为主的中高端市场。Trek在第一年就制造了近900套定制的手工钎焊框架，每套售价不到200美元。1977年，明尼苏达州的Penn Cycle[1]成为世界上第一家Trek零售商。三年后，Trek的销售额接近2 000 000美元。由于没有额外的制造能力，Trek的销售在1970年代后期停滞不前。Trek于1980年在滑铁卢郊区新建了一座全新的公司总部。

1985年，Trek借鉴了航空航天业的技术，推出了第一款粘合铝制自行车车架2000。1989年是Trek的关键一年，公司推出了首款模压碳纤维车架Trek5000。1990年，Trek开发了一款新型自行车，将山地自行车的舒适性与公路自行车的快速骑行相结合，开辟了第一款混合动力自行车系列。同年，Trek还推出了第一批儿童自行车。1993年，Trek推出了首款OCLV Carbon山地自行车车架9800和9900，是世界上最轻的量产山地自行车车架。1993年，Trek收购了Gary Fisher Mountain Bikes，该公司以山地自行车的发明者之一、越野自行车中最受欢迎的品牌之一Gary Fishe的名字命名。Gary Fishe于1983年创立了Gary Fisher Mountain Bikes，并于1991年将他的公司出售给台湾的Anlen公司，并继续担任总裁。此次收购强强联合，增强了Trek在全世界的影响力。1998年，Trek成立了先进概念小组（ACG），由致力于技术开发的工程师和技术人员组成。

为了满足女性自行车手的独特需求，Trek于2000年推出了女性专用设计（WSD）自行车和配件。为了扩展到一个新的细分市场，Trek于2002年12月推出了Trek Travel，这是一家在欧洲和北美提供豪华自行车度假的提供商。Trek Travel作为Trek Bike的全资子公司运营，直到2007年1月，Trek与Trek Travel分离。尽管分道扬镳，Trek和Trek Travel仍享有密切的工作关系。2003年，Trek收购了瑞士自行车公司Villiger和德国历史最悠久的自行车公司Diamant。此次收购使Trek在休闲自行车市场站稳了脚跟，这是欧洲的一个重要细分市场。2005年，Trek继续全球扩张，在北京开设了两家门店，并与20家中国分销商签订了协议，从而向中国市场扩张。

2014年1月6日，Trek宣布收购Electra自行车公司。从2014赛季开

---

1 Penn Cycle：零售商店名称。

始，Trek成为专业巡回赛自行车队Trek Factory Racing的主要赞助商，延续了Team RadioShack的自行车赞助和Team Leopard-Trek的共同赞助。2021年，Trek宣布发布其专业级Madone。

GIANT（捷安特）

	创始人	刘金标	成立时间	1981年
▽ GIANT	发源地	中国台湾省		
	品牌官网	https://www.giant.com.cn/		

　　捷安特，全称台湾巨大机械工业股份有限公司，是全球自行车生产及行销最具规模的中国公司之一，其网络横跨五大洲，五十余个国家，公司遍布中国大陆、美国、英国、德国、法国、日本、加拿大、荷兰等地，掌握着超过1万个销售通路。

　　1972年，在时局动荡之中，刘金标与几个朋友凑出400万新台币成立巨大机械。1973年，台湾自行车因品质低劣，爆发了美国市场集体拒收事件。机遇与风险并存，刘金标抓住机会专门到日本取经，带回一本《日本工业标准》（JIS）的"红宝书"，并跑遍全台湾，挨家挨户游说两三百家工厂一起统一行业标准。四年后，全台湾自行车业界最终采纳了刘金标倡议的生产标准（CNS）。而作为行业标准的牵头制定者，巨大机械在台湾也算是站稳了脚跟。

　　创立捷安特这一品牌的原因来自当时巨大机械极不平衡的工作内容——75%的业务来自美国施文，90%的业务是代工。没有定价权，利润率受制于人，需要不断抢单。巨大机械顶着和美国公司竞争的压力，破釜沉舟，以捷安特之名在荷兰建立销售公司拓展欧洲业务，1986年终于达到了欧洲自行车标准，并实现盈利。随后捷安特的经营结构发生改变——代工制造从90%降为30%，自主品牌则占据了70%的比例。随着不断的经营，捷安特又杀进日本和澳大利亚市场，并在欧美跻身前三甲。1992年，捷安特（中国）有限公司于江苏省昆山市经济技术开发区成立，并以其执着之心，创造着中国自行车文化的新纪元。紧随西部大开发的战略和机遇，巨大机械于2003年12月28日决定在成都龙泉经济技术开发区设立捷安特（成都）有限公司，项目投资一千两百万美元，占地135亩。

在产品设计上，1985年，GIANT制造出碳纤维车架CADEX 980 C。碳纤维自行车在当时被认为是不可能的任务，捷安特巧妙地使用了类似于早期焊接技术不成熟、为了保证金属车架强度而使用的Lug套管技术，即碳纤维管材＋金属连接件的方式，打造出了捷安特第一台碳纤维自行车。1987年，捷安特实现了碳纤维自行车的量产。1997年，捷安特开始赞助环法赛场，凭借着优异的产品与亮眼的成绩，在著名自行车赛事舞台证明了自己。捷安特作为西班牙劲旅ONCE的赞助商，第一次登上国际著名职业赛场。

捷安特以"全球经营，当地深根；全球品牌，当地经营"的行销哲学与自我创意和人性科技，使品牌成为国际时尚与尖端科技的代名词。品牌始终创造与生产最佳综合价值的产品及服务，来满足全球消费者的需求。捷安特确信自行车在休闲、娱乐与运动领域里具有多元化的发展空间，同时，它也将是我们明天生活最不可或缺的伙伴。

BMX自行车品牌

●

Sunday Bikes

	创 始 人	Jim Cielencki（吉姆·切伦基）	成立时间	2005年
	发 源 地	美国		
	品牌官网	https://sundaybikes.com/		

Sunday Bikes是一家知名的BMX（自行车越野赛）品牌，专门生产和设计高质量的 BMX 自行车和零部件。Sunday Bikes 成立于2005年，总部位于美国俄亥俄州克利夫兰。品牌成立之初的主要目标是创造出解决1980年代以来骑手所面临的产品可靠性问题。2005年时的自行车车架与20世纪80年代相比并没有很大变化，仍然存在 "weight verses strength"[1] 问题，这些问题限制了骑手20多年来的发展。一辆自行车 "结实"，但重如船锚；反之自行车 "轻"，但只能持续使用一两个月。最糟糕的是，在这两种情况下，车架管仍会弯曲或夹住，上下管仍会凹陷，头管仍会意外地弹出，后部三角形仍会扭曲。 由此，Sunday Bikes 应运而生，致力于研发自行车技术，通过hollow dropouts（一种中空管部结构技术）、Wave tubing（波形管）、41-Thermal® heat-treating（一种热处理技术）等工艺细节与创新方法，Sunday Bikes 很快便以突破性的技术创新和现代框架设计而闻名。Sunday Bikes 提供各种不同类型的 BMX 自行车，包括街头、公园和竞技场等各种款式，他们的自行车都经过精心设计，以满足不同骑手的需求。

Sunday Bikes通过与骑手合作，建立了一个最有才华、最有创意的团队。一方面，Sunday Bikes的骑手通过从街头到骑行公园、技术园区到游泳池等不同场地的骑行实践，为品牌技术革新提供了充分的数据支持；另一方面，骑手队伍也是品牌价值观的表现与宣扬。许多骑手都会模仿OG或ICON的骑行技巧，但与当时的潮流趋势不同，Sunday Bikes 的每个人都是有自己的技巧、兴趣、想法和独特的价值观的个体，

---

1 "weight verses strength"：意为重量与强度的对比。

这种个性与品牌设计产品的思路不谋而合。Sunday Bikes支持骑手根据个人喜好与使用习惯定制产品，并提供各种BMX零部件和配件，包括轮圈、脚踏、把手、座椅等。骑手团队与品牌设计团队强强联合，最终塑造了由质量与创意脱颖而出的Sunday Bikes。

Fit Bike

	创 始 人	S&M Bikes	成立时间	1999年
FIT BIKECO.	发 源 地	美国		
	品牌官网	https://fitbikeco.com/		

Fit Bike（Fitbike Company）是一家著名的BMX品牌。Fit Bike于1999年底由美国S&M自行车公司创立。第一款适合的产品是美国制造的，是2000年推出的SERIES ONE frame（产品名，意为系列一车架）。同年Fitbikeco组建自己的小轮车队伍，包括Brian Foster（布赖恩·福斯特）、Mike Aitken（迈克·艾特肯）、Jason Enns（杰森·恩斯）与John Van Homa（约翰·范·霍曼）等，这几名骑手至今仍属于Fit Bike Co.。自成立之日起，Fit品牌就与S&M Bikes共同拥有和运营，并继续在世界各地提供全系列的零件和配件以及进口整车，也被称为FBC、F-it和Fit自行车公司。Fitbikeco生产多种不同类型的BMX自行车，包括街头、公园、竞技场等不同风格，以满足各种BMX骑手的需求。它们的自行车通常具有坚固的构造，适用于各种BMX骑行环境。Fitbikeco赞助了一些著名的BMX专业骑手，这些骑手代表该品牌参加比赛和活动，同时也对产品进行测试和改进，以确保其质量和性能。

Subrosa

	创 始 人	Ryan Sher（瑞安·谢尔），Ron Bonner（罗恩·邦纳）	成立时间	2006年
SUBROSA	发 源 地	美国		
	品牌官网	https://subrosabrand.com/		

Subrosa成立于2006年，总部位于美国佛罗里达州奥兰多。品牌全名为Subrosa-suhb roh-zuh，意为玫瑰之下。对此Ryan Sher（瑞安·谢尔）解释为，历史上的玫瑰始终象征着神秘与情谊，无论在玫瑰之下说什么，都是隐秘的、神圣的。正如我们的前辈偶像始终走在我们的团队和追随者之前一般（品牌也正是这样在玫瑰——前辈的指引下，追随着偶像的脚步成长发展）。Ryan Sher本身是一个职业滑手，Ron Bonner则创立过UGP和The Shadow Conspiracy等BMX品牌。Subrosa的成立依托于这两位挚友一次在加利福尼亚旅行的经历，Ron与Ryan Sher在旅行闲谈的过程中敲定了Subrosa的初步目标是创造价格合理、可靠且注重细节的完整自行车和产品，使每件作品都高品质且难以被其他品牌复制，同时将Subrosa品牌作为向世界传播BMX生活方式和态度的一种方式。

多年来，Subrosa提供多种类型的BMX自行车，包括街头、公园、竞技场等各种风格。他们的自行车通常具有创新的设计和坚固的构造，以满足不同骑手的需求。该品牌积极支持专业BMX骑手，并与一些知名的BMX骑手建立了合作关系。这些骑手不仅代表品牌参加比赛，还帮助测试和改进产品。Subrosa BMX重视自行车的设计，采用了先进的技术和材料，以确保其产品具有卓越的性能和耐久性。除了自行车，Subrosa也提供各种BMX零部件和配件，如把手、座椅、轮圈等，以满足骑手的个性化需求，扩展BMX在世界范围内的影响力。Subrosa始终为BMX带来积极的推广力量，依托于互联网的发展，众多Subrosa的使用者与忠实追随者通过Instagram标签"shoutoutmysubrosa"和"subrosastreetrail"展示他们的个人自行车和骑行视频。由此，拓展Subrosa品牌与使用者之间的对话空间的同时，也进一步以Subrosa的方式推广BMX文化。

WeThePeople

	创始人	Ralph M.Rudolf（拉尔夫·鲁道夫）	成立时间	1996年
W·T·P BIKE·CO	发源地	德国柏林		
	品牌官网	https://www.wethepeoplebmx.de/		

177

WeThePeople 成立于1996年，总部位于德国柏林。该品牌一直致力于生产高质量的BMX自行车和配件，并在全球范围内享有盛誉。WeThePeople 提供多种不同类型的 BMX 自行车，包括街头、公园、竞技场、以及跳台BMX自行车等不同风格。他们的自行车通常具有先进的设计和坚固的构造，以满足各种 BMX 骑手的需求和偏好。该品牌赞助了一些知名的BMX专业骑手，这些骑手代表 WeThePeople 参加国际比赛和赛事，并帮助测试和改进产品。WeThePeople BMX 重视自行车的设计和性能，采用了创新的技术和材料，以确保其产品具有卓越的操控性和耐用性。除了自行车，WeThePeople 也提供各种 BMX 零部件和配件，如把手、座椅、轮圈等，以帮助骑手进行自定义和升级。总体来说，WeThePeople 是一个备受 BMX 骑手和社区认可的品牌，他们以高品质的自行车和配件而闻名，不仅支持专业骑手，还积极参与推动BMX的骑行文化。如果你对BMX自行车和骑行感兴趣，可以考虑了解更多关于 WeThePeople 的产品和活动。

Kink Bikes

	创 始 人	Aaron Zack Phillips（亚伦·扎克·菲利普斯）	成立时间	1993年
	发 源 地	美国		
	品牌官网	https://kinkbmx.com/		

Kink Bikes 成立于1993年，始终致力于BMX自行车的生产和推广。Aaron Zack Phillips（亚伦·扎克·菲利普斯）在自己使用BMX自行车时发现不便：自行车车轴几乎每天都会掉落或折断需要更换。但1993年的美国只有为数不多的几家自行车公司，且这些以S&M Bikes、Standard为代表的大公司几乎都只生产车架而不负责其他零配件。由此，Aaron Zack Phillips发现商机，并开始在自己骑行、参与BMX比赛之时推荐自己与机械工厂合作生产的零配件轴承。同年，Aaron Zack Phillips 与 Ride（骑行）杂志的出版商 Brad McDonald（布拉德·麦克唐纳德）商讨合作进行商业拍摄以推广自己的产品之时，被 Brad McDonald 提醒品牌缺少一个正式的名字。出于想要品牌名称是单音节词、简单好记、可

符号化的想法，Kink Bikes一名正式成为品牌名称。

Kink Bikes生产的原装挂钩卖得很好，1994年，知名BMX骑手Nate Hansen（内特·汉森）也成为品牌的忠实用户，加入Kink Bikesd的骑行队伍。出于使BMX自行车可以在平地和街道无缝衔接骑行的畅想，品牌研发了每个重约6磅的"El Guapo"火箭筒[1]。"El Guapo"火箭筒的出现在一定程度上改善了原本需要根据骑行场地差别更换轴承的状况，然而火箭筒并非BMX的必备配置，因而未能收获很好的业绩。1998年，品牌发行The Empire车架。这款车架由来自Kink Bikes的骑手Zach设计，纽约的Spooky Cycles制造，是当时的最强车架之一，经过了诸多骑手的使用考验。2002年，品牌发行了第一部完整的骑行影片*WASTED DAYS*。2007年，Kink Bikes独立生产出第一辆完整的自行车。

多年来，Kink Bikes积极支持BMX文化，并赞助了众多职业BMX骑手和比赛。Kink Bikes的产品范围涵盖各个价位和技术水平。无论是新手还是经验丰富的骑手，都可以找到适合其需求的自行车和零部件。Kink Bikes在社交媒体上活跃，定期发布BMX骑行视频和相关内容，以展示他们的产品和骑手的技能。作为一家领先的BMX自行车品牌，Kink Bikes不断进行研发和创新，以提供更轻、更强、更先进的产品，以满足骑手对性能和耐久性的要求。

Cult Crew

	创 始 人	Robie Morales（罗比·莫拉莱斯）	成立时间	2010年
FULT	发源地	美国加利福尼亚州		
	品牌官网	https://cultcrew.com/		

Cult Crew成立于2010年，总部位于美国加利福尼亚州。该品牌由一群充满激情的BMX骑手创立，他们致力于推动BMX文化，并提供高性能的产品。Cult Crew生产各种类型的BMX自行车和零部件，包括街

---

1 "El Guapo"火箭筒：El Guapo为产品系列名称，无实意。火箭筒为BM自行车部件名称，对应英文pegs。一个火箭筒由四根金属管组成，主要作用为在小轮车进行花式动作时进行辅助。

头、半管、平地和大跳台骑行所需的各种设备。他们的产品注重耐用性和性能，适合职业骑手和骑手社区的需求。Cult Crew拥有一支强大的团队骑手，他们代表着品牌，并在比赛、影片制作和全球BMX社区中发挥重要作用。这些骑手经常发布BMX视频和照片，展示他们的技巧和Cult Crew的产品。Cult Crew积极支持BMX文化，并参与各种活动、比赛和聚会，以促进BMX运动的发展。他们还在社交媒体上分享与BMX有关的内容，与骑手社区保持联系。与其他BMX品牌一样，Cult Crew不断进行产品研发和创新，以满足不同骑手的需求，并推动BMX技术的进步。Cult Crew以其对BMX文化的贡献以及出色的产品而闻名，是许多BMX骑手的选择之一。

Colony BMX

	创 始 人	Clint Millar	成立时间	2005年
COLONY	发 源 地	澳大利亚		
	品牌官网	http://colonybmx.com.au/		

Colony BMX成立于2005年，总部位于澳大利亚。该品牌由Clint Millar创立，他是一名具有多年BMX骑手经验的人士，致力于设计和制造高性能BMX自行车和零部件。Colony BMX生产各种类型的BMX自行车，包括街头、半管、平地和大跳台骑行所需的各种款式和规格。他们还提供各种BMX零部件，如车架、叉子、把手、踏板和轮毂，以供骑手根据个人需求进行自定义组装。Colony BMX拥有一支强大的团队骑手，他们代表品牌参加比赛、演示和影片制作。这些骑手是BMX界的著名选手，他们的表现有助于推广Colony BMX的产品。与其他BMX品牌一样，Colony BMX注重产品的创新和设计，以提供轻量化、耐用和高性能的自行车和零部件。Colony BMX的产品在全球范围内受到欢迎，该品牌在国际BMX社区中有着坚实的声誉。

RE 而意

「RE而意」品牌由日本建筑设计师菅根史郎创立于2017年，品牌持有公司是全球领先和创新的自行车生产制造和零售商，目前在中国已开设12家直营集合店铺，代理销售来自全球的高端自行车、周边装备、户外时尚品牌服饰，提供自行车生活全产业链的基础服务支持，自有品牌CICLORE 产品阵线覆盖了高端自行车、配件及自行车服饰。

「RE而意」中的"RE"源于recycle、research、recreation、revolution的词根，意指可以不断发现并能循环再利用。公司以"自行车推动可持续发展环保社会"为品牌理念，积极推动城市低碳出行的自行车基础配套设施建设。公司旗下板块包括：自行车集合店（RE BASE）；自行车驿站（RE Station）；自行车厨房（RE-CYCLE KITCHEN）；REMAP（自行车城市出行指南纸质刊物）；RECC骑行俱乐部。

图8-1　联合创始人罗园

图8-2　「RE而意」店铺陈列

第九章 世界著名潮牌

CHRONICLES
OF STREETWEAR
BRANDS

欧美潮牌

●

以品牌成立时间为参考，欧美潮牌大致可分为两类。一类是在20世纪20年代异军突起的品牌，如Adidas、Champion、Carhartt、Dickies等。这类品牌百余年间专注于研究运动需求与运动装备升级，不断与时俱进，至今仍然活跃在大众视野之中。另一类是20世纪80年代后期，以Stussy为代表的品牌，受街头文化、极限运动与嘻哈文化等影响而诞生的潮牌。Stussy率先领悟到由冲浪热潮带来的人们对时尚潮流服饰的需求，创立品牌并环游世界，宣传文化的同时直接促进了Supreme、Undefeated、HUF等潮牌的诞生。Supreme则为往后的街头潮牌提供了一种品牌联名"梦幻联动"的推陈出新模式，至今仍然卓有成效。The Hundreds、Thrasher一类则受到时代影响，敏锐地感知到信息传播的力量，经营潮牌的同时创办网站或杂志，以借助多样化的传播媒介促进时尚潮流发展。进入21世纪，以Mishka NYC、RIPNDIP为代表的品牌萌发IP意识，设计风格各异的IP形象成为品牌的热销点。至2018年，Off-White设计师Virgil Abloh被任命为路易威登男装成衣系列创意总监，打破了街头文化与奢侈品的边界，将街头潮牌的热度带至新高点。此外，还有诸如BAIT、Primitive、Irons、10 Deep、SSUR、Paul Frank等一系列潮流品牌也为潮流文化发展做出了巨大贡献。

Stussy

	创 始 人	Shawn Stussy（肖恩·斯图西）	成立时间	1984年
	发 源 地	美国，加利福尼亚州		
	品牌官网	www.stussy.com		

Stussy品牌灵感来自于加利福尼亚州的冲浪热潮，创始人Shawn Stussy（肖恩·斯图西）是一位冲浪板制板师（Shaper）。20世纪80年代，Stussy只是一个为朋友和其他冲浪者设计小型冲浪板和丝网印刷T恤的小项目。后来，越来越多的冲浪爱好者把购买Stussy变成了一种参与街

头文化、涂鸦艺术和原创音乐的社交方式。整个20世纪80年代，Stussy 在 Thrasher 和 THE FACE 等主流杂志上进行的广告宣传，将该品牌的地位提升到了前所未有的高度。最初 Shawn Stussy 仅将 T 恤与短裤作为冲浪板的促销商品出售，不曾想获得了大量冲浪爱好者的喜爱，由此引发了他对服装行业的关注。1984年，Stussy 与友人会计师 Frank Sinatra（弗兰克·辛纳屈）正式开始合作服装售卖。1990年，Shawn Stussy 与 James Jebbia（詹姆斯·杰比亚）达成合作，在纽约开设第一家 Stussy 专营店。James Jebbia 成为 Stussy 第一个店的店长。至1992年，Stussy 已实现在美国与欧洲营运，并获得每年数以千万计的盈利。在此期间，Shawn Stussy 持续旅行，在全球分享、宣传 Stussy 的品牌文化，同时吸收各地的文化潮流，使说唱、音乐、DJ、涂鸦等一系列地下亚文化融入 Stussy，为品牌带来了新的设计灵感。Shawn Stussy 旅行期间结识的与 Stussy 具有相似审美品味的艺术家也成为 International Stussy Tribe（Stussy 国际部落）的成员，是 Stussy 能在全球各地持续发展的重要支柱。

International Stussy Tribe 因其宽松的衣服和"S"棒球帽而闻名，由 Alex Turnbul（亚历克斯·特恩布尔）和 Michael Kopelman（迈克尔·科佩尔曼）等偶像组成，随后 Hiroshi Fujiwara（藤原浩）[1]等人也加入了进来。部落的成员都会收到一包衣服，他们会在所有合适的活动中穿着这些衣服拍照，播下了我们今天所知的网红营销的种子。随着势头的增强，该品牌发现自己处于一场正在展开的文化运动中心，这场文化运动的座右铭可以描述为"易于佩戴、价格合理、以图案为主、专为滑板或俱乐部而设计"。

然而，这个品牌悠闲自在的本质，是由于它始终保持着从冲浪文化中引入的"locals only（仅限本地）"的态度，是一种作为保护其领土免受外来者侵扰的方式。此态度进而转化为商业战略，这一举措意味着 Stussy 需执行严格的政策，即只在著名精品店销售，并且永远不过度生产。

1996年，Shawn Stussy 退出品牌，由 Frank 全权经营。同年，品牌成立女装支线 Stussy Women，回馈女性粉丝；2008年 Stussy 成立高端支线 Deluxe，为与 Stussy 一同成长的第一代粉丝们设计。Frank Sinatra

---

1　Hiroshi Fujiwara（藤原浩）：Fragment design 创始人，在第七章第二节有详细介绍。

经营期间的Stussy在保持原有调性的同时，敏锐地通过联名保持品牌活力。早在1990年，Stussy与Carhartt和Tommyboy便曾推出联名外套，Frank Sinatra延续联名思路，1997年与Casio联名推出新产品；2006年，Frank Sinatra发起Stussy World Tour 2.0版本，邀请40余位艺术家用自己的方式演绎Stussy的经典设计；2011年，漫威与Stussy合作，结合Stussy的设计语言发行了9件超级英雄形象的T恤；2019年，Stussy与时装设计师Matthew Williams（马修·威廉姆斯）合作发布了一件由再生有机棉制成的服装染色T恤和一双联名皮革登山靴，次年，Matthew Williams宣布与Stussy品牌建立新的牛仔产品合作伙伴关系；2020年底，Stussy与CDG合作，创建了一个胶囊系列，以纪念Stüssy成立40周年。除此以外，Stussy还与Champion、Converse、Nike、Mastermind Japan等品牌维持着长期良好的联名合作关系，进一步扩大了品牌受众与知名度。

Shawn Stussy在退出品牌后并未消失于潮流时尚界，而是于2010年成立品牌S/double回归。和Stussy相比，S/double延续了Stussy的签名涂鸦字体与图形文字，却在款式上添加一些雕花皮鞋、邮差靴、重磅水洗牛仔裤等日式风格的潮流元素，单品偏向于成熟正式的日式风格。S/double官方博客更新止于2014年。2020年，S/double与Kim Jones（金·琼斯）[1]合作推出迪奥男士2020早秋系列，为Dior绘制了名为"Wave Print"的图腾，并设计了一系列具有街头态度、沙滩风情的时尚产品，重新出发。

在Stussy的品牌风格层面，Stussy本人曾在采访中说"每个人都称它为冲浪服，或城市街头服饰，朋克或冲浪街……我不命名它，不故意命名它"，表达了不想给品牌风格一个明确定义的意思，但其品牌的风格化特征仍可以从强烈的品牌符号元素着手了解。首先，Stussy的logo作为标志性图形，在Stussy成立之初就不断出现在产品上。该Logo融合了雷鬼、朋克与新浪潮的音乐元素，以致敬Shawn Stussy的叔叔——抽象画家Jan Frederick Stussy（扬·弗雷德里克·斯图西）。其后虽仅有以"S"作为图案运用的时期，但Stussy的涂鸦签名Logo始终是品牌的

---

1 Kim Jones（金·琼斯）：知名英国服装设计师，曾任Louis Vuitton男装创意总监、Dior男装艺术总监，现任Fendi女装艺术总监。

图9-1 潮叔与Stussy原总经理Scott Terpstra及原蓝色极限合伙人Terry

核心热卖元素。

Stussy从亚文化中吸取灵感，形成了以黑色八号球、王冠、骰子、骷髅头为代表的特色街头元素，广泛运用于T恤、卫衣、帽子与服饰品等中。除此以外Stussy以Knocked Off的手法改造"Funky Fresh"字体，研发了"Stussy"字体，促进了品牌文字符号的使用，形成了独特的Campaign文化，提升了品牌的街头文化价值，使品牌在联名产品中彰显独特风格。

如今，Stussy早已成为享誉全球的知名品牌，其在中国上海、台湾、香港均有线下门店开设，线上开设天猫直营店，方便中国客户选购。

Supreme

	创 始 人	James Jebbia（詹姆斯·杰比亚）	成立时间	1994年
Supreme	发 源 地	美国，纽约		
	品牌官网	www.supremenewyork.com		

Supreme得益于其创始人James Jebbia（詹姆斯·杰比亚）的多元文化背景与经营滑板商品、代理服装品牌的经历，品牌文化中融合了滑板、朋克、说唱等，使品牌在创始之初便受到一些滑板爱好者、艺术家群体与当地年轻人的支持。受Stussy启发，品牌最初定位为一个滑板文化的集成店，以售卖艺术家设计、联名的滑板与运动装备为

主，"是一个人们一起玩、聚会以及本地滑板文化的中心地"，潮流网站Highsnobiety的Ross Wilson（罗斯·威尔逊）曾如此描述1995年时Supreme的文化地位。

Supreme品牌与众多艺术家、摄影师、设计师、音乐家、导演、作者等展开联名合作，与各类品牌实现梦幻联动，使其自身实现由纽约走向世界的目标的同时，引领着街头风格从亚文化领域走入主流视野，并不断影响着各界潮流发展的演进。

时间	联名	备注
1994	Supreme × Rammellze	Rammellze，涂鸦艺术家、音乐人（2010年离世）
2002	Supreme × Rammellze	
	Supreme × Nike SB Dunk Low	
2003	Supreme × Nike Dunk High SB	
2004	Supreme × Rammellze	
	Supreme × Nike	
2006	Supreme × Nike	
	Supreme × Timberland	美国登山运动品牌
2007	Supreme × Nike	首次成衣合作（羊毛运动衫）
2007至今	Supreme × The North Face	每年均有至少一季度合作
2011	Supreme × Timberland	
2012	Supreme × Comme des Garcons Shirt	
	Supreme × Timberland	
2013	Supreme × Comme des Garcons	
	Supreme × Timberland	
2014	Supreme × Comme des Garcons	
	Supreme × Timberland	
2015	Supreme × Comme des Garcons	
2017	Supreme × Comme des Garcons × Nike Air Force 1	
	Supreme × LV 联名全系列	奢侈品品牌
	Supreme × The North Face秋冬系列	户外运动品牌

时间	联名	备注
2018	Supreme × Comme des Garcons × Earsnot IRAK	涂鸦艺术家三方联名
	Supreme × The North Face 秋冬系列	户外运动品牌
2019	Supreme × Air Jordan 14	
	Supreme × Vans	
	Supreme × Nike SB Dunk Low	
	Supreme × Timberland	美国登山运动品牌
	Supreme × Meissen	艺术收藏品
2020	Supreme × Stone Islan 秋冬	意大利品牌
	Supreme × Nike Air Force 1 Low	
	Supreme × Vans2020 春夏	
	Supreme × Yohji Yamamoto	知名日本服装设计师
	Supreme × The North Face	
	Supreme × Rammellze	离世十周年致敬联名系列
	Supreme × Gummo	
2021	Supreme × The Smurfs 2020 秋冬	艺术家 Pirre culliford（代表作：漫画《蓝精灵》）
	Supreme × MLB × Timberland	MLB：韩国潮牌
	Supreme × Dr.Martens	英国马丁靴品牌
	Supreme × Vans	
	Supreme × Nike Cross Trainer Low	
	Supreme × Emilio Pucci	西班牙设计师品牌
	Supreme × Tiffany & co	美国珠宝品牌
	Supreme × Missoni	意大利奢侈品牌
	Supreme × Junya Watanabe MAN	Comme des Garcons 支线
	Supreme × True Religion	加州丹宁品牌
2022	Supreme × Nate Lowman 春季系列	艺术家
	Supreme × Jeff Hamilton	艺术家
	Supreme × Honda 联名摩托车	日本本田汽车
	Supreme × Pillsbury	食品品牌

时间	联名	备注
2022	Supreme x The North Face秋冬系列	
	Supreme x True Religion	美国牛仔裤品牌
	Supreme x PiL	乐队
	Supreme × The Great China Wall	美国奢侈手工品牌，使用中国元素
	Supreme × True Religion	加州丹宁品牌
	Supreme × Gummo	
	Supreme × Burberry	
	Supreme × Timberland	
	Supreme × Stone Island	
	Supreme × Yohji Yamamoto	

　　2020年底，威富集团（VF Corporation）收购Supreme。这一举动加强了Supreme与集团旗下The North Face、Timberland、Vans等品牌的联系，同时也加速了Supreme在亚洲市场的发展。2022年，Supreme正式入驻我国，在北京王府中环发售相关商品。

　　在由小众跻身流行的过程中，Supreme BOGO Tee具有推动作用。1995年，James Jebbia设计了第一件红上白BOGO引领潮流，此后这款经典Logo在每年乃至每个系列都会根据设计主题推出略有改动的限定版BOGO Tee，掀起了Supreme粉丝的收藏热潮。限定BOGO Tee既凸显了每个系列的设计巧思，也达到了促进产品销量、扩大市场认可的作用。

　　2021年，Supreme被威富集团以21亿美金的价格收购。

Undefeated

UNDEFEATED	创始人	James Bond（詹姆斯·邦德），Eddie Cruz（埃迪·克鲁兹）	成立时间	2002年
	发源地	美国		
	品牌官网	www.undefeated.com		

Undefeated 品牌名称寓意"永不言败"。Eddie Cruz 曾在 90 年代担任 Stussy LA 分店的店长，受 Stussy 启发，Undefeated 品牌的第一家店是一家面向稀有、独特运动鞋的收藏家、艺术家等志同道合者的集成店，当时的主要经营内容是创作定制的运动鞋和艺术家合作版本的鞋子。这种收藏与定制鞋的模式至今仍对球鞋文化有深刻影响。

基于特异化的、零售型的经营模式，品牌通过球鞋的联名合作实现品牌的良好运营，例如在 2005 年其与 Air Jordan 联名推出了让无数球鞋收藏者魂牵梦绕的 Air Jordan 4 UNDFTD。设计灵感来自大家熟悉的 MA-1 空军夹克，军绿色的鞋身和高档的皮质让 Undefeated 热爱的军事元素体现的淋漓尽致，并让军绿与鲜橙色与品牌彻底地绑在了一起。后期开辟的服饰类产品线仍然遵循了这种零售型的经营模式，广泛发起的联名活动提升了品牌知名度与影响力。

Undefeated 与 A Bathing Ape 的合作系列是消费者最期待的联名之一，两品牌每年基于 first camo hoodie 与 M-65 夹克等多样单品进行联合再创作，鲨鱼锯齿和"five strike"Logo 的相互衬托，让每次联名都产生"1+1 > 2"的效果。

2017 年，品牌首次以 POP-UP 形式[1] 出现在中国，次年正式落地开设实体店；2022 年秋，品牌与雅戈尔合资成立中国品牌运营公司，开始在上海、杭州开设直营店。

The Hundreds

	创 始 人	Bobby Kim，（鲍比·金，又名 Bobby Hundreds），Ben Shenassafar（本·谢纳萨法尔，又名 Ben Hundreds）	成立时间	2003 年
	发 源 地	美国		
	品牌官网	www.thehundreds.com		

---

1 POP-UP：即 Pop-up Store，指短期经营的时尚潮店，快闪店。Pop-up Store 的门店风格比传统时尚店更个性，多以艺术画廊形式展现商品，再配上"限定时间"销售这一概念，使得 Pop-up Store 逐渐被冠上零售新业态的称号。

The Hundreds品牌是一个"People Over Product"（意为关注人多于产品）的街头服饰品牌和媒体平台。服饰方面灵感来自20世纪八九十年代南加州西海岸风格，并加入了运动、朋克、滑板、冲浪以及嘻哈文化等街头元素。The Hundreds Chronicles杂志是一家线上杂志，灵感来源于发布地下照片和独立发行的朋克杂志。该杂志注重专访、传记以及名人们的日常动态，如今已经成为各界潮流脉动的重要线上杂志提供者。

成立20年来，The Hundreds品牌积极与不同单位合作开拓新的市场，通过合作的方式阐述The Hundreds的故事和观点。著名的合作伙伴有Adidas、Disney、NBA、Batman、Garfield等，名为Adam Bmob的闪闪发光的灯芯卡通炸弹以各种形式出现在服装之中，Adam Bmob是品牌的吉祥物，也是The Hundreds的中心。Adam Bmob睁大眼睛的表情和疯狂的能量概括了The Hundreds的品牌特征——紧迫的、可能"爆炸"的，但Adam Bmob也很友好，讨人喜欢，适合所有年龄段的人。Adam Bmob的美学中带有任天堂电子游戏和经典滑板T恤图形的底色，风格最受兔八哥一类卡通片的影响。

The Hundreds记录了滑板文化在中国的发展变迁，2005年来中国时没有人知道滑板是什么，到2014年时滑板文化已经成为以"北上广深"为代表的大城市中蓬勃发展的流行文化，男女老少均有尝试，如今滑板爱好者在全国各地都能找到同好交流切磋。The hundreds也曾在2013年时借由中国滑板文化的发展，与本土品牌CLOT合作联名系列产品。2012年蓝色极限曾是此品牌的中国区总代理，2014年蓝色极限在三里屯南区开设The Hundreds店中店。

图9-2　潮叔与The Hundreds
合伙人之一Scott

LRG

	创始人	Jonas Bevacqua（乔纳斯·贝瓦夸），Robert Wright（罗伯特·赖特）	成立时间	1999年
	品牌标语	Underground inventive,overground effective		
	品牌官网	https://www.l-r-g.com		

　　LRG 为 "Lifted Research Group"（提升研究小组）的缩写。品牌以 "Underground inventive,overground effective" [1]为口号，将说唱音乐与街头文化作为品牌文化融入服装设计中。通过与Quiksilver、O'Neill、Katin等公司的合作，使LRG积累了大量街头服装品牌的设计与经营经验。2005年，LRG成立 "Luxirie" 女装线，针对18~30岁的女性设计各类产品。2011年，创始人Jonas Bevacqua（乔纳斯·贝瓦夸）逝世。2017年，品牌聘用设计师Nick Bower（尼克·鲍尔）重启设计。2019年，LRG与Apple Music合作，成为官方策展人。

图9-3　潮叔与LRG全球销售总裁Mike

1　Underground inventive,overground effective：直译为地下创新，地上有效。放在中文语境中即指根源于地下——街头文化，以街头文化为灵感进行创新；同时影响地上——主流的潮流和时尚趋势。在保持和展示街头文化的同时受到主流时尚的认可并引领大众文化。

LRG 与街头文化紧密相关。他们的设计灵感来自音乐、艺术、滑板文化和都市生活，创造出独特的时尚风格。LRG 注重创意和视觉设计，他们的服装和产品常常具有独特的图案、标志和艺术元素，使其在时尚界具有辨识度。LRG 品牌鼓励积极的生活态度和创意表达。他们在设计中常常融入正能量和社会意义，以启发年轻人。LRG 不仅涵盖服装，还有鞋类、帽子、配饰和其他时尚产品。他们的产品线广泛，涵盖男女不同年龄段和风格的需求。通过丰富的产品线和积极的品牌理念，LRG 吸引了年轻人和时尚爱好者的关注。

OBEY

	创 始 人	Shepard Fairey（谢泼德·费雷）	成立时间	2001 年
	品牌官网	https://obeyclothing.com		

Obey Clothing（风格化为 OBEY）是一家服装公司，由街头艺术家和插画家 Shepard Fairey（谢泼德·费雷）于 2001 年创立。他的目标是通过服装和艺术表达政治信息和社会观点，作为他个人意志的延伸，因此，品牌的图案和图像常常涉及社会议题、政治信息和反抗精神，传递出对时事的强烈关注。品牌设计鼓励人们思考社会问题和自由表达。

OBEY 品牌的 Logo 以安德烈大帝的肖像为基础，象征着反抗和个性。这个图标化的设计成为品牌的标志之一。OBEY 不仅涵盖服装，还有帽子、配饰、艺术作品等多个领域，他们的设计融合了街头风格和政治艺术的元素。

Shepard Fairey 在所有的设计都印上了 OBEY GIANT 的 Logo，包括他自己的街头创作，形成了强大的品牌效应，人们在街头、建筑物、T 恤上，都可以看到 OBEY 的标识。OBEY 作为来自街头的品牌，坚持着滑板文化和街头涂鸦艺术的风格。时至今日，Shepard Fairey 依然坚持着街头的创作，正如他自己所说，Obey 服装只是另一种宣传形式，就像街头海报一样，借由这些服装，尝试联结他喜欢的街头艺术，让人们欣然接受他对政治、音乐或文化中图案力量的想法。

Shepard Fairey 说过："时尚的脚步走得飞快，你必须不停地设计，我试着让每样服装设计作品都成为艺术品，就像我个人的设计、杂志、街头艺术和T恤图案等，我不想因为时下流行就设计某些东西，我希望设计的东西是让我在几年后回头看来，能够说这一切都有其存在的意义。"

Noah NY

	创始人	Brendon Babenzien（布兰登·巴贝涅）、Estelle Bailey Babenzie（埃斯特尔·贝利·巴本齐）	成立时间	2002年
	品牌官网	www.noahny.com		

Noah NY品牌是由Brendon Babenzien（布兰登·巴贝涅）与Estelle Bailey Babenzie（埃斯特尔·贝利·巴本齐）于2002年创建的美国男装品牌，于2007年中止，并于2015年重新启动。在Noah NY创立之前和中止期间，Brendon Babenzien两次进入Supreme工作，为Noah NY的发展积累经验。品牌将滑冰、冲浪和音乐文化的叛逆活力与对经典男装的创新、欣赏相结合，以环保时尚为出发点和突破口，呼吁消费者购买真正喜欢、有风格的产品而不是追逐流行的产品。

Noah NY品牌以可持续性、环保和社会责任感为核心价值观。品牌强调多元化和包容性，致力于使用可持续性天然布材，避免使用混纺塑料，关注对海洋环境的保护。此外，品牌积极参与人权和救灾等慈善活动，2019年，Noah NY加入了1%地球环保计划，承诺将年销售额的1%捐赠给全球基层环保非营利组织网络。

Noah NY的设计风格融入了20世纪60年代的Casual Wear廓形服饰和80年代Rugby橄榄球服时空交汇的美式复古风格，弱化Logo的同时加强单品间的层次与呼应，凸显现代时装的时尚感。该品牌的服装系列包括T恤、衬衫、外套、裤子等，以简约舒适的风格为主并融入创新的设计元素。Noah还推出了配饰系列，如帽子、袜子、包包等以及时尚鞋类。该品牌受到众多时尚爱好者和环保倡导者的喜爱，其设计风格和价值观使其在潮流界拥有广泛的影响力。

STAPLE

	创 始 人	Jeff Staple（杰夫·斯台普尔，原名 Jeffrey Ng）	成立时间	1997 年
STAPLE	发 源 地	美国		
	品牌官网	www.staples.com		

  1997 年，Jeff Staple（杰夫·斯台普台）走进纽约的 The Triple Five Soul 精品店时，同时收到了他的第一个订单——12 件丝网印刷 T 恤。当 Jeff Staple 还是 Parsons school of design（帕森斯艺术学校）的学生时，他就开始了他限量手工 T 恤商品的创作。在塑造这个新兴品牌的过程中，Jeff Staple 于 2005 年受聘 Nike 担任特别限量鞋款的创意总监。STAPLE 鸽子的商标被构思并植入到 150 双限量版 DUNK PRO SB 的设计中，从而主导了运动鞋的文化。此后，Jeff Staple 和他的团队承担了许多知名品牌的设计工作，包括 Nike、Burton Snowboards、LVMH 集团、Timberland、Uniqlo、Sony Playstation、Puma 等。

  如今，STAPLE 鸽子是一个世界知名的标志，代表着坚韧不拔的纽约人精神。它不仅在纽约潮流中有影响力，还对全世界潮流界著名零售商产生影响。STAPLE 通过吸收不同的潮流元素，如音乐、艺术、时尚等，更完美地诠释了街头文化和生活方式。

Off-White

	创 始 人	Virgit Abloh（维吉尔·阿布洛）	成立时间	2013 年
WHITE	发 源 地	美国		
	品牌官网	www.off---white.com		

  Virgil Abloh（维吉尔·阿布洛）于 2013 年创立品牌 Off-White，含义为"黑白之间的灰色区域为 Off-White 的颜色"，意指时尚与街头的灰

色地带，以让街头潮流能够结合高端时尚。作为时尚品牌，Off-White结合了街头服饰、奢侈品、艺术、音乐和建筑等多种理念，以男装、物品、家具和出版物为品牌表达当前文化愿景的工具。

在图案设计上，设计师 Virgil Abloh 基于建筑相关专业的学习背景，来到街头寻找灵感。他看到城市街头到处都充斥着斜线以及箭头标志，例如安全标牌、斑马线等，这些元素很少被人使用到服装设计上，但能代表他想表达的讽刺精神和未完成感，品牌 Logo 由此诞生。

作为业内最广为人知的时装设计师之一，才华横溢的 Virgil Abloh 对街头文化的影响是无法估量的。他第一次被业内所知是因为 2009 年他与当红说唱明星 Kanye West（坎耶·维斯特）一同在 FENDI 做实习生。他作为 Kanye West 的创意总监，与其一同出席了 2009 年的巴黎时装周，在一些合照中，独树一帜且极度花哨的着装风格让他成为了当时人们讨论的焦点，但也一度成为部分人眼中的奇装异服者，而在另一部分人眼中却是时尚创意先锋。2017 年年末，Virgil Abloh 给 NIKE 设计了"The Ten"系列。十双鞋均采用了解构主义设计方法，让解构这个词重新进入了大众的视野。

从 2018 年 3 月开始，他担任路易威登男装系列艺术创意总监，打破了传统壁垒，改变了奢侈时尚行业的审美准则。这位天才设计师与大品牌合作很大程度上是以一种补充元素的形式出现，他往往会将自己标志性的图案与风格整合到他们的产品上，这使他在帮助联名品牌名声大震的同时也让自己的审美和理念深入人心。在成为路易威登男装成衣系列的创意总监后，他将透明色、PVC 材质、鲜艳配色和链条元素应用到设计中，一改奢侈品严肃正经的品牌认知，实现了奢侈品与街头文化元素的有机结合，打破了街头文化与奢侈品的边界，促进了奢侈品的年轻化与潮流化。

2019 年 Virgil Abloh 发表的言论认为街头时尚将死，"我预测它即将走向死亡，你知道吗？它的时间到了。我诚心发问，我们还能有多少 T 恤？多少帽衫？多少运动鞋？我认为在将来会达到一种用复古的方式来表达知识和个人风格的境界，这真的很了不起。古董店里有很多很酷的衣服，仅仅是穿上他们就可以了，那时的时尚不再像买盒装物品一样让人觉得新鲜，感觉就像是，Hey，我要去档案馆了"。2021 年，Virgil Abloh 因癌症离世，同年 Off-White 被 LVMH 集团收购。

HBA

HOODBYAIR. HOOD BY AIR	创 始 人	Shayne Oliver（谢恩·奥利弗）	成立时间	2006年
	发源地	美国，纽约		
	品牌官网	www.staples.com		

　　HBA的全称是Hood by Air（空气引擎盖），是由艺术家Shayne Oliver（谢恩·奥利弗）于2006年在纽约成立的个人男装品牌。品牌创意和灵感来源于纽约街头，设计师看到那些希望具有高端时尚感的街头玩家模仿不同高级时尚服饰而产生灵感，设计游走于街头时尚和高端设计之间，虽然离不开街头文化与潮牌的范畴，但却是独树一帜的。

　　HBA的设计风格突破传统界限，展现出前卫和非传统的时尚理念，以其前卫、大胆的设计风格而著称。Shayne Oliver最初只是帮朋友做T恤，在2006年大获好评之后，成立了品牌HBA。他受纽约街头少年的启发，发现纽约街头少年们喜欢将high fashion元素融入他们的造型，因此HBA潮牌服装充满了大胆的Logo和90年代的街头风格，同时也融入了一些束缚元素。例如，一些长袖T恤上用金属感的鲜艳彩色胶印著名的Paramount Pictures Logo，并加上Classic和HOOD BY AIR字样；两袖上有Dolby stereo和Dolby Surround等一系列电影制作单位的经典icon，并加入品牌Logo HBA，打造一系列前卫的产品。他们的设计常常涉及不同材质、不对称构造和非传统的剪裁，引领时尚的创新。HBA品牌通过其设计表达了一种时尚和身份的态度。他们的服装设计传递出多元文化、性别平等和身份认同等社会议题。HBA的设计风格常常被认为是潮流的引领者，吸引了前卫时尚爱好者和年轻一代的追随。

RIPNDIP

	创 始 人	Ryan O'Connor（瑞恩·奇汉）	成立时间	2009年
RIPNDIP	发源地	美国，洛杉矶		
	品牌官网	www.ripndipclothing.com		

RIPNDIP品牌创始人Ryan（瑞恩）在滑板训练营时就开始售卖印有RIPNDIP的T恤，但被以"小孩被服装吸引无心学习滑板"为由驱赶。后来Ryan去往洛杉矶创业，在HUF创始人Keith Hufnagel（基思·赫夫纳格尔）的帮助下，以滑板文化作为品牌文化发展壮大。

RIPNDIP以其有趣、幽默和大胆的设计风格而著称，其设计常常涉及卡通形象、怪异图案和幽默元素，引发人们的笑声和共鸣。2014年，设计师Lord Nermal赋予了本性温顺的猫科类动物不一样的生命和情感，用名叫"Nermal"的中指猫诠释了"滑板文化"的思想。该设计一经推出便大获成功，成为了品牌的标志之一，具有强烈的辨识度。2015年，艺术家Mathias Andres（马蒂亚斯·安德烈斯）加入品牌进行短期合作，直至一年后才正式加入，并设计出爆款形象绿色外星人，至今仍在RIPNDIP参与项目与产品设计。品牌标志性的竖着中指的猫咪和卖萌的小绿（外星人），以各种极其有趣的形式出现在RIPNDIP的单品上，为品牌带来足够的吸睛指数。

RIPNDIP涵盖了男女服装、鞋类、帽子、配饰等多个领域。他们的设计融合了街头风格和幽默元素，同时，RIPNDIP在社交媒体上具有很大的影响力，他们通过创意的设计和有趣的内容，吸引了大量粉丝和追随者。品牌与粉丝和消费者保持互动，举办各种活动和合作，增加了品牌的亲近感和社群感。

Champion

	创 始 人	Feinbloom家族	成立时间	1919年
Champion	发源地	美国		
	品牌官网	www.champion.com		

Champion公司成立于1919年5月6日，当时名为Knickerbocker Knitting Mills。1922年，Bill（比尔·费恩布鲁姆）和Abe Feinbloom（安倍·费恩布鲁姆）继承公司并更名为Champion Knitwear Mill。当时品牌与温特沃斯军事学院建立了合作伙伴关系，学院购买Champion毛衣作为他们学员制服的一部分，这是Champion公司正式成立后的第一笔订单。

1928 年，Champion 开始与运动员及其教练建立联系，深入了解他们需要发挥最佳表现的产品类型，实现了无中间零售环节的生产者与使用者对话。至 1930 年，Champion 以对运动员需求的观察为起源发明了连帽运动衫这种款式，用作运动员在比赛时间或练习之间穿的热身服装。在运动衫上增加兜帽确定了 Champion 连帽衫在运动服和时尚史上的地位。1934 年，Bill Feinbloom 开发了一种植绒工艺，称为 Champacraft，使大学徽章等图形能够在 Champion T 恤上经济实惠地批量生产，球迷们第一次可以在看台上自豪地展示他们的学校精神。在考察密歇根州后，Abe 与 Moe's Sport Shop 建立了合作伙伴关系，销售带有密歇根大学徽章的大学连帽衫、运动衫和 T 恤，这催生了我们所知道的大学服装并开创了运动服作为日常时尚的流行。1938 年，Champion 发明抗收缩服装结构并获得相关专利。当年的首款 Reverse Weave 运动衬衫通过将织物旋转 90 度并在十字纹理上切割来制造，以抵抗垂直收缩并保持其真正的合身性。此后，Champion 在卫衣上添加了标志性的弹力侧拼接，在运动裤上添加了罗纹裆部，以增加活动性和舒适性。Champion 在 1952 年获得了他们的反向编织汗水的第二项专利。1967 年，Champion 专为足球运动员设计了网眼尼龙球衣，以对抗热衰竭，这款球衣大获成功，并逐渐扩展到篮球、田径、棍网球和其他运动领域。1968 年，Champion 通过推出 Lady Champion 改变了女性运动服装，该系列包括现代、混搭的体育制服和女子田径运动的健身服。1977 年，第一款女性运动内衣 Jogbra 由 Lisa Lindahl（丽莎·林达尔）、Hinda Miller（辛达·米勒）和 Polly Smith（波莉·史密斯）发明，运动内衣 Jogbra 也由此改变了女子田径运动员的着装。

1978 年，Champion 熟悉的"C"首次出现在巴黎圣母院的篮球制服上，从那时起，刺绣的"C"标志成为 Champion 的代名词，代表了运动服装的卓越标准。1989 至 2001 年间，Champion 一直担任 NBA 的官方装备商。2017 年，作为 Champion 丰富的体育文化储备和对时尚界贡献的证明，标志性的 Reverse Weave 连帽衫在现代艺术博物馆（MoMA）展出，作为"物品：时尚现代吗？"展览的一部分，展示了对现代社会产生强烈影响的时尚物品。2018 年，连帽衫成为 MoMA 永久收藏的一部分。

Champion 不断通过与品牌 Vetements、Supreme、Todd Snyder、

Off White 等的合作影响时尚界，将时尚界与 Champion 所传达的真实的美国体育传统相结合，激励每个人成为自己的冠军。

Dickies

	创 始 人	C.N. Williamson（C.N. 威廉姆森）与 Col. E.E. Dickie（E.E. 迪基上校）	成立时间	1922 年
	发源地	美国		
	品牌官网	www.dickies.com		

　　Dickies 成立于 1922 年，当时主要生产围兜裤为代表的工人服装，体现了美国工人精神。至 1933 年，美国工人开始选择穿成套的 Dickies 服装工作。二战期间，Dickies 为美国武装部队生产制服。随着经济发展，20 世纪 50 年代，Dickies 服装随美国商人的生产需要进入中东地区。80 年代，一些著名说唱歌手开始穿着 Dickies，使品牌受到潮流时尚的关注。90 年代，Dickies 品牌成为滑板公园的常见着装，成为滑板文化的一部分。至 21 世纪，Dickies 已扩展至 100 多个国家，遍布全球各地。

　　Dickies 建立 100 周年时广泛发起联名纪念活动。品牌与 GUCCI 推出的合作系列，以 Eisenhower 夹克等 Dickies 经典单品为设计蓝本，整体遍布密集夸张的铆钉、水钻、亮片等装饰，完全打破工装传统印象，两个代表着不同阶级品牌之间的合作，也代表着 Dickies 的影响力正在逐步提高；与 Supreme 的合作选择以灯芯绒为主要材质，打造短款夹克、工装裤、双膝工装裤等经典版式，呈现 90 年代街头风格；与来自东京的滑板品牌 Diaspora Skateboards 的合作通过撞色设计与弹力松紧带创新风格，独具特色；与 Brain Dead、HUF 之间的合作通过双方标志性的印花、泼墨褪色处理，为 Dickies 的经典款式带来各具风格的演绎。此外，Dickies Blank Canvas 这一企划主要围绕着实验性设计展开，将创意主导权交给 9 位来自于不同国家的艺术家、设计师，通过他们截然不同的风格与创意打造 9 款以 Dickies 经典款式为蓝本的 DIY 改制单品，体现了 Dickies 经典、时尚、前沿的多面性。

Carhartt

创 始 人	Hamilton Carhartt（汉密尔顿·卡哈特）	成立时间	1889 年
发 源 地	Honest value for an honest dollar		
品牌官网	www.carhartt.com		

Carhartt 是一家著名的工装和户外服装品牌，以其坚固耐用的设计和高质量的制造而闻名。品牌最初旨在为体力劳动者制作工作服，口号为 "Honest value for an honest dollar"。19世纪90年代，该公司与铁路工人密切联系，注重铁路工人的需求，实现首次扩张。在其后20年中品牌持续扩张至8个城市。直到经济大萧条时期，品牌遇冷销售下降，在二战中得以复兴。

Carhartt 品牌与工装文化紧密相关。他们的服装设计注重耐久性、坚固性和功能性，以满足工人在各种环境下的需求。产品以其耐用和高质量的设计而著名，他们的服装常常采用坚固的材料和工艺，以确保在工作和户外活动中具有出色的表现。Carhartt 品牌在工装领域具有很高的知名度，他们的服装被广泛认可为坚固、耐用和值得信赖的选择。

如今，Carhartt 不仅涵盖工作服，还有户外服装、帽子、配饰等多个领域，他们的设计融合了实用性和时尚元素，这些服装在户外活动中提供了舒适性和保护。通过高质量的设计和制造，Carhartt 在工人社区和户外领域产生了积极的影响，吸引了需要耐用服装的消费者。

Crooks & Castles

创 始 人	Dennis Calvero（丹尼斯·卡尔维罗），Robert Panlilio（罗伯特·潘利利奥）	成立时间	2002 年
品牌官网	www.crooksncastles.com		

Crooks & Castles 一直致力于为街头服饰带来新的元素。"Crooks" 象征着真正的街头生活，"Castle" 代表着大家共同的梦想，用街头文化打拼出的世界，所以从 Crooks & Castles 这个品牌名字就可以得知其核心品牌

精神，即成为能够真正反映街头文化真实生活的品牌。品牌认为忠诚、远见、动力是实现共同梦想的必要条件，并通过将街头文化与奢华美学相结合的方式来致敬共同的过去和未来。传达"我们从街头出生，为王冠做好准备，在每个成就的背后，总有街头文化、真实的生活作支撑"的理念。

Crooks & Castles 以其街头、城市风格而著名。他们的设计融合了街头文化、都市元素和创意图案，常常涉及图案、标志、图像等创意元素。他们的设计风格具有辨识度，传递出独特的视觉效果，同时，Crooks & Castles 品牌关注社会议题和文化问题，他们的设计传达出社会意识、反抗精神和自由表达。Crooks & Castles 涵盖了男女服装、帽子、配饰等多个领域，品牌态度强调个性、创意和反抗，他们鼓励人们用时尚来表达自己的声音。Crooks & Castles 通过独特的设计、关注社会的意识和创新的图案，在街头文化和时尚领域产生了积极的影响，吸引了关注社会问题和创意表达的消费者。

A-Cold-Wall*

ACW*	创始人	Samuel Ross（塞缪尔·罗斯）	成立时间	2015年
	发源地	英国		

A-Cold-Wall*（简称ACW）是一家由设计师Samuel Ross（塞缪尔·罗斯）于2015年创立的时尚品牌。该品牌总部位于英国伦敦，并以其独特的设计风格和对社会政治议题的关注而闻名。品牌名字的星号代表着设计师对实验和创新的追求。

A-Cold-Wall*以其前卫、实验性的设计而著名。他们的设计常常涉及不同的材质、形态和构造，打破传统的时尚界限，其设计常常受到工业和城市环境的影响，服装和配饰设计反映了现代城市生活的视觉和情感。品牌的作品常常展现出冷峻的工业感风格，融合了实用主义和现代主义元素，使用的材料和剪裁呈现出简洁而有力的视觉效果，传递出对城市生活和社会问题的独特解读。

A-Cold-Wall*涵盖了男女服装、鞋类、配饰等多个领域，其设计注重图案和材质的选择，创造出独特的质感和视觉效果。品牌鼓励时尚实验和创新，产品的设计引领潮流，吸引了追求独特时尚的人们。ACW的设计作品注重细节和工艺,常常在设计中运用拼接、颜色层次和特殊纹理等元素,创造出独特的视觉效果。A-Cold-Wall*的作品经常在时尚周和展览中展示,并受到时尚界和艺术界的关注。该品牌通过设计表达对社会问题的思考和呼吁,同时也探索着时尚与艺术之间的交叉点,品牌的标志性设计包括印有品牌Logo和图形的服装、印花图案和特殊纹饰等。

Palace

	创 始 人	Lev Tanju（列夫·坦朱）	成立时间	2009年
	发 源 地	英国		

Palace是一家源自英国的时尚品牌,于2009年由Lev Tanju（列夫·坦朱）创立。它起初是一个滑板文化的品牌,以滑板装备和服装起家,后来发展成为备受瞩目的全球时尚品牌。Palace以其街头风格、创新的设计和受欢迎的滑板文化影响而闻名。Palace品牌与滑板文化有着紧密的关联。他们的设计和形象经常与滑板文化和滑板艺术合二为一,吸引了滑板爱好者和街头文化追随者的关注。他们的设计受到伦敦街头文化的影响,充满了年轻、叛逆和自由的元素。Palace的三角形Logo充满标志性。

Palace在设计上注重质量和细节,他们与知名品牌和艺术家合作,推出备受关注的联名系列。例如,他们曾与Adidas、Reebok、Juergen Teller等合作,创造出独特的时尚单品,这些合作使得Palace品牌在时尚界备受推崇和追捧。该品牌的作品常常在社交媒体上引起轰动,并在时尚爱好者和潮流追随者中享有很高的声誉。

LV签约了palace的滑手兼模特Lucien Clarke（吕西安·克拉克）并发起联名合作。Palace与LV合作共同推出的联名系列融合了Palace的街头风格和LV的奢华传统,引起了全球时尚界的广泛关注。这个联名系列在2018年首次发布,以Palace品牌的Logo和LV经典的Monogram图案为特色。这次合作在全球范围内引发了巨大的轰动和热潮,许多产品在推出后迅速售罄。这个联名系列的成功不仅体现了Palace和LV两个品牌的影响力和吸引力,也展示了时尚界对于跨界合作的热切关注。Palace与

LV的合作突破了传统的品牌界限，为两个品牌带来了全新的市场和粉丝群体。这种跨界合作不仅激发了创新的设计理念，还在时尚界掀起了一股合作潮流，推动了品牌间的多元交流与合作。

C2H4

	创 始 人	Yixi Chen（陈以溪）	成立时间	2012年
C	发 源 地	美国，洛杉矶		
	品牌官网	https://www.c2h4.us/		

　　C2H4（C2H4 LA）是来自于美国洛杉矶的年轻设计师品牌，旅居美国的华人设计师Yixi Chen（陈以溪）从2012年开始进行筹备，随后在洛杉矶创建了自己的潮流时装品牌C2H4。品牌名称C2H4的灵感来源于品牌创办人的名字同时也是化学分子式"乙烯"，意在将复杂的意识形态及简约的美学标准相结合，采用优良的材料与工艺去呈现，打造C2H4独特的品牌理念。C2H4服饰的设计灵感主要来源于西海岸的年轻街头文化和自由精神，满满的LA街头文化气息。

　　C2H4的设计受到科技和未来主义的影响，他们的服装和配饰常常呈现出科技感、先锋性和未来感，设计注重构造和形态的创新。他们的服装设计不拘泥于传统的时尚概念，展现出独特的结构和轮廓。C2H4试图通过设计来展示时尚与科技的交汇，品牌从设计师生活的美国西海岸文化中汲取灵感，把简单的几何图形三角形和化学分子式的结构作为设计核心，将低调的极简主义与浮夸的街头文化相结合，衍生出颇具设计感和剪裁特色的作品。C2H4以极简风格的几何图形三角形与分子式结构诠释审美形态和艺术形式，在LA街头艺术与化学几何元素之间，创造地道的街头文化。

JJJJound

	创 始 人	Justin Saunders（贾斯汀·桑德斯）	成立时间	2006年
JJJJound	发 源 地	加拿大		

JJJJound是一个由加拿大设计师Justin Saunders（贾斯汀·桑德斯）2006年创立的潮牌。这个品牌以简约、实用和高质感的设计风格而闻名。

Justin Saunders最初是一个著名的摄影师和创意总监，JJJJound的前身是一个名为"MAYBE SOMEDAY"的博客，Saunders将其用作创意日记，在他的个人博客"Jound"上分享着他喜欢的图像和灵感，当他从博客中删除所有文字只留下无尽的图像时，JJJJound由此诞生。

该品牌以简单、干净和低调的设计为特色，通常使用单色或中性色调，追求极简主义的审美。他们的产品范围包括服装、鞋类、包包和家居用品等，都以高品质的材料和精湛的工艺而著称。

JJJJound的设计理念是将功能性与美学完美结合，不追随时尚潮流，而是专注于创造永恒、耐用的经典单品。这种简约而精致的设计风格吸引了许多潮流爱好者和时尚界的关注。值得关注的是Saunders曾被Kanye邀请担任Donda的艺术总监，Donda团队聚集了世界上最有创意的一批人：Tracey Mills[1]、Salehe Bembury[2]、Virgil Abloh、Heron Preston[3]等。

OAMC

OAMC	创 始 人	Luke Meier（卢克·迈耶），Arnaud Faeh（阿尔诺·费赫）
	发 源 地	美国

OAMC（Over All Master Cloth）是一家时尚潮牌，由知名时尚设

---

1 Tracey Mills：知名设计师。曾相继效力于 Christian Audigier、Ed Hardy 和 Von Dutch 等时尚品牌，后于2011年加入Kanye West的设计团队。2016年，这位设计师再度施展才华，正式推出个人品牌 Visitor On Earth。

2 Salehe Bembury：知名设计师。早年在 DONDA 团队为 Kanye West 工作时，就主导过 Yeezy 350 V2、750、Boot 系列的设计。随后加入奢侈品牌 Versace，成为其球鞋和男鞋品类的副总监，与美国说唱歌手 2 Chainz 合作推出 Chain Reaction 奢侈品球鞋，大受追捧。

3 Heron Preston：知名设计师，担任过Nike的互动设计师，还曾是DONDA创意团队核心团队给 Kanye West 做过创意顾问，并为其打造多个经典 Tour Merch 系列，成功带起了 Tour Merch 风潮。

计师Luke Meier（卢克·迈耶）与他的妻子Arnaud Faeh（阿尔诺·费赫）共同创立。Luke Meier曾在美国著名潮牌Supreme中担任创意总监超过8年，他在Supreme工作期间为品牌注入了许多创意和独特的设计风格。OAMC品牌理念是将传统工艺和高品质材料与现代时尚相结合，创造出独特且富有创意的时装。Luke Meier的妻子则先后效力于Louis Vuitton和Balenciaga，并在Raf Simons（拉夫·西蒙斯）离开后担任Dior的联合创意总监。目前，这对夫妻档也是JIL SANDER品牌的创意总监，夫妇俩对整个服装领域产生着重要的影响。

　　OAMC潮牌的设计风格以简约、现代和功能性为特点。他们的服装常常融合了运动、军事和工装等元素，打造出独特而时尚的服装系列。此外，OAMC在服装设计中注重细节和剪裁，致力于打造高质量的产品。品牌在材料选择上也非常重视，经常使用高级面料和可持续性材料，以确保产品的质量和可持续性。OAMC也注重社会责任，努力推动可持续发展和环保意识。OAMC潮牌的设计灵感来自于艺术、文化、哲学等多个领域，这使得他们的作品充满深度和独特的创意。

　　该品牌在全球范围内受到许多时尚爱好者和潮流人士的追捧，尤其受到那些喜欢简约又兼具时尚感的人群喜爱。

日式潮牌

●

有别于传统欧美潮牌，日式潮牌在20世纪90年代至千禧年间如雨后春笋般成立。在日式潮牌的发展脉络中，一方面，我们可以清晰地看到日本对于日式文化、生活的传承发扬与民族自豪感，Evisu、Kenzo、Peach John 等品牌基于传统日本文化或传达日式风格而诞生发展；A Bathing Ape、GOODENOUGH、Fragment design 等品牌创造并发扬了原宿风，并使原宿风成为风靡亚洲乃至世界的日式代表风尚之一。另一方面，也能在NEIGHBORHOOD、Comme des Garçons、Y-3、BEAMS、Mastermind Japan 等品牌中看到这一时期欧美潮牌、欧美设计风格对日本设计师的影响，以 Issey Miyake 为代表的日本设计师有感于欧美风格，并结合日式文化进行设计。如此种种，最终形成了日式潮牌的独特风格。

说到日潮，必须要讲原宿。原宿是让东京登上全球街头时尚版图的原因。也许因为原宿是二战后的美国基地，所以赋予了该地区别具一格的异国情调。加上1964年东京奥运会在此建造的当地建筑，促使了原宿成为人们寻找青春活力的地方。这个街区吸引了藤原浩（Hiroshi Fujiwara）、高桥盾（Jun Takahashi）和长尾智明（Tomoaki Nagao）等人，长尾智明又被称为NIGO，是潮牌A Bathing Ape的创办人。1991年，长尾智明（NIGO）和高桥盾（Jun Takahashi）联合创办位于原宿的品牌Nowhere。同时还短暂地创立了一系列LO2的T恤成衣线。藤原浩（Hiroshi Fujiwara）在日本的90年代被视为最值得信赖的潮流教父、潮流精神领袖。因为在当时还处于随波逐流的日本，他找不到与之同往的叛逆目标。他独自开创了一片属于自己的新纪元，并影响了后来很多的时尚从业者。

Neighborhood

	创 始 人	Shinsuke Takizawa（泷泽伸介）	成立时间	1994年
NEIGHBORHOOD.	发 源 地	日本		
	品牌官网	www.Neighborhood.jp.com		

品牌最初全称是Neighborhood NYC，于Soho区的UNION贩售，当时泷泽伸介与西山彻共同为品牌设计但收效平平，于是两人开始将自己所设计的图案印在TEE以及Hoodie上，销量反而比原本的商品好，之后泷泽伸介拿到Neighborhood NYC品牌设计与版权，并且更名为Neighborhood，1994年正式于日本设立品牌，泷泽伸介正式接过品牌的接力棒。两人开始经营各自的品牌，也造就了现在的Neighborhood与WTAPS。

此后，Neighborhood品牌以机车文化为设计核心，并且将美式复古、工装、军事、音乐等元素贯穿其中。品牌早期的牛仔裤是毫无疑问的爆品，不论是选材还是工艺都可圈可点，破坏、水洗、刀割的工艺让人印象深刻，加入民族风及金属配饰后更让产品打破牛仔裤的既定认知，"牛王"的称号也是在此诞生。除此之外，产品中经常贯穿着一股摇滚的叛逆意志。产品中经常会出现"3204""FTW"字样。"3204"是Neighborhood的日本旗舰店的门牌号码；"FTW"是"FUCK THE WORLD"的缩写；常出现的标语"The Filth And The Fury"来源于知名朋克乐团"性手枪"上节目时经常爆粗口，事后报纸以这句话形容他们。除此之外，主理人经常在美式的基础上植入日式文化，将日本的地标城市和文字融入在设计中。如今，Neighborhood的产品线除服装外还包含香炉、植物、户外用品等多个领域。

A Bathing Ape

	创始人	Tomoaki Nagao（Nigo，长尾智明）	成立时间	1993年
	发源地	日本东京		
	品牌官网	https://bape.com		

A Bathing Ape（简称Bape，正式名称为A Bathing Ape in Lukewarm Water）是一个日本时装品牌，由NIGO（长尾智明）于1993年创办，是原宿的代表品牌之一。2011年，其被中国香港沈嘉伟旗下的I.T以约2 184万港元收购，其后所有"Busy Work Shop"改名为"BAPE Store"，

此后灵魂人物 NIGO 彻底离开品牌。

创始人 NIGO（长尾智明）于 1970 年在群马县前桥市出生，毕业于文化服装学院。在 1991 年的 4 月，曾与同样受电影《人猿星球》影响的 Undercover 的创办人高桥盾合作开设 Nowhere，主要以售卖 APE 为主。1993 年 Nigo 创立品牌 Bape。"A Bathing Ape in Lukewarm Water"，即是"安逸生活的猿人"的意思，是其设计师 NIGO 从电影《人猿星球》（Planet of the Apes）触发而命名。顾名思义，A Bathing Ape 是以猿人作为 Logo 及创作元素，并用了《人猿星球》的一句经典口号"Ape shall never kill ape"[1] 作为其品牌标语。虽然大多认为 A Bathing Ape 是由 NIGO 所想出来的点子，但 NIGO 在一次专访中提到，A Bathing Ape 是他与同样喜欢《人猿星球》的著名插画师 Skatething（中村晋一郎）一起运作，而 Bape 的标志则不是 NIGO 设计的，而是由 Skatething 在其办公室想出来的，至于这个名称的灵感是否真的源自于《人猿星球》，NIGO 并没有向 Skatething 询问过。

A Bathing Ape 品牌的标志是一只猿人的头，以猿人为图案设计的迷彩亦常见于其产品及店铺装修之中。1998 年，由于日本明星木村拓哉穿着 Bape 的服装在电视上亮相，在明星效应下，迅速掀起了一股 Bape 热潮，之后其他日本艺人也开始穿着这个品牌，这股潮流从日本扩散到中国香港及台湾地区。1999 年，原宿的"Nowhere Shop"改名为"Busy Work Shop"，由葛民辉代理在香港开设第一间海外专卖店，此后在台北、香港开设多家门店，受到广大消费者的喜爱。A Bathing Ape 曾与其他品牌合作，推出一些特别版产品，例如与日本百事可乐、可口可乐、MAC、CDG、Undercover、Neighborhood、mastermind Japan、Carhartt、Casio、TVB 等。

Nigo 在日本时尚史上开创了一个新的市场，其名下商标"Hiroshi number 2"表达了 Nigo 对原宿传奇人物藤原浩的敬佩之情。Nigo 从英国流行文化中受到的影响与在原宿的成长经历相融，商业和创意方面都取得了巨大成功。他的想法使男装变得更柔和友好，迷彩物也变得可爱。从 1993 年创立 A Bathing Ape 开始，Nigo 华丽的设计美学日益引

1　"Ape shall never kill ape"：本意为猿人绝不会杀死同类，可引申为本是同根生，相煎何太急。

人注目。1995年，他与涂鸦界的传奇人物Futura和Stash合作，这样的合作碰撞出了极具创意的包装，比如将T恤扭曲成手枪的形状或者将它们装进喷漆罐里，这些物品一度成为稀有收藏品。他精心策划的零售体验将玩具、T恤和运动鞋从流行的圣地购物中心和博物馆一般的具体环境中解放出来，使其成为高级文化的产物。2003年，Nigo帮助法瑞尔·威廉姆斯（Pharell Williams）推出冰淇淋服装系列，两人还创立了"亿万男孩俱乐部"（Billionaire Boys Club）系列。维吉尔·阿布洛（Virqil Abloh）还曾两次邀请Nigo合作参与LV的胶蛋系列。Nigo于2010年将他的工作重心转向日本传统生活方式品牌Human Made，推出从T恤、丹宁到地毯、无酒精清洁剂和Curry Up餐厅等一系列产品。他参与设计了日本的公共厕所，并为阿迪达斯（Adidas）和优衣库（Uniqlo）等全球知名品牌提供咨询。2021年，Nigo宣布成为Kenzo的创意总监。Kenzo是东西方概念结合的先驱者，与Nigo从一开始就坚守的概念不谋而合。

CDG

CDG	创 始 人	Rei Kawakubo（川久保玲）	成立时间	1969年
	发源地	日本东京		
	品牌官网	www.comme-des-garcons.com		

Comme des Garçons（也称为CDG）是一家总部位于巴黎的日本时尚品牌，由川久保玲于1969年在东京创立，并于1973年正式创立了COMME des GARÇONS Co. Ltd公司。它用日语写成コム·デ·ギャルソン（Komu de Gyaruson）。这个名字在法语中翻译为"像男孩一样"。该品牌名称的灵感来自Françoise Hardy（弗朗索瓦丝·阿迪）1962年的歌曲*Tous les garçons et les filles*，特别是来自"Comme les garçons et les filles de mon âge（像我这个年纪的男孩和女孩一样）"这一句。该品牌于20世纪70年代在日本获得成功，并于1978年增加了男装系列。1981年，该公司在巴黎举办了首秀。川久保玲大量使用黑色仿旧面料和未完成的接缝受到了一些法国评论家的负面评价。在整个20世纪80年代，CDG的服装经常与叛逆和朋克导向的风格联系在一起。1982年，川久保玲的*Destroy*系列受到了严厉批评。《女装日报》称其

为"Hiroshima bag lady look[1]",美联社称川久保玲为"high priestess of the Jap wrap[2]"。如此种种,皆体现了品牌基因中的叛逆精神。

Play系列是最知名和最主流的CDG休闲奢侈品系列。桃心图案是由纽约的艺术家Filip Pagowski设计并在2003年推出。由于其线路单价较低,而且覆盖的产品线比较广泛(例如最经典的Converse x Play帆布鞋、羊毛开衫、衬衫、T恤以及香水),导致了它虽然不是最早推出的产品线,却成了CDG品牌的代表形象之一。目前,品牌除主线外推出CDG mainline、CDG HOMME、tricot CDG、CDG HOMME PLUS、BLACK CDG、CDG SHIRT等多条产品线,极大地丰富了品牌的设计表现与产品丰富度。

Bao Bao Issey Miyake

	创 始 人	Issey Miyake(三宅一生)	成立时间	2010年
BAOBAO ISSEY MIYAKE	发 源 地	日本		
	品牌官网	https://us-store.isseymiyake.com		

Bao Bao Issey Miyake,最初是作为Issey Miyake女装品牌Pleats Please Issey Miyake的配件,因太受欢迎,在2010年开始成为独立产品线。第一只Bao Bao诞生于2000年。在一次偶然的游历中,设计团队从西班牙毕尔巴鄂Guggenheim Museum(古根汉美术馆)的建筑设计中获得灵感,以三角棱片的组合方式,设计出了一款有别于传统结构的全新包袋,以毕尔巴鄂的城市名将其命名为"Bilbao"。

"Bilbao"的优势体现在极简的外形和强大的场景适应力上——简洁明快的几何形外观,不会与任何服装风格冲突;精湛工艺造就的光泽和手感触发了感官上的高级感;轻便又多变的结构,使其非常适应场景变换的需求。这款由三角片拼贴的"6×6"手提包迅速成为全球现象级时

---

1 Hiroshima bag lady look:意为广岛风格的女士造型。意指当时川久保玲的风格为日本传统风格与现代时尚不接轨。

2 high priestess of the Jap wrap:意为日本包裹的大祭司。"日本包裹"为对和服的蔑称,指层层缠绕的日式风格。意指当时川久保玲的风格与主流相悖。

尚单品，日本东京的三宅一生门店长期保持着空柜记录。"Bilbao"吸引了越来越多的全球时尚爱好者，在2010年成为一个独立品牌，三宅一生先生将其更名为Bao Bao Issey Miyake。

作为三宅一生旗下最具辨识度的品牌之一，Bao Bao Issey Miyake的三角片设计直观地体现品牌以"随机"为核心的设计理念——由三角形组成的结构非常灵活，每一块三角片都可以独立形成一个小的平面，也可以由若干个三角片组成较大的平面，形成错落有致的视觉效果。由于产生了不同平面，同样颜色和材质的三角片会反射出不同的光泽。

三宅一生先生认为，不为人服务的设计就没有生存价值。Bao Bao Issey Miyake就像三宅一生的服装一样，使用它们的时候，穿着者才是真正被关注的焦点，服装和包包在反映穿着者的审美与品位的同时，为他们的生活服务。包袋作为一种生活道具，本应为使用者提供尽可能多的便利。相较于传统皮革材质的包，以聚酯纤维、PVC、尼龙为主要材质的Bao Bao Issey Miyake更加轻便和牢固。易于携带和保存也是其核心价值之一，不用的时候可以平放在收纳箱甚至抽屉内，十分节省空间。得益于三角形组合结构的特殊性，Bao Bao Issey Miyake可以在二维和三维状态间自如切换，让使用者在不同的生活场景下自由享用，这个前所未有的创意在设计推出的初期就受到各界关注，如同三宅一生第一次在巴黎办秀一样，震撼了西方时尚圈。

在实用性之外，Bao Bao Issey Miyake的价值也十分鲜明地体现在设计概念中。作为一个设计师品牌，Bao Bao Issey Miyake所呈现的生活方式没有繁琐的护理程序和特定标签，它以独有的极简设计语言，为繁忙的都市生活做了减法，让使用者专注于这只包的"使用体验"上。标志性的三角片，则构建了一个有着无限可能的空间，当包里放入物品时，包包的造型也会根据内容物的不同而产生不同的变化，在视觉上呈现出一种迷人的"不确定性"，千人千面，包包不同……诸多先天优势，使得Bao Bao Issey Miyake成为全球潮人的购包首选。

Y-3

Y·3	创 始 人	Yohji Yamamoto（山本耀司）	成立时间	2002 年
	发 源 地	日本		
	品牌官网	https://y-3.com		

2002 年，山本耀司 Yohji Yamamoto 携手 Adidas 推出 Y-3，双方在合作期间不断推动时尚与运动的边界，Y-3 Qasa、Pure Boost 等创新性产品也因此诞生。从近代时尚史来看，Y-3 是一个领先于时代的合作项目，也是首批将高级时装与运动服装融合的品牌。品牌包括男装、女装两条系列线，整体风格前卫、时尚，品牌名字中 Y 代表山本耀司（Yohji Yamamoto），而 3 则代表 Adidas 三条线的品牌标志，"-"则表示二者之间的联结。

Y-3 以其独特的运动时尚风格而著名。他们的设计融合了时尚、运动和创意，打破了传统运动装束的界限。Y-3 的设计常常涉及创意元素、不同材质的组合和非传统的剪裁。他们的设计充满了未来感和艺术性。此外，Y-3 注重高质量的制作和细节处理。他们的产品在制作工艺上有着严格的标准，追求时尚与品质的结合。Y-3 品牌强调时尚、创意和自由。他们的设计传递出山本耀司独特的审美和时尚态度。通过 adidas 与山本耀司的联合，Y-3 在时尚界产生了积极的影响，吸引了追求运动时尚与创意的消费者。

2022 年，在品牌创立 20 周年之际，Y-3 以"20 Year: Recoded（20年：重新编码）"为主题，在为期一年的时间发布了四个篇章——第一章中探索"三条杠视觉"和"叠穿"；第二章中的"花卉档案"；第三章的"Y-3 橙色记忆"；第四章的"动物印花"，回顾了品牌的经典作品。2023 春夏系列延续了 Y-3 叛逆而又充满活力的品牌基因，在第一章中重新诠释了运动服饰的经典视觉代码。服装和配饰部分囊括棒球服、运动裤、工装裤、衬衫、针织开衫以及帽子等款式，将 Y-3 标志通过手写体与艺术化的形式呈现，力求颠覆传统。此外，时尚化的剪裁与优雅廓形实现了将 Adidas 的运动基因与山本耀司的前卫创意融合在一起的伟大愿景。

Evisu（日文名：エヴィス）

EVISU	创 始 人	Hidehiko Yamane（山根英彦）	成立时间	1991 年
	发 源 地	日本		

    Evisu（日文名：**エヴィス**）是一家以其独特的牛仔裤设计和日本传统元素而闻名的时尚品牌。Evisu 品牌于 1991 年在日本成立，创始人是 Hidehiko Yamane（山根英彦）。品牌名字"Evisu"取自于日本神话中的财神"Ebisu"。Evisu 以其独特的牛仔裤设计而著名，他们的牛仔裤常常带有独特的细节、刺绣和创意，传达出浓厚的日本文化影响，标志性设计包括独特的浪花刺绣、五角星标志和"Evisu"日文字母，这些元素常常出现在他们的产品上。Evisu 的设计常常融入日本传统元素，如和纸、刺绣、浮世绘等，创造出独特的视觉效果。Evisu 注重高质量的制作和细节处理，他们的牛仔裤在制作工艺上有着严格的标准。Evisu 涵盖了男女服装、鞋类、配饰等多个领域，通过浓厚的日本文化影响、创意的设计和品牌标志，Evisu 在时尚界产生了积极的影响，吸引了喜爱牛仔裤和日本传统的消费者。

X-Large

XLARGE	创 始 人	Eli Bonerz（伊莱·博纳兹），Adam Silverman（亚当·西尔弗曼）	成立时间	1991 年
	发 源 地	美国		
	品牌官网	https://www.xlarge.com		

    作为洛杉矶街头服装文化的先驱，X-Large 于 1991 年在加利福尼亚州洛杉矶的洛斯费利斯社区开了一家商店。这家商店由 Eli Bonerz（伊莱·博纳兹）与 Adam Silverman（亚当·西尔弗曼）开业，很快被 Beastie boys（野兽男孩）的 Mike D、Spike Jonez（斯派克·琼斯）和 Chloe Sevigny（克洛伊·塞维尼）等名人光顾。X-Large 服装品牌真正反映了其周围环境

和洛杉矶的生活方式。该品牌从工作服、复古和俱乐部场景美学中汲取灵感；受到世纪中叶的设计、滑板和音乐的影响。X-Large以其大猩猩标志为标志，被确立为原创作品之一，并继续影响着全球几代人的街头服装文化。

姐妹品牌X-Girl由Kim Gordon（金·戈登）和Daisy von Furth（黛西·冯弗斯）创立。Sofia Coppola（索菲亚·科波拉）和Spike Jonze（斯派克·琼斯）制作了X-Girl的第一场时装秀，其于1994年在曼哈顿SoHo的街道上举行。Chloë Sevigny（克洛伊·塞维尼）参加了该场时装秀，并成为该品牌的代言人。1998年，X-Girl被出售给日本公司B's International。2008年X-Large被日本B's International收购。

Visvim

	创 始 人	Hiroki Nakamura（中村耕太郎）	成立时间	2000年
	发 源 地	美国		
	品牌官网	https://www.visvim.tv		

Visvim是一个由Hiroki Nakamura（中村耕太郎）在2000年成立的日本男装品牌。Visvim最初是一个鞋类品牌，后来拓展至服装系列，Nakamura还设计过一个名为FIL的女装系列。Visvim一直在不断寻求普遍的美感，并制造具有真正和持久价值的产品，每个系列都展示了受世界各地真正手工艺启发的鞋类、服装和配饰设计，对手工艺和心灵传授的技能进行重新诠释，代代相传。Visvim的产品花费大量时间和精心制作，以寻找长期享受和关注美好事物的人的共鸣。

Visvim的鞋类和服装采用了传统生产技术和现代技术相结合的方式，Visvim的产品灵感来源于美式复古、日本江户时代服装、法国工作服、阿米什拼布面料、美洲原住民服装、阿拉斯加户外和芬兰萨米部落文化等。Visvim还使用Gore-Tex材料制作防水夹克和可更换的Vibram外底。Visvim生产的FBT产品是对美洲原住民莫卡辛鞋的现代诠释，但配有运动鞋外底，它的灵感来自英国乐队Fun Boy Three的Terry Hall（特里·霍尔）穿的莫卡辛鞋。Visvim Christo凉鞋的灵感来自同名艺术家二人组Christo（克里斯托）和Jeanne Claude（珍妮·克劳德），其结构环绕脚部，类似于Christo包裹的建筑。2008年，Visvim推出了一种名为"Folk"的新鞋类系列，主要采用皮革鞋面，没有使用化学鞣制。

Goodenough

	创 始 人	Hiroshi Fujiwara（藤原浩）等	成立时间	1990年
G GOODENOUGH	发 源 地	日本		

　　Goodenough是一个来自日本的街头服饰品牌，由设计师藤原浩、CAVEMPT设计师SK8THING，以及精选店主Toru Iwai于1990年创立。Goodenough背后的设计师被保密了相当长的一段时间，这给品牌增添了不少神秘感。在藤原浩的访谈录中他谈及此事时解释道，如果透露是藤原浩，粉丝会买任何东西，而不是关注服装。

　　Goodenough以其简约的设计和风格而著名，他们的服装和配饰常常呈现出干净利落的外观，注重简洁而实用的设计。Goodenough的设计中常常出现品牌标志，如字母"G"和"Goodenough"字母，这些标志常常成为品牌产品的标识。Goodenough的设计受到街头文化和音乐文化的影响，他们的产品传达出年轻人的态度和精神，注重实用性和舒适感。他们的设计常常考虑到日常生活的需求，创造出适合日常穿着的时尚。Goodenough涵盖了男女服装、鞋类、帽子、配饰等多个领域，其设计融合了简约风格、街头元素和实用性。

　　1993年以后，巨大的原宿浪潮袭击了东京，Bape和UNDERCOVER以及他们各自的设计师都声名鹊起。Goodenough也在这一时期吸引了大量的人气。然而，在1995年，藤原浩决定停止该品牌的运营半年时间，甚至将零售商仅限制在他的朋友经营的10家商店。当被问及他这一决定的原因时，他回答说："如果我们继续这样下去，我们的品牌价值就会下降。"

　　在该品牌回归后，一些标志性的合作诞生了，其中包括和porter合作制作的DJ包，以及与Supreme、Nike、Fragment design和Undefeated等品牌的合作。

最终，Goodenough 在 2017 年宣布结束营业。

Fragment design

	创 始 人	Hiroshi Fujiwara（藤原浩）	成立时间	2003 年
fragmentdesign	发 源 地	日本		
	品牌官网	http://www.fragment.jp		

　　Fragment design 是日本多学科艺术家和设计师藤原浩的品牌之一。品牌将咨询、设计、营销和文化结合在一起，被称为原宿时尚界的教父。该品牌定位在当代生活方式和文化的交汇处，作为街头服装的活化石被人熟知。

　　Fragment Design 以其独特的设计和创意而著名。他们的产品常常带有鲜明的标志性设计，包括图案、图像和文字。Fragment Design 的设计中常常出现品牌标志，如"FRGMT"字母。这些标志成为品牌的标识，也代表着藤原浩的创意。Fragment Design 品牌强调创意、引领潮流和独立，他们的设计传达出藤原浩对时尚和文化的独特见解。Fragment Design 与众多国际品牌合作，推出了许多受欢迎的联名系列，他们与 Nike、Louis Vuitton、Jordan Brand 等品牌的合作备受瞩目。

　　该品牌为藤原浩与一些时尚界和从手表到电子产品等产品领域的知名人士合作铺平了道路。标志性的双闪电预示着一个可能被炒作的合作的到来，品牌深入运动鞋和男装领域，并在 Converse、Moncler、Levi's、Stüssy、Off-White 和 Supreme 等品牌上出现，成为该行业最受欢迎的合作者之一。此外，藤原浩与星巴克合作，从外卖杯到会员卡，甚至在 2011 年东京开设了一家概念店。

KENZO

	创 始 人	Kenzo Takada（高田贤三）	成立时间	1970 年
KENZO	发 源 地	法国		
KENZO PARIS	品牌官网	https://www.kenzo.com		

Kenzo Takada（高田贤三）出生于日本，1964年搬到巴黎，开始了他的时尚生涯，以受亚洲和日本影响的风格构建欧洲时尚而闻名。最初，品牌在位于Galerie Vivienne的一家名为"Jungle Jap"的精品店开始经营。据报道，他在蒙马特的一家大型折扣店购买了价值200美元的面料，用它制作了他的第一个系列。由于美国市场认为"Jungle Jap"过于贬义，该品牌在1976年纽约时装秀后更名为Kenzo。

Kenzo品牌强调文化多样性和全球影响。他们的设计受到世界各地文化的启发，创造出跨足国界的时尚。Kenzo品牌的野兽图案是其标志性设计之一。这些图案通常描绘了野生动物，如虎、狮子等，赋予品牌独特的标识。Kenzo品牌传达出创意、多元和活力。品牌常常在设计中融合了明亮的色彩、图案和纹理，营造出充满活力的时尚形象，代表着对时尚的独特视角和对文化的敬意。

Kenzo于1987年开始设计男士系列，接着推出了儿童和家庭系列，并于1988年开始设计香水。1993年，奢侈品制造商LVMH以约8 000万美元的价格从SEBP和Financière Truffaut手中收购了Kenzo。从1995年开始，Kenzo还开发了Kenzo Studio，通过与Bonaventure集团的许可协议制作了一条生产线。虽然Kenzo开发了该系列的时尚方向，但Studio只在美国和中国的Kenzo零售店销售。

Kenzo以独特设计、文化多样性和创意闻名于世。通过将明亮的色彩、野兽图案和全球文化融入设计，Kenzo在时尚界创造出了鲜明的品牌形象，吸引了寻求时尚创意和多元化的消费者。

Undercover

UNDERCOVER JUN TAKAHASHI	创 始 人	Jun Takahashi（高桥盾）	成立时间	1990年
	发 源 地	日本		
	品牌官网	https://undercoverism.com		

设计师Jun Takahashi（高桥盾）于1988年进入文化时尚学院学习，并于1990年与朋友一起创办了时尚品牌Undercover，从而品牌雏形初现。1994—1995年的秋冬系列在东京时装周期间首次亮相，即

获得广大同行及媒体的认同。2000 年 Undercover 有限责任公司转变为 Undercover 股份公司；2003 年品牌春夏系列在巴黎举办了第一次展览，让品牌走向了世界舞台；2010 年与耐克合作推出了"GYAKUSOU"跑步系列；2012 年与优衣库合作推出了专注于家庭的"UU"系列；2013—2014 年秋冬系列推出了新系列"John Undercover"（男士）和"Sue Undercover"（女士）；2015 年在东京歌剧院城市美术馆策划了该品牌的首次博物馆展览，名为"Labyrinth of Undercove 25 year retrospective"；2019 年，品牌正式加入 2019 年春夏系列的巴黎男子 T 台秀官方日程，同年，Jun Takahashi 为 Valentino 2019—2020 秋冬男女系列设计图案。Undercover 和 Valentino 男子 T 台秀在同一天亮相，两者都分享了这些图案元素。

Beams

	创 始 人	Etsuzo Shikara（志良悦三），Osamu Shigematsu（重松修）	成立时间	1976 年
	发源地	美国		
	品牌官网	https://www.beams.co.jp		

　　Beams 是日本一家著名的当代时尚连锁店和品牌，总部位于日本东京。第一家 Beams 商店于 1976 年 2 月开业，占地只有 21.5 平方米，位于一栋建筑内，后来完全成为目前的男装旗舰店 Beams Harajuku。作为生活方式零售的先驱，Beams 进口和销售时尚和家居用品产品，感觉就像加州大学洛杉矶分校的学生宿舍，并将其商店命名为 American Life Shop Beams。几年内，该公司迅速将其领域扩展到美国东海岸和欧洲，于 1978 年和 1981 年新创建了 Beams F 和国际画廊 Beams 商店。为了应对女性风格日益增长的需求，Beams 的第一家女性品牌和商店 Ray Beams 于 1984 年成立。Beams 通过专门的购买和销售团队开发了许多标签，继续添加新的类别。对于每个标签和商店，国际和日本设计师商品都由内部标签产品补充，为商品组合增添了多样性和深度。

　　在增长过程中，Beams 在跨品牌合作中赢得了声誉。买家经常定制设计师产品，以更好地适应日本体质或为流行模型添加特殊细节。1997

年，Beams与摩托罗拉合作，生产专门设计的手机和小工具兼容的服装。从这一时期开始，品牌合作项目迅速增加，Beams与正宗的国际和国内品牌进行了几个值得注意的合作项目，其中许多项目出现在2017年Rizzoli[1]出版物《BEAMS：东京之外》中。

目前Beams总部位于日本东京。Etsuzo Shitara的儿子Yo Shitara成为公司所有者和总裁，其约150家商店大都分布在日本各地。公司于2006年在香港开设了一家女装店，随后在北京、上海、台北等地开设了办事处。

Mastermind JAPAN

	创 始 人	Masaaki Homma（本间正明）	成立时间	1997年
	发源地	日本		
	品牌官网	https://mastermindtokyo.com		

Mastermind JAPAN是由Masaaki Homma|（本间正明）于1997年创立的时尚品牌。作为一个高端品牌，它将质量与其标志性的头骨和骨头标志混合在一起。每件作品都在标签中标明产自日本，并标注帮助制作这件衣服的人员名单。Mastermind JAPAN曾与Dover Street Market、Stussy、adidas Originals和Bamford Watch Department等公司合作制作产品。Homma虽然缺乏正规的时尚教育，但他之前在Yohji Yamamoto工作的经历促使他于1997年在东京时装周上推出该品牌，然而，他的作品在一段时期内并没有销量，他很快面临巨额债务。作为最后一次尝试，Homma参加了在巴黎举行的SEHM联合展览，被热情的工作人员说服继续他的时尚事业。在参加展览的第三年，Homma收到了一笔重大订单，为该品牌注入了大量现金，并巩固了其高质量产品的定位。2013年，Homma决定停止该品牌的季节性发布与生产，只保留与不同

---

1 Rizzoli：美国纽约出版公司，母公司为意大利RCS Media Group。Rizzoli Bookstore被公认为美国最重要的独立书商之一，特别是在文学、摄影、建筑、室内设计、烹饪、美术和精巧的应用艺术领域多有建树。

的大品牌合作的业务。

如今，Mastermind JAPAN已是名扬四海的品牌，mmj以黑白两色为主轴，Logo是骷髅头。同样采用骷髅头作为设计主旋律的还有英国奢侈品品牌Alexander McQueen，在两个品牌的共同努力下，骷髅头不再是死人的象征，而是潮流的标志。在2008年，正值品牌巅峰十周年之际，Homma宣布以"Mastermind"各字母为主题的十季产品结束，Mastermind JAPAN立即结束运营，这一举动使得最后几年品牌的热度攀至巅峰。2016年春季之后，该品牌以特别合作的形式部分回归。2017年，为拓展海外市场，品牌发布了Mastermind WORLD系列，并持续运营至今。

Peach John

	创始人	Mika Noguchi，Shoji Noguchi	成立时间	1994年
PEACH JOHN TOKYO PEACH JOHN	发源地	日本		
	品牌官网	http://www.peachjohn.co.jp/		

Peach John公司由Mika Noguchi和前夫Shoji Noguchi于1994年6月1日在日本东京创立。当时29岁的Mika Noguchi成立了一家进口美国内衣的小型邮购公司。Peach John（ピーチ·ジョン Pī chi Jon）这个名字的灵感来自日本民间故事英雄Momotarō（桃太郎），Momo（桃）翻译为"桃子"，Tarō（太郎）是一个和John一样常见的男性名字。Mika Noguchi想要一个以字母P开头的名字，因为她发现pī（**ピー**）的声音是"可爱的"。

Peach John品牌成立之初的目标是为女性提供时尚、可爱和高品质的内衣。Peach John以其可爱的设计风格著名，其内衣和服装常常充满了甜美、少女心和可爱的元素，品牌设计追求舒适和时尚，满足了不同女性的需求。Peach John常常邀请知名女性明星作为代言人，同时也与设计师、品牌进行合作，推出限量版和联名系列。Peach John的品牌理念是"用心创造美好"，希望为女性创造积极、自信和美好的内在和外在。

随着公司产品线的持续扩张，2001年Peach John几乎破产。重组后，该公司在13个月内偿还了20亿日元的债务。2006年5月，日本内衣制造商 Wacoal 与 Peach John 结成资本联盟，Wacoal 持有该公司49%的股份。2008年1月10日，Wacoal 购买了 Noguchi 的剩余股份，至此 Wacoal 完全控制了 Peach John Co., Ltd.。

Sacai

sacai	创 始 人	Chitose Abe	成立时间	1999年
	发 源 地	日本		

　　Sacai 是一家来自日本的时尚品牌，由设计师 Chitose Abe 1999年创立，以独特的设计风格和创新的时尚理念而闻名。Sacai 的设计融合了不同的元素和材料，创造出独特而引人注目的时装作品。该品牌经常与其他品牌合作，如 Nike 等，推出备受瞩目的联名系列。Sacai 的设计深受时尚界和时尚爱好者的喜爱，成为了日本潮牌中备受推崇的一员。

　　Sacai 善于将不同的元素和材质混搭在一起，创造出独特的时尚作品，这种混搭风格使品牌独具魅力。Sacai 注重细节，他们的设计常常在细微之处呈现出独特的想法。

　　Sacai 的设计灵感来源于不同的领域，包括运动服饰、军事风格和传统服装等，这种多元的影响使得 Sacai 的作品独具风格，同时兼具时尚与实用性，品牌在时装周上展示出的创新设计和非凡的工艺也使其备受关注，它持续推陈出新的设计使其在时尚界保持着高度的影响力和知名度。

Ambush

AMBUSH	创 始 人	Verbal（维尔巴尔）和 Yoon（尹衍植）	成立时间	2008年
	发 源 地	日本		

　　Ambush 是一家时尚品牌，由设计师 Verbal（维尔巴尔）和 Yoon（尹衍植）于2008年创立，总部位于日本东京，在国际时尚界获得了广泛的关注和认可。Ambush 以其独特的设计风格和前卫的概念而闻名，品牌

的设计融合了街头风格、流行文化和奢华元素，创造出具有冲击力和时尚感的作品。Ambush的设计常常运用鲜艳的色彩、大胆的剪裁和创新的材质，打造出引人注目的配饰和服装。作品通常以大胆的形状、饰品和配件为特点，赋予穿着者自信和个性，他们的设计灵感来源于街头文化、摩托文化、音乐等多个领域，充满了年轻、活力和前卫的氛围。品牌的标志性设计包括大号链条项链、夸张的耳环、别致的戒指和创新的手袋等，品牌的作品经常在国际时装周上展示，受到时尚界和时尚爱好者的热烈追捧，品牌在设计和创新方面始终保持着前沿的姿态，成为了时尚界中备受推崇和引领潮流的品牌之一。

　　Ambush品牌的创始人Verbal和Yoon都具有多样化的背景和艺术创作经验。Verbal是一位知名的音乐人、制片人和时尚评论家，而Yoon则是一位具有韩国和美国双重背景的珠宝设计师，这两位创始人的不同视角和创意碰撞使得Ambush品牌呈现出独特而多元的风格。品牌在国际时尚界取得了广泛的认可，并赢得了众多时尚奖项和殊荣，其作品常常出现在时尚杂志、红毯和名人身上，成为了时尚潮流的引领者。

第十章　　　　　中国著名运动名牌

CHRONICLES
OF STREETWEAR
BRANDS

国内运动品牌概况

●

随着中国经济实力的不断增强，许多本土运动品牌的知名度在国内外逐渐提高。2008年北京奥运会的成功举办，使得李宁、安踏、特步等国内知名体育品牌得到了一定程度的发展，各品牌形成了较为明确的市场定位，知名度得以大幅提升。这些品牌根据各自的特点制定了不同的营销策略。尽管新冠肺炎疫情对全球经济造成了影响，导致许多中国运动品牌的销售指数下滑，但自后疫情时代开始，这些品牌的发展趋势逐渐得以恢复。目前，针对消费群体内心需求的有形产品和无形服务已成为体育品牌发展的重要关注点。未来，中国运动品牌需要不断提升核心竞争力，打造更具影响力的品牌形象，引领整个行业的发展，并朝着国际舞台进军。

国内运动品牌发展现状

随着人们物质生活水平的提高，越来越多的人开始追求健康生活，对于运动产品的消费需求也增加了。中国经济的发展和消费者需求的提高，使得本土运动品牌得到了越来越多的认可和支持，为了满足消费者对高质量和创新产品的需求，国内运动品牌不断进行技术研发和产品创新，特别在跑鞋、篮球鞋等领域取得了一定的成就。最近几年的国家统计局数据显示，中国品牌在本土市场备受欢迎，越来越多的消费者愿意选择本土运动品牌。

随着中国市场的不断扩大，越来越多的国际运动品牌开始进入中国市场，这些外资品牌具有更先进的技术和管理经验，对国内品牌构成了一定的竞争压力。目前，我国的运动品牌市场竞争激烈，外资品牌加大了在中国市场的投资力度，高科技运动品牌仍以进口为主，中国运动品牌则占据低端市场。

虽然运动产品市场的体量大，但相较于国外企业而言，国内品牌的市场份额仍相对较低。即使国货品牌价格实惠、品质好、口碑佳，国产运动品牌也一直在不断创新，但与外国运动品牌相比，技术上仍有一定差距，许多品牌由于设计或经营理念落后而被市场淘汰。此外，国产品牌还缺乏长期的品牌效应，消费者在心理上也存在固有偏见，倾向于跟随大众意见和态度，购买能够带来附加价值的外国运动品牌。尽管国货在一定程度上受到爱国热情的支持，但消费者仍需要面对心理上的挑战。

国内运动品牌现存问题

1. 营销推广意识不足

一些中国体育品牌可能没有充分认识到市场营销和品牌推广在成功中的关键作用。他们可能更关注产品质量和成本，忽视了如何将其产品有效地传达给目标受众，其中包括对品牌故事的讲述不够清晰、缺乏独特的品牌识别度等，这些问题可能导致品牌在市场上的知名度较低，在竞争激烈的市场中难以被充分认知和接受。解决这一问题的关键在于加强市场营销团队，采用创新的宣传方法，包括社交媒体、体育赛事赞助和名人代言等。

2. 品牌代言人的选择导致体育品牌的定位模糊

选择适当的品牌代言人对于树立品牌形象至关重要。然而，为了快速提升知名度，某些体育品牌错误地选择了并不符合自身发展定位的代言人，导致品牌形象模糊不清。这种情况往往会带来一段时间内的品牌知名度大幅上涨，但之后可能会迅速下降，严重影响品牌长远的发展目标。解决这一问题的方法包括更深入地了解目标市场，选择与品牌核心价值相符的代言人，并确保代言人在公众眼中具有良好的声誉。

消费群体的不成熟也制约着国内体育品牌的进一步发展。中国的体育市场消费者群体相对较年轻，对于体育品牌的认知和需求不如成熟市场那么高，这可能会限制品牌在国内市场的增长潜力。此外，消费者对于服装类产品的价格敏感度较高，这严重影响了中国本土体育品牌的推广和发展。另一方面，这也意味着有机会教育和培养未来的消费者，品牌可以通过开展体育教育计划、支持青少年体育发展和与体育明星合作来提高消费者对体育的认知和参与度，培养更多的忠实消费者群体。

国内运动品牌介绍

李宁（Li-Ning）

李宁，是由"体操王子"李宁先生于1990年创立的专业体育用品品牌。李宁公司拥有完善的研发、设计、制造、市场、品牌营销、经销及零售运营能力，主要经营李宁品牌专业及休闲运动鞋、服装、器材和配件产品业务，现已建立起领先的全渠道销售网络和完善的供应链管理体系，并在电商生态与数字化领域持续布局和突破。与生俱来的运动基因和"一切皆有可能"的品牌精神始终贯穿在李宁品牌的发展历程中。李宁品牌以"用运动点燃激情"为使命，秉承"以体育精神服务大众""超越自我才能赢得比赛""个人与团队共赢""公平透明是比赛原则，也是企业原则""员工、企业、社会、自然和谐发展"的品牌核心价值观，致力于成为源自中国并被世界认可的，具有时尚性的国际一流专业运动品牌。

李宁公司采取"单品牌、多品类、多渠道"的发展策略，聚焦跑步、篮球、运动生活、健身和羽毛球五大核心品类，围绕产品体验、运动体验和购买体验创造"李宁式体验价值"。创新是李宁发展的根本，也是持续提升"李宁式体验价值"的关键。在三十多年的发展中，李

图10-1　李宁集团品牌

宁始终追求在运动科技领域的突破和创新，在产品中融入新材料、新技术，不断以科技升级推动产品升级，在被专业赛事广泛应用的同时，也收获了国内外著名运动员的高度认可，彰显品牌赋能专业运动表现的卓越实力。在运动生活领域，李宁品牌开创性地以运动的视角表达对中国文化和潮流的理解，积极展示富有创造力的品牌形象，并以联名合作的方式，激发跨界碰撞火花，为消费者带来运动生活方式新选择，给市场带来诸多惊喜可能。除核心品牌李宁牌之外，李宁公司同时还生产、开发、推广、分销及销售多个其他品牌的体育产品，包括红双喜乒乓球产品、AIGLE（艾高）户外运动用品、Danskin（丹斯金）舞蹈和瑜伽时尚健身产品、Kason（凯胜）羽毛球产品。

目前，李宁公司储备有充裕现金。据披露，到2022年底，公司账上持有的现金、短期和长期存款，总额高达190亿元，且无银行借贷，即便派发12亿股息后，手头仍有约178亿资金可供调用。手持大量现金，主品牌增长承压，收购成为一个可选项。去年，李宁国际市场的占比仅有1.8%。未来三年，李宁大方向不变，聚焦国内市场，着力于内生增长。过往几年，李宁本人和联席CEO钱炜一直强化"肌肉型组织"，致力于商品运营、库存、店铺运营、渠道等基础能力，提升效率优化。可预见的是，其管理重心不会变。据钱炜透露，从3月开始，李宁已恢复同比增长，会谨慎、乐观地看待客流回暖的状态。管理层对2023年的展望，总体较为谨慎，目标较为克制。据李宁首席财务官赵东升介绍，收入增幅大体定在10%—20%区间，预期净利润率也保持在10%—20%之间的合理水平。这个头部体育品牌，正逐渐拉近与对手的体量差距。

除此之外，李宁公司自创立以来，努力回馈社会，将负责任的企业公民态度实际贯彻到公司发展的各个层面，推动青少年的体育公益事业发展，关注突发公共事件的慈善捐赠，践行可持续发展理念。作为中国妇女发展基金会的战略合作伙伴，公司积极投身妇女扶贫、妇女健康、女性创业等公益项目，促进妇女事业发展。

李宁品牌的重要发展时期大致如下：

1990年，李宁体育用品有限公司在广东起步，创立之初即与中国奥委会携手合作，通过体育用品事业推动中国体育发展，并不遗余力赞助各项体育赛事及运动队；

2002年，李宁公司确立全新品牌定位，提出"一切皆有可能"品牌口号；

图10-2　蓝色极限团队参观李宁总部

2004年，李宁公司在香港成功上市，是第一家在港股上市的中国内地体育用品企业公司，标志着李宁品牌进入高速发展阶段；

2015年，李宁公司步入新一轮发展的元年，开始向"互联网＋运动生活体验"提供商的角色转变；

2016年，李宁公司不断提升产品体验、运动体验、购买体验，致力于打造"李宁式体验价值"；

2018年，集团采取"单品牌、多品类、多渠道"发展策略，聚焦跑步、篮球、运动生活、健身和羽毛球五大核心品类，巩固和完善核心业务重点，持续聚焦李宁式体验价值；

2019年，李宁打造"肌肉型企业体质"，以全面提升企业效率为目标，建立起具备可持续发展以及可持续提高盈利能力的企业经营体制，持续强化公司核心竞争力。

2020年10月，李宁公司市值突破千亿港元。

安踏（ANTA）

安踏于1991年在福建省晋江市由丁和木创立，该公司是一家专门从事设计、制造、销售运动鞋服和配饰装备的多品牌、综合性体育运动用品集团。安踏拥有生产制造与营销导向相结合的完整体系，始终秉承"消费导向、专注务实、尊重包容、超越创新"的企业价值观。1999年至2001年，安踏在运动鞋领域的市场占有率获得我国同类品牌第一，并在近十年发展过程中，从民营企业转型为具有现代管理结构和国际竞争力的运动品牌。

作为我国第一个在国内实施"央视广告＋体育明星"营销模式的品牌，安踏在1991年成立初期便签约我国乒乓球大满贯得主孔令辉作形象代言人，之后开始精准赞助体育事业。2004年至2014年，安踏成立国内首家运动科学实验室进行自主研发，推出安踏儿童子品牌，收购意大利品牌斐乐在中华区运营权和商标权，将其定位在国内高端市场，逐步占领国内各大高端百货商场营销渠道。近几年，安踏推出个性化品牌定制服务体系，基于互联网时代的发展，安踏增强消费者主体地位，进一步挖掘消费者需求实现自我变革。

安踏不断扩大目标市场，开创和并购国际化专业化品牌，已成为具有多品牌多市场的综合性体育企业。安踏旗下品牌包括安踏、安踏儿童、斐乐、斯潘迪、迪桑特、可隆、小笑牛等，涉及定位于大众消费群体的普通体育用品品牌、专为儿童群体打造的健康舒适品牌、具有专业运动功能性的高级运动品牌、针对城市健步的运动舒适科技品牌、体育界联名的休闲时尚潮流品牌等。品牌多元化提升安踏在国际市场占有率，帮助安踏开拓消费者市场需求，从而提高安踏在国内外市场竞争力。

作为一家多品牌集团，2022年营业额的逆势增长得益于旗下几个国外品牌。因抓住户外运动风口，集团旗下的DESCENTE（迪桑特）及KOLON SPORT（可隆）两大高端品牌实现高增长，"其他品牌"合计收益大幅上升26.1%至44.1亿元；同名的安踏品牌收益增长15.5%至277.2亿元。此外，集团之前收购的Amer Sports（亚玛芬）合营公司（旗下拥有始祖鸟等品牌）实现史上最佳业绩，收益同比增长21.8%，利润约2800万（2021年底为亏损3.5亿）。集团方面表示，亚玛芬中国市场业务渐入佳境，中国市场业务占比与2019年收购时相比有大幅提升。

安踏集团方面表示，之所以能够克服外界环境的不确定因素，实现稳健增长，在于"单聚焦、多品牌、全球化"战略的驱动，充分发挥"多品牌组合全覆盖细分需求"的集团优势，深耕运动鞋服全价值链的"垂直整合业务模式"及"多品牌协同运营能力"的进一步深化。公司凭借发展成熟的垂直整合业务模式，深度涉足运动鞋服行业的上游、中游和下游，严格及有效地监控整个价值链，从设计、研发、制造、推广到销售，快速响应市场多变的差异化需求。

斐乐（FILA）

FILA是一家享有盛誉的国际运动品牌，成立于1911年，总部位于意大利，以设计和生产运动鞋、运动服饰和配件为主，并在全球范围内享有广泛的知名度和影响力。FILA中国的产品涵盖了各种运动类别，包括跑步、篮球、网球、健身等，其产品以高品质、舒适性和时尚性为特点，深受运动爱好者和时尚潮人的喜爱。FILA的标志性设计元素和品牌标识，如经典的FILA标志和多彩的配色方案，使其产品在市场上具有辨识度。

FILA中国作为FILA品牌在中国的分支，致力于将FILA的潮流运动风格和优质产品引入中国市场。FILA中国在中国大陆多个城市设有零售店铺，同时也通过官方网站和电商平台提供在线购物服务，方便消费者选购他们喜爱的FILA产品。除了产品销售，FILA中国还与各类体育赛事、品牌大使和潮流文化活动合作，积极推广品牌形象和运动精神。通过与体育明星和潮流文化的结合，FILA在中国市场建立了广泛的品牌认知度和忠诚度。

茵宝（UMBRO）

1924年，英国一家叫做"Humphreys Brothers Clothing"的公司创立了茵宝（UMBRO）品牌，开始生产足球服和足球鞋。1950年，茵宝在其他体育项目中推广产品，如板球、网球和橄榄球。1958年，巴西队穿着茵宝连续两届夺得世界杯冠军。1966年，英格兰队穿着茵宝赢得世界杯冠军。1992年，茵宝被英国零售商Pentland Group收购。2007年，其被Nike以现金支付的形式收购，此后的产品虽然印着茵宝LOGO，但都逃不开Nike的影子，尤其是茵宝为签约球星佩佩和乔哈特制作的球鞋，都是以Nike传奇4为模板设计的。2012年，不甘心寄人篱下的茵宝与美国Iconix（艾康尼斯）公司达成协议，正式脱离了Nike的控制，在

图10-3　潮叔与茵宝CEO Keith

新股东的支持下，茵宝重回赛场。该品牌赞助了西亚汉姆联队，与沙尔克04、埃因霍温、埃弗顿达成合作，签下第一位中国球员邓涵文，并以希腊神话为典故将自己的球鞋系列划分为掌控系（Medusae）、速度系（Velocita）和力量系（UX Accuro）。2016年，张腾飞的美和美创以4亿人民币拿下茵宝在中国的经营权和部分商标权。

作为老牌足球装备品牌，茵宝近年来几乎快被消费者遗忘，国际份额被各大势头强劲的品牌抢占，茵宝想从中突围，便不断拓宽品牌边界，与Off-White（纯白）、Vetements（唯特萌）、Palace（宫殿）等众多知名时尚潮流品牌共同推出系列联名产品，在经典英伦复古风格的基础上，融入足球基因与潮流化设计，为品牌注入更多年轻力量。

2022年，中乔体育收购茵宝中国。据悉，中乔体育计划进一步投入资金进行品牌重塑及市场运营，在其原有业务板块持续发展的前提下，将借助自身在中国市场的渠道优势，结合茵宝在足球领域的专业优势及知名度，聚焦运动时尚潮流领域，实现品牌焕新升级。茵宝以"茵为热爱"之名回归中国市场，除推出拥有深厚历史底蕴的足球、训练及跑步专业运动产品系列外，还将为中国消费者带来运动休闲、1924系列高端产品及众多品牌联名系列产品，并陆续登陆天猫、京东、得物等平台。在竞争激烈的中国运动品牌市场中，茵宝备受瞩目的开局，其和中乔体育之间会产生怎样的化学反应，还有待时间验证。

帕拉丁（Palladium）

帕拉丁品牌的法语含义是"守护神"，品牌诞生于法国里昂。1920

年法国里昂，一家战斗机轮胎生产销售商正式创立，凭借在当时优质的硫化橡胶和帆布技术，迅速占据欧洲航空市场。二战结束后，这家战斗机轮胎经销商取材自家飞机轮胎，将出色的生产材料应用在靴子制造上，推出广受好评的产品PALLABROUSSE（帕拉布鲁塞）。1990年开始，该款靴子在欧美成为多功能靴子的代表、极简风格的流行指标，因其不褪的流行特色、简单百搭的外形设计，加上舒适、耐磨、防水保暖等特性，其在全球范围内大受欢迎。布拉德皮特和威尔史密斯等一众影帝级人物也竞相加持。随着市场的不断扩大，帕拉丁开始与各种时尚品牌合作，推出联名款式，如与美国品牌Smiley、林书豪合作的鞋款等。同时，帕拉丁也开始拓展产品线，在鞋子的基础上推出服装和配件等产品。

2019年，特步以2.6亿美元的价格收购韩国时尚零售集团衣恋集团旗下运动品牌帕拉丁（Palladium）。2022年，帕拉丁所在的特步时尚运动分部收入增加44.4%，达到人民币14.03亿元，占集团总收入的10.8%。如今，帕拉丁已经成为了一个备受欢迎的时尚品牌，其标志性的橡胶底鞋款仍然是品牌的代表作。除了经典的橡胶底鞋款外，帕拉丁品牌还推出了多款适合不同场合穿着的鞋款，如Pampa Hi、Pampa Lite、Pampa Free和Pampa Baggy等。同时，品牌还推出了服装和配件等产品线，如夹克、T恤、帽子和包等。帕拉丁品牌不仅在欧美地区有着广泛的市场和忠实的粉丝，也在亚洲和其他地区逐渐崭露头角。

图10-4　Palladium帕拉丁与林书豪联名的7号系列

图10-5　潮叔与Palladium帕拉丁供应链总监桑飞

美津浓（Mizuno）

　　美津浓是日本美津浓株式会社于1906年创立的运动品牌，经过一个多世纪的不断努力，现已成为世界知名的运动器具、服装和鞋类生产商。作为百年国际运动品牌，美津浓始终秉承创始人水野利八"必须创造优良的商品"的品牌宣言，专注于打磨最好的产品和追求更为卓越的产品技术，把匠心独具的精湛工艺延续至跑步、足球、室内运动、运动休闲等各大领域。同时，美津浓以传承与开拓精神，不断超越自我，积极拓展品牌边界，为更多热爱运动的人提供风格选择。

　　美津浓是最早、也是业界最专业的棒球运动品牌之一。品牌成立之初，水野利八先生就开始开发、销售棒球相关的运动产品。在118年的品牌荣耀史中，美津浓见证了日本棒球从0到1的飞跃，也帮助无数心怀大志的专业运动员实现棒球梦想。

　　美津浓力求服务于各类运动项目，并竭力使运动生活更加愉快和振奋。产品种类齐全，覆盖几乎全部主要运动项目，达到30多个品类。从1913年创始人亲手设计第一款棒球手套开始，美津浓不断创新。1933年，日本第一套高尔夫球具Star Line诞生，这套模具是美津浓的第一套铸铁模具，也作为美津浓重要的科学技术一直延续至今。1928年，美津浓第一款田径鞋登场，它所采用的皮革材质及承重细长鞋钉部件，使很多著名运动员开始选择信赖美津浓钉鞋。1991著名田径选手刘易斯穿着美津浓田径鞋创了100米短跑9.86s的世界纪录，美津浓作为专业运动品牌的实力和潜力被更多世人所看见。从1927年第一块滑雪板、1947年第一块网球拍、1976年世界冠军的拳击鞋，再到1985年Morelia足球鞋诞生，其"轻量，柔软，天然赤足感"，单只重量为245克，领先全球技术。这些都是美津浓不断钻研、创造专业产品的见证。时至今日，美津浓在乒乓、羽毛球、排球、柔道、游泳领域都成为最受专业运动员和运动爱好者信赖的装备之一，成为名副其实的全球知名综合性体育运动品牌。

　　美津浓在运动科技研发领域不遗余力，产品开发坚持以广泛的科学研究为基础，确保为人们提供一种更加舒适的运动体验，同时坚信科技与人类感性结合起来，才能创造好品质，在扩大产品范围的同时，不断采用新的技术，开发新的产品，加强产品的功能性。2022年，最新的

MIZUNO ENGINE美津浓引擎（美津浓研发中心）在大阪正式落成，期间研发的兼具稳定性和缓震性的MIZUNO WAVE（波浪片）、全新超能MIZUNO ENERZY（回弹性能专业跑鞋材料）、用于滑雪运动的Breath Thermo（保暖发热科技）等都作为产品的技术基础，为世界带来运动体验革新。

美津浓也是中国国家棒球队的唯一指定专业棒球器材、比赛装备赞助商。美津浓也将与中国国家棒球队一起，致力于在国内推广棒球文化，普及棒球运动，共同培养更多中国棒球的未来之星，并为中国棒球队球员的成长提供强大的支援。

2021年，美津浓制定了象征可持续发展活动整体的标志——"MIZUNO CREW 21"，它不仅包含保护地球环境，也包含了社会和经济。美津浓将保护作为运动舞台的地球，把从科学研究与大自然中得到的灵感相融合，对产品和服务不断进行创新，通过运动培养健全身心的未来。

图10-8　潮叔与美津浓CEO张志勇

第十一章　　　　　　中国著名潮牌

CLOT

创 始 人	陈冠希	成立时间	2003年
发 源 地	中国香港		
品牌官网	https://clot.com		

CLOT是由香港著名艺人陈冠希创立的以中国风为设计重点的潮流服装，该品牌善于与国际知名品牌及名人合作，如Nike、Visvim、Fragment design、Coca-Cola（可口可乐）、Stussy、Medicom Toy（美迪康玩具）、Levi's等，一度推出了轰动全球的时尚联名单品。除了售卖潮流单品之外，CLOT品牌同时还提供公关顾问、活动策划、音乐制作等业务，力求把更多新奇有趣的事物从世界各地引领到亚洲。

CLOT创始人陈冠希曾是香港当红新生代偶像，拥有着极高的人气与市场，但娱乐圈所带来的虚伪和不自由让陈冠希产生了离开的念头，于是他离开了经纪公司前往日本，结识了潮流领袖长尾智明与藤原浩，这为陈冠希创立自己的原创品牌埋下了伏笔。

2003年，陈冠希与好兄弟潘世亨（Kevin Poon）共同组建了售卖T恤和板鞋的品牌，取名为Cheating Lots Of Teenagers（意为欺骗很多青少年），他希望通过这个品牌告诉年轻人不要被控制，要勇于追求自己想要的生活。此后，该品牌改名为CLOT（凝结集团）。CLOT希望建立一个桥梁去连接中西方文化，感染当下年轻人去建立自我形象，并找到适合自己的生活方式，鼓励年轻人拥有新想法和创新能力。2018年，CLOT庆祝品牌成立15周年，分别在纽约及巴黎举办了时装秀。2005年6月，CLOT x Madsaki（日本职业艺术家）推出名声大噪的荆棘系列。2006年，CLOT推出与Nike联名的Air Max 1 "KISS OF DEATH"，震撼整个亚洲潮流社群。2007年11月，CLOT推出强调独立个性的Hennessy Devilclot概念店；2011年5月，推出Coca-Cola x CLOT x James Jarvis三方联名系列；2012年，推出CLOT x Converse PRO LEATHER联名系列；2019年，推出CLOT x Nike x藤原浩三方联名的黑丝绸、蓝丝绸、粉丝绸等；2021年，推出CLOT x 14 Low AJ14兵马俑；2022年，CLOT与Converse再度携手，以大熊猫为题，带来全新Panda Pack联名系列，传播爱与乐观的信念，同时提升自然生态保育意识。

Subcrew

	创 始 人	Sam Lee（李灿森），Frankie Cheung（张联康）	成立时间	2004 年
Subcrew	发 源 地	中国香港		
	品牌官网	https://shop.wearethesubcrew.com		

　　香港街头潮牌 Subcrew 一直坚持从街头出发，用自己的方式表达独到的潮流理念，主要商品包括潮流时装、箱包、帽子和饰物等。两位主理人由于滑板结识，后因各自发展需求，Sam Lee 选择从事演员并工作至今，而 Frankie 则从事潜水员工作。2004 年，两人再次相遇，相互表达出对街头文化的浓厚兴趣，便决定创立潮流街头品牌"Subcrew"。Subcrew 品牌名称由"Submarine（潜水艇）"及"Crew（团员）"两个英文字母组合而成，指来自潜水艇的人。之所以如此命名，是因为创始人认为在工作时的状态和情况是不被人所看到的，所以希望通过这种方式把东西呈现出来，就像潜水艇有时也会上浮，被大家看到一样，他们也同样希望品牌能在无限的海洋深处自由穿梭不受任何地域限制，带给大众不一样的生活态度。"自由不受限制"就是主理人们对设计、潮流、生活的一种态度，至此"Subcrew"品牌在香港成立。

　　Subcrew 一向热衷于街头文化，设计风格以街头元素为主，例如滑板、电音、轻军事、户外运动等，再辅以当季潮流元素，形成系列服装的设计方向。除了致力于开发自身产品外，品牌也在深入研究和推广街头文化，曾与国内外多个著名艺术家及国际知名品牌推出联名产品，2012 年 10 月，发布 Subcrew MADE by Jahan x adidas Originals ZX 700，携手新加坡艺术家 Jahan Loh 进行新创作。2012 年 11 月，Subcrew 品牌八周年，发布 Subcrew x Converse 2012 秋冬 Chuck Taylor All-Star 鞋款。2015 年 6 月，Subcrew 与美国殿堂级滑板品牌 FTC 携手，共同打造了全新的 2015 联名系列造型搭配 Lookbook。2016 年 9 月，Sam Lee 邀请中国台湾艺人兼好友吴建豪（Van Ness Wu）合作，为 Subcrew 设计 3 款特别版墨镜，分别名为 PITT、PACINO、DE NIRO，同年12月Subcrew x Casio联合发布粗犷强韧的GA-700手表。2020年8月品牌发布G-Shock x Subcrew x Steve Caballero三方联名系列。

TEAM WANG

TEAM WANG DESIGN	创 始 人	王嘉尔（Jackson Wang）， 张权（Henry Cheung）	成立时间	2020年
	发 源 地	中国上海		
	品牌官网	https://teamwangdesign.com/		

TEAM WANG以"认识自己，创造自己的历史"为品牌理念，旨在为大众传递时尚不只是穿最好的品牌，更重要的是找到态度、希望、精神以及对生活的激情能量。2023年，该品牌发布"The Original 1"延续品牌自我探索的主题，鼓励人们抛开束缚，摒弃来自外界的目光，寻找最初真挚的本心。在设计方面，该系列以标志性的黑色和极简的设计贯穿始终，共推出23个全新单品。除了T恤、卫衣和运动夹克等经典单品外，还增加了运动装、童装和服装配件等品类，以满足不同场合，不同消费者的穿着需求。此外，该系列的创意素材以身着品牌新品的INVISIBLE MAN（隐形人）作为创作主体，以具有质感的镜头语言记录它们在追光灯的照射下聚合成群的形象，呼应了品牌先前举办的CREW NIGHT派对活动的概念，即坚持分享自己的热爱和价值观，营造青年人全新的文化理念。

MADNESS

MDNS	创 始 人	余文乐	成立时间	2014年
	发 源 地	中国香港		
	品牌官网	https://www.mdnsonline.com		

MADNESS是由余文乐创立的香港时尚品牌，主要贩卖潮流时尚服饰及鞋款。主理人余文乐以做自己喜欢穿的东西为品牌理念，用简约的艺术风格吸引志同道合的人，他期望每个人都能拥有MADNESS

（MADNESS BREEDS MADNESS，疯人疯语）的"神经"与"疯狂"的特质，也期待该品牌能够孕育出像他一样能够创造艺术的同道中人。

　　MADNESS是余文乐创立的第二个个人品牌，他强烈地渴望创立一个拥有浓厚个人色彩但不计成本的品牌，目的只在于做出让自己所喜爱的服装。MADNESS品牌常与运动品牌、潮流人士及服饰品牌合作。2015年开始，MADNESS发起联名企划，每周六都发售联名单品或周年纪念单品，曾合作的品牌及设计师有美国街头品牌HUF、NEIGHBORHOOD、龙泽伸介、仓石一树、西山彻等。2016年7月，MADNESS在台湾开设Pop up限定店铺，邀请了水原希子作为特别嘉宾，在限定店铺开始当日推出Madness x Kiko x Wing Shya名人照片印花T恤。2018年MADNESS与Adidas合作推出Ultra BOOST 4.0，同年G-Shock与MADNESS合作推出联名手表。2019年MADNESS与New Balance联手推出990V2联名鞋款，同年与日本品牌POPTER（YOSHIDA POPTER）携手合作推出背包、钱包等五款产品。

DOE

	创 始 人	Himm Wonn 王秉彝、Terry Zhu	成立时间	2014年
DOE	发源地	中国上海		
	品牌官网	https://www.doeshanghai.com/		

　　DOE于2014年在上海由一群理想主义者创立。创立者深受当代中国流行音乐、电影以及全球青年街头文化的影响，他们将这些元素巧妙地融入经典休闲男装的设计中，打造适合更多人的当代服饰。DOE品牌所倡导的"无名氏"理念强调了个性与多样性，表达了每个"无名氏"都可以拥有自己独特的风格，并且每个人都是"无名氏"（DOE）的组成部分。这种

图10-1　潮叔与DOE联合创始人
（左1:Terry Zhu、右1:Himm Wonn）

理念意味着DOE超越了传统品牌的标签和定义，个体能够自由地表达自己，无需受到任何束缚。

ENSHADOWER

≡ Enshadower	创 始 人	李逸超	成立时间	2012年
	发 源 地	中国浙江		

NSHADOWER（隐蔽者）是由一群FIXED GEAR极限运动爱好者[1]以及SNEAKER HEADS[2]在在校期间共同成立的服装品牌，该品牌一直致力于推广街头文化，与国内各大知名SNEAKER网站均有合作，其中推出了很多具有代表性的束脚裤、运动服装等产品，成为国内知名的新兴潮流品牌。ENSHADOWER坚持以"functional（机能性）"为主题，品牌的产品设计以机能实用性为主，通过辅料、新型科技面料将衣服设计得别具一格又简单实用。创始人李逸超毕业于浙江理工大学中美服装学院，在成名之后为母校设立了"隐蔽者服饰人才培育基金"支持更多的在校大学生自主创业。

INXX

INXX	创 始 人	何生杰	成立时间	2013年
	发 源 地	中国浙江		
	品牌官网	http://www.inxx.com/		

INXX（英克斯）诞生于2013年，十年沉淀，INXX创造性地将国际

1　Fixed Gear：简称"Fixed bike"，中文译为单速车、固定齿轮自行车，即通俗用语中的"死飞"（自行车），是极限运动的一种。

2　Sneaker Heads：意为球鞋爱好者，曾有同名电影译为《我为鞋狂》。套用网络热门用语"XX脑袋"可以译为"球鞋脑袋"，指极度喜好球鞋，夸大为头脑中只存在球鞋相关的想法。

潮流文化和中国青年文化融合,赋予其独特的风格和创意,并通与时尚领袖、艺术家、潮流品牌等不同领域的合作为潮流创造新的定义。品牌定位为中国高街潮流品牌,将时装潮流元素与高级面料、高级剪裁、时装工艺结合给予多元的穿着场景。并用中国文化的视角解构国际潮流,开创了中国青年文化与潮流的融合。此外,INXX还创立了与世界共享中国潮流的买手集合平台INXX MARKET,INXX MARKET致力于开发搜罗全球的潮流好设计,为众多国际品牌提供了进入中国市场的最佳契机,此外亦扶持和赋能本土设计师与品牌,一同创造全新潮流。

截至2023年6月,从上海的首家POP UP 门店开业到入驻全国一、二线城市的主力标杆购物中心,再到纽约、伦敦等高端精品买手店,INXX的足迹已遍布全国并延伸至海外。INXX目前已在全国一、二线城市的主力标杆购物中心开设近两百家门店。INXX将线上渠道、商品流、资讯流层层打通,在不同维度为大家带来独特的创意呈现,与各行业品牌、潮流领袖和艺术家合作,制造潮流内容,传播青年文化。

图10-2 INXX十周年企划款

图10-3 潮叔团队与INXX创始人Sam何生杰

RANDOMEVENT

Randomevent®	创 始 人	洪扬	成立时间	2012 年
	发 源 地	中国江苏		

RANDOMEVENT 品牌是专注于青年文化和街头领域的中国本土设计师品牌，善于从过去和现在的青年文化中汲取灵感，将这些关于文化和社会的思考与传统和根源融合在一起。RANDOMEVENT 是几位街头时装爱好者组建的，由于受欧美的潮流文化影响比较深，品牌最初的设计定位便是以创意图形为主的潮牌男装。经过不断摸索试验，创始人们选择将 URBAN（城市）、DAILY（日常）、STREET（街头）三大元素融入设计，搭建出独特风格的高品质产品系列。他们认为时装不仅仅是服饰，更多的是一种生活状态的体现，创始人希望产品不仅能够走进客人的衣柜，同时可以影响这一部分人的生活态度和信念。

ATTEMPT

ATTĒMPT	创 始 人	梁栋	成立时间	2015 年
	发 源 地	中国湖北		
	品牌官网	https://attempt.com.cn/		

ATTEMPT 品牌名称代表了创始人梁栋为品牌赋意、将自己的想法和审美传递给消费者的愿望。在 ATTEMPT 的成长之路上，梁栋始终努力保持排他的、自我的状态，在设计中加入个性化的语言，让"解构""拼接"成为品牌的标志性特点。在互联网的加持之下，ATTEMPT 作为性格鲜明而小众的品牌，吸引了大量同样在寻找自我的年轻人。在线上渠道积累了一定的品牌知名度后，ATTEMPT 在武汉开出第一家实体店，之后又陆续在武汉、上海开设了三家零售门店，并在奢侈品电商 Net-A-Porter 的男装频道进行销售。2020 年，ATTEMPT 发布与 PUMA 旗下潮流支线 PUMA SELECT 黑标系的联名产品。

ROARINGWILD

创 始 人	曹阳，蒙秉安，陈海乔，高鹏程，黄绮媚，吴丽香	成立时间	2010年
发 源 地	中国广东		
品牌官网	https://roaringwild.com/		

ROARINGWILD是一个基于Urben Street（城市街头）风格的街头服饰品牌，也是一个致力于生活、艺术、音乐等领域的本土青年文化创作与传播平台。从品牌创立之初，ROARINGWILD就拥有了清晰的定位，并没有盲目迎合市场。品牌基于城市街头的风格，并坚持将户外、运动以及工装元素融入到产品设计中，形成一种非常鲜明的调性。

ROARINGWILD通过咆哮"ROAR"的态度来面对生活，告诫年轻人要敢于追逐梦想，不要为谋生而生活，不要为物质而生存。ROARINGWILD不仅仅是做设计、做品牌，更多的是作为一位先行者。该品牌注重细节的深入构思，以灵活的设计打造伟大的产品体系，它把所有的想法都通过服装这一载体来传述，不断丰富品牌内涵，创造了属于ROARINGWILD的生活态度。

FMACM

创 始 人	吴威	成立时间	2014年
发 源 地	中国		
品牌官网	https://fmacm.us/		

FMACM是由传真机和清洗机这两种机器的首字母组成的复合式名称。FMACM一直专注于简单而强大的设计，旨在通过多元化和包容性消除偏见和平庸，通过体现设计师对当代文化和艺术场景的观点，创造出令人印象深刻的作品。FMACM追求原创设计，将设计概念融入到生活化的服饰中，不跟风不保守，为热爱时尚文化的群体创造更多穿着与展现的可能性。FMACM追求服装趣味性和独特性，让衣服除了保留基

本的保暖防寒与美观之外，赋予更多的乐趣，注重面料品质和设计手法多元化。FMACM通过不断的原创设计来体现艺术感悟，从当代文化和艺术场景中汲取灵感，现已成为国内与国际文化之间的桥梁。

HAMCUS

	创 始 人	Tuff leung	成立时间	2013年
#HAMCUS	发源地	中国		
	品牌官网	https://hamc.us/		

HAMCUS的前身是一家高档服装生产商，品牌风格以废土、机能为主，同时融入了浓厚的反乌托邦美学，主要设计元素是军装和SF战斗服。HAMCUS有着独特的形式与概念，跳出了大众对于服装的普遍物理概念，将世界观扩展至了更为广阔的宇宙之上。该品牌在寻常服装上进行款式的变形，有很强的包裹感，色彩选择与风沙接近的颜色，呈现绝境中的破碎之感，以非同一般的视觉效果精确概括废土风格。HAMCUS 22/23秋冬系列命名为CLOUD ROGUE，该系列延续品牌的反乌托邦美学，展现了强烈的科技感，采用大地色系与黑白灰相互融合，在一个不断自我进化的科幻角色设定宇宙中，通过为虚拟世界与故事情节制作角色服装，去赋予HAMCUS每一件单品以不同的视觉语言。拉链在当季的设计中起到了举足轻重的作用，设计师通过对肩部、袖口、脚口、膝盖等部位进行可拆卸、收褶、切割等设计，调节单品宽松舒适度的同时也打造了多场景下的穿搭可能性。

1807

	创 始 人	Chris、黑哥、Slimboy	成立时间	2015年
1807	发源地	中国四川		

地下街头文化氛围浓厚的成都，无疑是每一个潮流爱好者的天堂，在国潮准入门槛极低，质量参差不齐，给消费者的印象还停留在"打版"水平的环境下，这家以数字作为品牌名的成都本土潮流品牌，依靠自身准确的定位和得天独厚的优势，接起了西南地区的国潮大旗。最开始的1807品牌的工作室在成都一栋居民楼里面，那个地方的门牌号是18栋7号，所以品牌名称随即定下。1807品牌将自己定位于穿着方便舒适，无拘无束的美式街头品牌，该品牌在2016年加入了MOOSE，2021年更名为"S45"。

WHOSSIS

	创 始 人	CELL、瑞哥和KD	成立时间	2015年
	发 源 地	中国重庆		
	品牌官网	http://whoosis.cn/		

WHOOSIS（意为不知其名）是新晋的国潮美式轻工装品牌，该品牌以多样的色彩与基础廓形为穿搭带来更多的可能性，让趣味变得更加简单。WHOOSIS的产品通常不会有十分夸张的印花和超大的Logo，而是通过基础设计还有简单的图案印花来表达品牌思想，辅以舒适的面料和硬挺的美式版型，让穿搭更加简约和高级。2015年以新颖的美式风格出现在国内大众的视野后，WHOOSIS开始迅速发展。2016年启动线下体验空间WHOOSIS LAB，后续以街头、摄影、音乐等主题展开品牌活动，构建属于WHOOSIS的街头场景，打下印自WHOOSIS的街头烙印。2022年，WHOOSIS同西安的实力国潮品牌STA进行主题为"起死回生"的联名合作，基础的T恤基于起死回生的主题展开，通过图案展现双方联名的细节，Death for Live和汉字的起死回生相碰撞，延续了品牌双方本身的玩味态度。

STA

STA.™ Last name STA , First name Lucky	创 始 人	大王（BK）、Nasa、Naga	成立时间	2007年
	发 源 地	中国陕西		

STA（Sail Training Association，航海训练协会）旗下包含偷心集团、ORANGE DRAGON（橙龙）、BK BY STA和Rock.STA四个服装支线品牌，以及2015年开始陆续创立的三个餐饮品牌。STA的设计风格与ORANGE DRAGON更年轻化和嬉皮的风格不同，呈现两大特色：色调硬朗；设计的暗喻偏多。兵部尚书、MASTER等中国风主题是STA设计作品中很受欢迎的几个系列。

除了衣服之外，STA造一切日常中可以用得着的东西，如卷尺、笔记本、抱枕、水杯等。从需求出发的产品思路也扩展到了"吃"上，面食在这片土地上与人产生深刻联结，于是BK调配了一系列油泼面、牛肉面等西安面食配方，在接近钟楼的骡马市商圈开了家"亚洲吃面公司"。2015年开始，餐饮作为STA的发展重心，一度加盟到全国四十多个城市。此外，STA被许多说唱歌手穿去节目，线下演出，继而在圈层的互动中带动了街头文化的普及和品牌的发展。

第十二章

**世界与中国的潮流展及
潮流媒体**

CHRONICLES
OF STREETWEAR
BRANDS

世界潮流展

●

ComplexCon

ComplexCon 不是在特定地点举行的活动或展览，它是一个全年运营的在线平台和数字媒体渠道。ComplexCon专注于流行文化、娱乐、音乐、体育和街头服饰时尚。用户可以从任何有互联网连接的地方访问ComplexCon的内容，包括文章、视频和新闻更新。它于2002年推出，此后成为青年文化和生活方式内容的重要在线目的地。ComplexCon涵盖了广泛的主题，包括音乐发布、名人新闻、电影和电视节目评论、体育更新和运动鞋发布。该平台还制作原创视频内容、采访和文章，其中包括娱乐和时尚行业有影响力的人物。总体而言，ComplexCon已然成为有兴趣了解流行文化、娱乐和街头服饰时尚的年轻观众的首选来源。

在街头服饰时尚方面，ComplexCon以其对运动鞋文化和街头服饰品牌的报道而闻名。它提供有关最新运动鞋发布的新闻和更新，品牌和艺术家之间的合作以及街头服饰时尚的趋势。该平台还涵盖Sneaker Con等活动，这是一个在全球不同城市举行的流行运动鞋和街头服饰贸易展。

ComplexCon全年涵盖娱乐、时尚和文化领域的各种事件。该平台提供有关流行文化，娱乐和时尚领域内各种主题的新闻，分析和评论，而不是组织自己的实体活动。

2021年6月，ComplexCon正式进入中国。ComplexCon中国区展会何时正式举办成为国内一众潮流爱好者的共同期待。

Sneaker Con

Sneaker Con是由Sneaker Con LLC组织的运动鞋和街头服饰贸易展。Sneaker Con LLC是一家由Alan Vinogradov（艾伦·维诺格拉多夫）和Barris Vinogradov（维诺格拉多夫同）于2009年创立的公司。

Sneaker Con 运动鞋展活动将运动鞋爱好者、收藏家、买家、卖家和品牌聚集在一个地方，为购买、销售、交易和展示运动鞋提供了一个平台。目前，Sneaker Con 运动鞋展已发展成为世界上最大、最具影响力的运动鞋集会之一，已在纽约市、洛杉矶、芝加哥、迈阿密、亚特兰大、伦敦等世界各地的热门城市陆续举办。

在 Sneaker Con 上，与会者可以买卖运动鞋，参加交易会议，与受欢迎的运动鞋收藏家和影响者会面，并探索运动鞋行业的最新发布和趋势。这些活动通常以运动鞋定制摊位、小组讨论、现场表演和其他与运动鞋和街头服饰文化相关的互动体验为特色。

Sneaker Con 过去曾在中国组织过活动。虽然具体地点和频率可能会有所不同，但 Sneaker Con 已将其运动鞋和街头服饰贸易展带到了中国的主要城市，包括上海、北京与广州。Sneaker Con 在中国的扩张反映了运动鞋文化和街头服饰在中国的日益普及。这些活动为中国运动鞋爱好者、收藏和行业专业人士提供了一个与全球运动鞋社区互动、买卖运动鞋以及了解最新趋势和发布的机会。

Agenda Show

Agenda Show 是一个专注于街头服饰、极限运动和生活方式品牌的贸易展览会。它为品牌商、零售商和业内专业人士提供了一个展示产品、联系买家、了解街头服饰和极限运动行业最新趋势和发展的平台。The Agenda Show 首次创办于 2003 年加州长滩，现已成为街头服饰和极限运动社区最著名的贸易展会之一。

在 Agenda Show 上，与会者可以看到各种各样的参展商，包括老牌和新兴品牌，展示他们最新的服装、鞋类、配饰和生活方式产品。展会吸引了零售商、买家、有影响力的人、媒体专业人士和业内人士，他们前来发现新品牌，建立网络，并获得不断发展的街头服饰和极限运动市场的见解。除了展览方面，议程展还经常举办专题活动、小组讨论、工作坊、品牌激活等，为与会者提供全方位的体验。这些活动可能包括时装秀、艺术装置、产品发布，以及与行业领袖和影响者见面和联系的机会。议程展作为街头服饰和极限运动文化的枢纽，为品牌和行业专业人士提供了一个平台，促进其走到一起合作，并推动行

图 11-1　潮叔在 Agenda Show

业创新。

2013年，上市公司拉斯维加展览集团Reed从Agenda创始人Aaron Levant（亚伦·莱万特）处买下了此公司，Aaron作为咨询顾问继续为Reed工作五年。潮叔是Aaron的好朋友，潮叔曾与Aaron及Reed上海分公司的总经理Lucy多次前往加州长滩，商讨Agenda在中国的落地事宜。后来Reed改变战略，想把Agenda先落地韩国，而考虑引进Complex.con到中国。

ISPO

ISPO（International Sports and Exhibition Network）是全球最大的体育用品和户外运动展览会之一，它成立于1970年，总部位于德国慕尼黑。ISPO展览会每年举办两次，分为冬季和夏季两个版本。ISPO展览会聚集了来自全球的体育用品和户外运动行业的品牌、制造商、零售商、采购商以及行业专业人士。参展的品牌和企业展示最新的体育用品、户外装备、运动服饰、鞋履、健身器材等产品。展览会还提供一个平台，供参展商和观众进行商务洽谈、交流合作和了解最新的市场趋势和创新技术。ISPO展览会以其专业性和国际影响力而闻名，吸引了来自全球的专业买家、行业媒体和体育运动爱好者。除了展览外，ISPO还举办一系列的论坛、研讨会和活动，探讨行业的热门话题、创新发展和可持续性等议题。ISPO展览会是一个重要的国际性体育用品和户外运动行业盛会，为参展商和观众提供了一个商业交流和合作的平台，同时促进了行业的发展和创新。

中国潮流展

●

ISPO CHINA

ISPO CHINA 是 ISPO（International Sports and Exhibition Network）在中国举办的体育用品和户外运动展览会。它是中国体育用品和户外运动行业的重要盛会之一，旨在促进中国市场的发展，推广国内外品牌以及促进行业间的合作与交流。

ISPO CHINA 展览会每年在中国举办两次，冬季在北京，夏季在上海，另外 ISPO 去年开始在一些城市如南京、厦门开一些地区性展览会以吸引区域性的体育用品和户外运动行业的品牌、制造商、零售商、采购商以及行业专业人士参展。

ISPO CHINA 展览会提供了一个平台，让参展商展示最新的体育用品、户外装备、运动服饰、鞋履等产品，并与中国市场的专业买家进行商务洽谈和交流合作。展览会还举办了各种论坛、研讨会和活动，探讨中国体育用品和户外运动行业的发展趋势、市场需求和创新技术。从2016年开始，潮叔每年会在 ISPO 发表主题演讲，或者主持论坛。2021年，潮叔还与 ISPO 中国签署了战略合作协议。2017、2018年潮叔连续两年与国家体育总局合作，在 ISPO 北京及上海颁布了中国首份极限运动（三板）的白皮书，确立了潮叔在中国极限运动行业的领军地位。

ISPO CHINA 的目标是促进中国体育用品和户外运动行业的发展，

图11-2　潮叔主持 ISPO 2021南京论坛

图11-3　潮叔在 ISPO 组织户外与潮流品牌对话

提高品牌的知名度和影响力，并推动国内外品牌之间的合作与交流。通过 ISPO CHINA，参展商和观众可以获取关于中国市场的最新信息、建立商业联系，并了解行业的最新趋势和创新技术。

ISPO CHINA 是中国体育用品和户外运动行业的重要展览会，为参展商和观众提供了一个商业交流和合作的平台，同时推动中国体育用品和户外运动行业的发展与创新。

YOHOOD

YOHO！集团由梁超Mars创立于2005年，搭建以潮流内容、产品为基础，以媒体＋零售＋活动为载体的线上线下一体化潮流营销平台，为中国数以亿计的年轻消费者提供潮流讯息、商品销售及服务。YO'HOOD是一个以时尚潮流为主题的展览活动，旨在为时尚品牌、设计师、时尚爱好者和消费者提供一个交流、展示和购物的平台。YO'HOOD通常在中国的一线城市举行。活动期间，参展的时尚品牌和设计师将展示他们的最新产品、时尚趋势和创新设计。参展商有机会与潮流爱好者、买家和媒体进行商务洽谈和交流，促进品牌推广和销售。

2013年，YO'HOOD全球潮流嘉年华暨有货潮流新品节成功举办，它不仅是一个时尚展览，还结合了时尚秀、论坛、音乐演出和互动体验等元素，为参观者带来全面的时尚体验。参观者可以欣赏时尚秀的精彩表演，参加时尚论坛了解行业动态和趋势，感受音乐演出的热情，并参与各种互动活动，与时尚界的大咖和明星互动。YO'HOOD曾经是中国时尚界最受关注的盛会之一，世界潮流大咖Nigo、Daniel Arsham、Futura、Ron English、Pharrell Williams（法瑞尔·威廉姆斯）等，中国艺人陈冠希、余文乐、李灿森、林俊杰、阿信等都是Yoho展的常客。

图11-4　潮叔在YO'HOOD嘉年华 Diamond展位

可惜经历7年辉煌之后2019年YO'HOOD举办最后一届成为历史。

INNERSECT

INNERSECT是由中国知名潮流品牌FOURNESS和潮流文化媒体HYPEBEAST共同创办的一项盛大展览活动。INNERSECT由意为"相交、交错"的"Intersect"一词而来，意为用内心去探索和感知，共同创造和定义新的潮流文化。它是中国内地最大的潮流文化展览之一，旨在推动时尚潮流与街头文化的融合，为时尚爱好者、潮流品牌和设计师提供一个交流、展示和交易的平台。

INNERSECT展会聚集了来自全球范围内的知名潮流品牌、时尚设计师、艺术家和创意机构。参展商将展示最新的时尚潮流产品、艺术作品和设计理念，吸引了大量的观众和潮流爱好者参观。通过展览和活动，INNERSECT推动着时尚潮流的发展和交流，为潮流爱好者和时尚从业者提供了一个互动、启发和展示的平台。除了展览区域，INNERSECT还举办了一系列的时尚秀、论坛、讲座和音乐演出等活动。这些活动吸引了业内专业人士、时尚爱好者和潮流文化的践行者，提供了一个深入探讨和交流的平台。

2017年，与Yoho分手后的陈冠希倾力打造首届INNERSECT潮流文化体验展，这是一场与国际接轨的著名潮流盛宴。当时，包括ComplexConAgenda在内的国际潮流展会在国外已经发展得非常成熟，因此，陈冠希也希望以创意总监的身份倾力为国内街头潮流爱好者提供一个接触国际最前沿的潮流文化机会。国际知名纹身艺术家DR.WOO受邀参加设计本次活动的主视觉，其设计理念紧贴本次展会核心内涵，所设计的三个圆分别代表艺术、科技与音乐，从而凝聚成时尚元素，同时也是此次展会四大主要内容。作为INNERSECT的第一展会，陈冠希将率领国内各个领域的意见领袖一同来到中国上海，分享各自的街头经历和潮流文化心得。2022年，INNERSECT在上海TX淮海年轻力中心举办。

世界潮流媒体

●

Thrasher

创 始 人	Eric Swenson（埃里克·斯文森），Fausto Vitello（福斯托·维泰洛）	发行时间	1981年1月
发行公司	高速制作	发行频率	每月
发行语言	英语、法语（2006—2012）	ISSN号	0889-0692
官 网	https://www.thrashermagazine.com/		

　　Thrasher由Eric Swenson（埃里克·斯文森）与Fausto Vitello（福斯托·维泰洛）于1981年创立，主要是为了推广他们的滑板支架公司Independent Truck Company。该杂志的第一任编辑是Kevin Thatcher（凯文·撒切尔）。1993年，Jake Phelps（杰克·菲尔普斯）被任命为该杂志的编辑，他通过新闻摄影将朋克滑板运动员的价值观念带到了世界，改变了Thrasher的本质，进而永久改变了滑板运动的亚文化。2019年，长期担任编辑的Jake Phelps离世。现在，摄影师Micheal Burnett出任杂志主编，运营着一个包含在线阅读文章、销售、播放视频与广播、论坛等功能的杂志网站，拓展了Thrsher Magazine的可能性。

　　Thrsher Magazine作为一本关于美国滑板文化的杂志是全球最具影响力和知名度的滑板杂志之一，专注于滑板运动、音乐、艺术和街头文化。Thrasher杂志的内容涵盖了滑板文化的各个方面。它发布有关滑板场地、滑板比赛、著名滑板运动员的报道和采访，还有滑板技巧、装备评测、滑板文化新闻、音乐评论和街头艺术等内容。该杂志以其坦率、真实和具有激进精神的风格而闻名，深受滑板爱好者和街头文化追随者的喜爱。除了印刷杂志，Thrasher还通过其官方网站和社交媒体平台向全球观众传播内容。它定期发布在线视频、短片和图文报道，持续关注滑板界的最新动态和独家故事。1999年，该杂志赞助了一款名为Thrasher Presents Skate and Destroy的PlayStation游戏[1]，使滑板文化传播到世界各地游戏爱好者的心中。Thrsher还于2003年开始举行 the King of the Road（KOTR）滑板比赛，比赛内容为职业滑板运动员根据导览册的指示完成比赛，获得尽可能多的积分。2011年，KOTR在中国举办，四家中国滑板公司参与其中。除2008和2009年外，KOTR每年举办一次直至2018年。2019年，主编Jake Phelps逝世使比赛被搁置，后又有疫情的大流行，使得至今尚未宣布比赛重启。

　　Thrasher杂志不仅是一本滑板杂志，也成为了一种文化符号和时尚标志。它的经典火焰字体Logo和标志性的"Skate and Destroy"口号被广泛认可和喜爱，成为滑板文化的象征之一。它的衍生品T恤、帽子成为明星潮人们扮酷的标志之一。Thrasher杂志是一本重要的滑板文化媒体，通过其对滑板运动和街头文化的报道和宣传，为滑板爱好者和街头文化追随者提供了丰富的内容和独特的视角。

The Face

　　The Face 杂志是一本起源英国的时尚、音乐和文化杂志，由Nick Logan于1980年创办。它成为了20世纪80年代和90年代最具影响力的媒体之一，引领了时尚、音乐和青年文化的潮流。杂志以其前卫的风格和对当代文化的深度报道而闻名。它不仅关注时装和美容，还涵盖音乐、艺术、摄影、电影和社会问题等领域。杂志以其独特的设计风格和视觉效果著称，为读者带来引人注目的封面照片和时尚编辑内容。

　　20世纪80年代的英国音乐是在朋克与流行的交叉中蓬勃发展，但可惜当时没有任何的媒体致力于记录这种与众不同的风格。*The Face* 杂志的出现刚好填补了这一空白。20世纪80年代至90年代，*The Face* 成为流行音乐、时尚和文化界的重要平台。它推出了许多知名摄影师、设计

1　PlayStation游戏：PlayStation指由日本索尼公司出品的游戏机，大众简称为"PS"游戏机，PlayStation游戏即为其游戏机配套使用的数字版或光驱版游戏。

图11-5 *The Face*

师和作家的作品，同时也展示了众多时尚和音乐界的新秀。杂志的文章和报道经常引发广泛的讨论和反响。*The Face* 被许多人称之为"风格圣经"。它的出现前所未有地影响了它所报道的青年文化世界。从俱乐部到街头，*The Face* 杂志所记录的来源和地点，不仅重新定义了潮流趋势本身，也重新定义了为其庆祝的媒体们。

The Face 杂志是一本具有深远影响力的时尚、音乐和文化杂志，通过其前卫的风格和对当代文化的深入探索，塑造了潮流和时尚的风向标，并为读者呈现了独特而多样化的视觉和编辑内容。然而，*The Face* 杂志在2004年停刊，但在2019年复刊，并以全新的形式和编辑团队回归。复刊后的 *The Face* 继续关注时尚、音乐和文化，致力于捕捉当代文化的脉搏，并提供深度报道和独特的视角。

Highsnobiety

Highsnobiety是一家知名的潮流文化媒体和数字平台，由Nick Logan（尼克·洛根）成立于2005年，总部位于柏林。它以其独特的视角和深度报道而闻名，涵盖了时尚、街头文化、音乐、艺术和设计等领域。他们报道和评论最新的时尚趋势、品牌合作、新产品发布和时装周活动。此外，他们还关注街头艺术、音乐、电影和设计等领域的动态，并提供深度文章、独家采访和时尚街拍等内容。

作为一家数字平台，Highsnobiety通过其官方网站和社交媒体平台向全球观众传播内容。他们发布有关潮流文化的新闻、特写、视频和独家系列，同时也提供购物指南、品牌介绍和时尚灵感等。Highsnobiety不仅是一个潮流媒体，还是一个重要的文化评论者和时尚趋势的引导者。他们以深入、有洞察力和独立的报道而著名，受到潮流追随者和时尚爱好者的广泛关注。

Shop-eat-Surf

创 始 人	Tiffany Montgomery （蒂芙尼·蒙哥马利）	发行时间	2007年8月
总 部	美国	发行频率	双月刊
发行语言	英语		
官 网	https://shop-eat-surf.com/		

Tiffany Montgomery（蒂芙尼·蒙哥马利）于2007年8月推出了 *Shop Eat Surf*，以分享她在Orange County Register被收购后发现的极限运动行业新闻。她曾在Orange County Register作为记者与编辑工作了10年。Tiffany 最初认为她会写关于她的三个报告专业——餐厅、零售和冲浪品牌的业务，但极限运动行业的积极响应让她缩小了关注范围。

*Shop Eat Surf*是一本电子杂志，专注于时尚、美食和冲浪文化的结合。这本杂志探索了时尚、美食和冲浪之间的交叉点，为读者提供了一个综合性的平台，让他们可以获得关于这些领域的最新动态和灵感。杂志提供时尚品牌的介绍、时尚趋势分析和时装周报道。读者可以了解到最新的时尚潮流、品牌合作、设计师采访以及时尚产业的发展动态。该杂志关注美食文化，介绍独特的餐厅、美食体验和食谱。读者可以发现全球各地的美食场所，了解不同文化的独特菜肴，并探索饮食的创新和趋势。*Shop Eat Surf*强调冲浪文化，介绍冲浪目的地、冲浪装备和冲浪活动。他们提供有关冲浪场所的报道和指南，展示冲浪者的故事和冲浪文化的影响。

作为一本电子杂志，*Shop Eat Surf*通过其网站和移动应用程序向读者传递内容。他们利用丰富的视觉效果、独特的故事叙述和多媒体元素，为读者呈现丰富多样的内容。

The Hundreds Magazine

The Hundreds Magazine 是 The Hundreds 品牌的官方刊物，它通过网络平台向读者提供内容。这本杂志聚焦于时尚、街头文化、艺术和

音乐等领域，以及与The Hundreds品牌相关的内容。杂志的内容涵盖了时尚潮流趋势、品牌故事、设计师采访、艺术家特写、音乐推荐以及The Hundreds产品的介绍等。它通过丰富的图文结合和专题报道，向读者传递与The Hundreds品牌和他们所关注的文化相关的信息。*The Hundreds Magazine*作为网上杂志，可以通过The Hundreds官方网站或其他在线渠道进行阅读。它提供了深入的时尚和文化内容，让读者更好地了解The Hundreds品牌的精神和文化背景。

图11-6　*The Hundreds*杂志

Surfing Magazine

创 始 人	Dick Graham（迪克·格雷厄姆），Leroy Grannis（勒鲁瓦·格兰尼斯）	发行时间	1964年12月
母 公 司	摩托集团	发行频率	月刊
发行语言	英语	ISSN号	0194-9314
官　　网	www.surfingthemag.com		

*Surfing Magazine*最初名为*International Surfing Magazine*，是一本由奥兰治县当地人Dick Graham（迪克·格雷厄姆）和冲浪摄影师Leroy Grannis（勒鲁瓦·格兰尼斯）于1964年创办的杂志。后来，该杂志被纽约杂志出版商Adrian B. Lopez收购，后者将杂志迁至东海岸，最终变成了冲浪杂志并搬到了南加州。1980年，澳大利亚百万富翁Clyde Packer（克莱德·帕克）买下了这本杂志，并将办公室迁至圣克莱门特，在那里出版了15年多，之后被Primedia收购，后来又被超市巨头Ron Burkle（让·布尔克）的Source Interlink收购。*Surfing Magazine*与一直以来的竞争对手*Surfer Magazine*最终都归Source Interlink所有。

*Surfing Magazine*是全国学术冲浪协会的官方杂志。拥有诸多受欢

潮流品牌实录

迎的专题，如年度绿色问题和年度泳装问题、年度塑造者和国际冲浪日等话题都受到了冲浪爱好者的一致好评。然而2017年1月，该杂志的所有者 TEN（The Enthusiast Network）宣布 *Surfing Magazine* 将停止其印刷版，数字资产将并入 TEN 杂志和长期竞争对手 *Surfer* 中。该杂志的最后一期于 2017 年 1 月出版。

Surfer magazine

创 始 人	John Severson（约翰·塞弗森）	发行时间	1962 年
母 公 司	美国媒体	发行频率	月刊
发行语言	英语	ISSN 号	0039-6036
官 网	www.surfingthemag.com		

Surfer 是一本专注于冲浪和冲浪文化的美国月刊，由著名冲浪者、作家、摄影师、艺术家和幽默家 John Severson（约翰·塞弗森）于1962年创立。该杂志于2020年停刊。*Surfer* 最初是季刊，然后是双月刊，后来成为月刊。该杂志在其历史上多次改变所有权和管理层。American Media (AMI)于2019年从Adventure Sports Network (ASN)的一个部门 TEN: Publishing 购买了该杂志。该杂志的最后一任主编是托德·普罗丹诺维奇（Todd Prodanovich），图片编辑是格兰特·埃利斯（Grant Ellis）。编辑托德·普罗丹诺维奇（Todd Prodanovich）和其他四名全职员工于2020年10月2日休假，出版暂停。

John Severson（约翰·塞弗森）最初创作 The Surfer 是为了收集他的冲浪照片，用于宣传他的冲浪电影的现场放映。他在展会上将它们作为传单分发，然后在大量要求之后决定出售它们。他的第一季刊封面价格为75美分，是当时该国最昂贵的杂志。Severson 还想反驳1959年电影 Gidget 对这项运动和冲浪文化的流行描述，在他2014年出版的 *John Severson Surf* 一书中，他写道："冲浪者讨厌那些好莱坞冲浪电影，我可以看出冲浪者可以为这项运动创造一个更真实的形象。"Severson 的摄影技术、艺术细胞和幽默个性为 *Surfer* 的未来定下了基调，它的迅速发展反映这项运动和文化的发展，并成为冲浪者和环保活动的代言人。

Skate boarding magazine

创 始 人	John Severson （约翰·塞弗森）	发行时间	1964 年
母 公 司	研磨媒体	发行频率	月刊
发行语言	英语	ISSN 号	1535-2889
官 网	https://www.skateboarding.com/		

Skateboarding 最初是一个数字滑板出版物，它生产限量版的硬拷贝版本，在滑板店出售。该出版物是美国的第一本滑板杂志，截至2013年8月，其编辑/图片编辑为 Jaime Owens，而该杂志的出版商为 Jamey Stone。2013年8月19日，该杂志的所有者 GrindMedia 宣布该刊物将于2013年10月15日停刊。

Popeye

Popeye 是一本日本的时尚杂志，创刊于1976年，是日本最早的男性时尚杂志之一。这本杂志以其独特的风格和对时尚文化的关注而闻名。它涵盖了从时尚潮流到音乐、艺术和生活方式的各个方面。*Popeye* 的特点之一是它对男性时尚的深入报道，以及对不同风格和趋势的探索。杂志的内容通常包括时尚造型、服装设计、搭配建议以及相关的购物指南。此外，它还涵盖了日本以及国际范围内的设计师和品牌，为读者提供了一个多元化的时尚资讯源。它在引领和影响男性时尚方面发挥了重要作用。杂志的创意和内容受到许多读者、设计师和潮流爱好者的喜爱。

Popeye 杂志的编辑和特稿以其独特的创意和艺术性而著称。杂志以精美的摄影和排版呈现时尚内容，同时也探索了与时尚相关的文化、哲学和社会议题。除了时尚，杂志还关注音乐、艺术和生活方式等领域。这使得 *Popeye* 成为一个更加综合性的杂志，吸引了不同兴趣爱好的读者。该杂志与设计师、品牌和艺术家进行合作，推出限量版的合作产品。此外，它还通过举办时尚展览、活动和讲座等方式与读者互动，促进时尚文化的传播和交流。*Popeye* 杂志以其独特的视角、对时尚文

化的深入探索以及与不同领域的合作而在时尚界保持着重要地位。它不仅是时尚资讯的来源，还是一个启发创意和思考的平台。

Hypebeast

	创 始 人	马柏荣（Kevin Ma）	发行时间	2005 年
	公司总部	香港	ISSN 号	香港
	官　　网	https://hypebeast.com/jp		

Hypebeast Ltd. 是一家以香港为基地的时尚数码媒体公司。该公司起初的产品是 2005 年由马柏荣创建的一个运动鞋博客。后来，Hypebeast 扩大成为一家在线杂志，内容涵盖街头衣着、时尚、音乐、流行文化、生活方式及其他各种主题。并于不久后创立了 Hypebeast Ltd. 公司。*HYPEBEAST* 的印刷版于 2012 年首次发行。自此以后，马氏的业务扩展至其他网站，包括 Hypebeat、shypeKids 及 Popbee。过去十年，Hypebeast Ltd. 的业务已扩展至其他许多领域，包括数字媒体、电子商务和创意服务。此外，在 2016 年，Hypebeast Ltd. 也推出了全球创意工作室 Hypemaker，同年 4 月 11 日在港股上市。Hypebeast 的日本子公司于 2019 年开业。2022 年 Hypebeast 与特殊目的公司 Iron Spark 达成了合并协议，在美国纳斯达克上市。

Hypebeast 的使命是成为全球潮流文化的引领者和创新平台。他们通过其官方网站和移动应用程序向全球观众提供最新的时尚资讯、品牌合作、新产品发布、时装周报道以及艺术和音乐等领域的内容。Hypebeast 以其专业的报道和深入的文章而闻名，他们与各大品牌、设计师和创意人才保持紧密联系，提供独家采访、品牌故事和时尚趋势分析。他们还通过高质量的摄影和视频呈现，为读者展示最新的时尚潮流和创意文化。除了内容发布，Hypebeast 还开展了一系列活动和合作项目。他们举办潮流文化盛会、艺术展览和音乐演出，同时与品牌合作推出限量版系列，推动潮流文化的发展和创新。

中国潮流媒体

●

YOHOOD 潮流志

创 始 人	梁超（Mars）	发行时间	2005 年 10 月
发行频率	半月刊	国内刊号	CN32-1026/l
发行语言	中文	公司总部	南京
官　　网	http://www.yoho.cn		

YOHOOD 和 *YOHO!GIRL* 是 YOHO! 旗下在国内潮流领域具有深厚影响力的杂志媒体。*YOHOOD* 2005 年 10 月创刊，它是一本完全原创并提供潮流和生活方式资讯的属于年轻人的潮流时尚半月刊，通过正规发行渠道（报刊亭、连锁商超等）发行至全国各大中城市，深受全国年轻人的喜爱。设计给国内年轻女性的中高端时装月刊 *YOHO!GIRL*，2013 年 3 月正式创刊，在香港、大陆以及日本东京同步发行。以大量资讯加上独特的编采手法，改变读者的阅读习惯，扩展大家在时装、美容、设计、生活、次文化等各方面的视野。深入解构品牌背后的哲学和时装趋势，带领各读者一探时尚。

YOHO! 作为中国权威的潮流杂志电子平台，无论是影响力或发行量均名列前茅。*Yoho!Now* 于 ios 和 Android 平台触亮全球潮流资讯，*Yoho!Now* 持续供应时装、运动、设计、科技、美容、家居、趣闻等严选潮流咨询，并于每周发布特别线上专题，与读者共同探讨交流。*YOHOOD* 和 *YOHO!GIRL* 亦于各自 App 内每周上架新鲜线上周刊，打包纸质版内容精华，汇通 YOHO! 潮流矩阵。

YOHOOD 致力于报道和推广潮流文化、时尚趋势以及国内外知名品牌的最新动态。作为 YOHO! 旗下的重要出版物，*YOHOOD* 每期发布与时尚、艺术、音乐、体育等领域相关的内容。它通过深入的采访、特

写报道、时尚编辑和摄影作品，向读者展示全球潮流文化的最新趋势和独特视角。

YOHOOD是YOHO!品牌在出版领域的延伸，曾致力于传达潮流文化、时尚趋势和年轻人生活方式的杂志。它在中国潮流媒体领域具有重要地位，为读者提供独特的视角和丰富的内容体验。可惜YOHOOD随着Yoho公司的倒闭而停刊。

Kickerclub

创 始 人	管牧	发行时间	2001 年
发行语言	中文	公司总部	中国青岛
官 网	https://www.kickerclub.com/		

创办于2001年的KickerCLub.com是中国历史最悠久的极限运动特别是滑板运动宣传网站。KickerClub工作人员的辛勤努力确保了网站随时提供极限运动界最新动态。最特别的一点是，KickerClub.com坚持提供独家原创内容。KickerClub.com如今已成为诸多公司针对极限运动市场进行其品牌宣传的网络首选。KickerClub.com帮助企业扩大品牌受众，并提供多元化的服务解决方案。

图11-7　Kikerclub官网图片

Skatehere

创 始 人	韩敏捷	发行时间	2001 年
公司总部	中国上海	ISSN号	
官　　网	http://www.skatehere.com/		
标语口号	滑板不是为了改变世界，而是为了不被这个世界所改变！		

　　Skatehere2001 年成立，创始人韩敏捷开创了国产滑板品牌—— Fly Streetwear滑板店和Skatehere 滑板中文网，为滑板爱好者提供优质服务，致力于滑板运动及街头文化在中国的推广与普及。Skatehere滑板中文网是一个致力于推广滑板文化的网站，而在这个网站中涉及最多的内容莫过于滑板装备的介绍和讨论。事实上，滑板装备一直以来都是滑板文化中不可分割的一部分。

kiDulty

创 始 人	周首Alex	发行时间	2008 年
公司总部	中国北京	ISSN号	
官　　网	http://www.kidulty.com/		

　　kiDulty 潮流先锋是服务于追逐并崇尚个性的尖端分子。创始人周首是中国球鞋与潮流文化的先驱者之一。过去10年，通过在行业内多个方面的从业经验，周首成为国内球鞋与潮流文化领域的专家与最具代表性的意见领袖之一。如今我们已经处于一个追逐并崇尚个性的时代，而kiDulty潮流先锋便是服务于这股趋势中的尖端分子。自2008年以来，街头、复古、时尚……无论风格如何变化，kiDulty永远为喜好追逐与众不同的人们提供最具针对性的信息与媒体服务。

1626

	创 始 人	徐涛	发行时间	2004 年
	发行频率	双周刊	公司总部	中国广州
	ISSN号	1672-9137	国内刊号	CN11-5291/TS
	官 网	https://www.1626.com		

1626 是中国第一份原创潮流杂志，融合京粤沪蓉四地最新潮流资讯，制造本地最新的潮流文化，引领新一代消费理念和生活方式，成为北京、上海、广州、成都潮流文化代言人，提供最新潮流资讯，快速滚动诠释城市的潮流动向。*1626* 杂志创刊于2004年，现已拥有北京、上海、广州、成都等四个城市版本（分别覆盖华北、华东、华南、西南等4个地区），同一品牌下的不同城市版本就是根据不同地区的文化、消费习惯让潮流文化更加贴近当地的实际需求。2008年推出的100期4周年特刊；2009年推出的"潮流5不住"5周年特刊，都在潮流圈里面引起了极大的反响。到2010年3月，*1626* 已经出版了127期。

MiLK

	创 始 人	麦俊翘（TK）	发行时间	2001 年 7 月
	发行公司	BLACKBIRD GROUP	公司总部	中国香港
	发行频率	月刊	ISSN号	
	官 网	https://www.milk.com.hk/		

MiLK 志，又称 *MiLK MAGAZINE*，是一个为全球华人而设的生活潮流文化资讯平台。创办人麦俊翘（TK）先生于2001年7月在香港创刊，以周刊形式作为媒体，内容涵盖时装潮流至生活文化，从运动鞋、时装伸延到玩具、电影、电玩、动漫等领域，成为了香港2000年代的流行文化代表，深深影响着香港的潮流文化，进而成为全球华人的潮流文化指标媒体之一。其后随着网络资讯发达，*MiLK* 亦同步调整，开始建

设 MiLK.com.hk，2019年，从周刊进化成为主题月刊；2023年，MiLK.com.hk 正式上线，与纸媒同时进行，将文字图像结合多媒体，继续为全球华语读者提供优质的内容资讯。

除了媒体外，MiLK 亦是一个充满创造力的品牌及创意单位，多年来曾与不同的品牌合作推出联名单品，并且展开 MiLK Mart 大型文化活动，及为不同品牌作为专业顾问、制作、举行活动等，例如2022年与 Adidas Originals 合作举行展览。MiLK 的公司 IMAGE FACTORY LIMTED 与 YOUTUBE 频道 MiLL MiLK 以及 SiLLY THING 同属于 BLACKBIRD GROUP（00138.hk）旗下。

KIKS 定番

《KIKS 定番》创立于2014年，由李宝峰成立于中国上海，专注于球鞋文化，时尚潮流，掌握国内外许多潮流及体育业界的资源。无论线上内容如何眼花缭乱，《定番》始终希望用一本真实存在，且完全独立制作的实体成果来呈现对于"时尚潮流""生活方式"以及"文化"的解读。从2014年成立发展至今，KIKS 一直围绕着球鞋和潮流主题，不仅拥有自己的媒体矩阵、杂志、线上线下零售场景……KIKS 有形无形间推动着国内潮流文化壮大，同样，潮流文化也让 KIKS 逐渐发展。2018年，KIKS 在北京三里屯开设第一家门店。线下门店不只是一个零售载体，而成为一个"潮流根据地"。

Ulsum

2015年，董礼涵在北京成立 ULSUM。ULSUM 的名字来源于英文单词 Awesome 的谐音，由二十几位年轻人共同制作原创内容。ULSUM 是以视频主导的专业运动装备新媒体平台，以鞋文化为切入点，渗透体育和娱乐领域，通过引导改变大众对运动的认知，最终目的是改变年轻人的生活态度和生活方式。